D1868329

Dr. Ulrich Strunz • Lauf um die Welt

ULLSTEIN

Dr. Ulrich Strunz
Lauf um die Welt

Die besten *forever young* Tipps für unterwegs

MIT FOTOS VON FLORIAN WAGNER

ULLSTEIN

Die Globerunner-Metropolen

Kurz angelaufen

Anhang

Mein Lauf um die Welt

Begonnen hat es in Madrid. Kongress-Wochenende. Das Flugzeug geht erst am Nachmittag – was nun? Laufen. Im Retiro-Park, gleich hinter dem Hotel. Bisher hatte ich ihn nur flüchtig im Vorbeifahren registriert, jetzt habe ich ihn erlebt. Einen flüchtigen Eindruck mit Leben erfüllt. Ich habe mir diesen kleinen unscheinbaren Punkt auf der Weltkarte erlaufen. Drei Stunden lang. Jedes Blatt, jede Parkbank, jeden lächelnden Menschen. Und danach verstanden: Man kann sich die Welt erlaufen. Es gibt nichts Schöneres. Ein Läufer sieht und lebt und speichert die Welt wach, neugierig, präsent wie ein Kind. Jeder Kilometer weckt noch mehr Offenheit, Begeisterung und Liebe, für das, was man sieht. Das alles passiert einem im Touristenbus höchstwahrscheinlich nicht.

Dies wurde mir von Stund an Programm. Jede Stadt, in der ich in den letzten zwölf Jahren gewesen bin, habe ich mir erlaufen. Das Brandenburger Tor, den Tiergarten in Berlin, die Grachten von Amsterdam, den Creek von Dubai, den Roten Platz und den Boulevard-Ring in Moskau. Jetzt noch seh' ich jedes Türmchen der Basilius-Kathedrale, spüre die Frostgrade meines Laufes auf den Sperlingsbergen. Ich fühle noch das innere Staunen über die Oper in Sydney oder das leichte Unbehagen, als auf dem Tafelberg in Kapstadt der Nebel hochkroch. Wer sich die Welt erläuft, vergisst sie nie wieder. Laufen macht den Körper, den Geist offen. Der Läufer *erlebt*. Er sieht nicht nur, er *erlebt*. Die Seele raschelt erst, bebt dann leise vor Glück. Und dieses Glück bleibt ihm für immer. Er kann es hervorholen wie andere Menschen ihre Diasammlung.

Diese Städte, dieses Erleben finden Sie in diesem Buch. Und mehr. Denn natürlich machte ich mich nicht alleine auf die Reise, um alle Laufstrecken auf den aktuellen Stand zu bringen – einige, aber nicht alle. Das können andere besser. Dafür habe ich schreibende Läufer ausgewählt und Top-Fotografen. Sie pickten in all den Städten, die ich in den letzten zwölf Jahren gelaufen bin, die besten Strecken für Sie heraus, gewannen Laufkontakte, spürten die besten Hotels und Restaurants auf und schrieben das nieder.

Ich bin alle Reportagen im Geist noch einmal durchgelaufen, habe sie angefüllt mit meinen persönlichen Erlebnissen, meinen Gedanken, meinen gespeicherten Erinnerungen, mit den Augenblicken, die sich bei mir unvergesslich in die Gedächtnis-Schublade gebrannt haben. Und einige Städte habe ich mir noch einmal neu erlaufen. Unsere gemeinsamen Erfahrungen sind also in diesem Buch zusammengeflossen. *Kommen Sie mit*. Und tun Sie das Gleiche. Erlaufen Sie sich die Welt. Erst durch unsere Augen – und dann bitte selbst. Denn glauben Sie mir: Es gibt nichts Schöneres als den eigenen Lauf um die Welt.

Laufen ist die Wunderpille

... für die man ein Vermögen zahlen würde, wenn es sie in der Apotheke zu kaufen gäbe. Laufen hält gesund, wach, glücklich, schlank, klug und jung. Man muss nur täglich eine halbe Stunde seinen Körper mit Sauerstoff ölen. Das heißt langsam, locker, lächelnd laufen, im Sauerstoffüberschuss. Im aeroben Bereich. Wenn die Muskeln zur Energiegewinnung viel Fett und nur wenig Kohlenhydrate heranziehen. Genau dann schärft Laufen auch alle Sinne. Eine kleine Ode an den schönsten und natürlichsten Sport der Welt – und warum Sie Ihre Wunderpille mit auf die Reise nehmen sollten:

Laufen macht glücklich

Studien zeigen: Läufer sind emotional stabil, intelligent und zuverlässig, selbstsicher und unabhängig, entspannt und zufrieden – und glücklich. So genannte Katecholamine, die durch das Laufen vermehrt ausgeschüttet werden, stimmen den ganzen Menschen optimistisch. Neurotransmitter wie Serotonin tummeln sich vermehrt zwischen den synaptischen Spalten im Gehirn und blasen schlechte Stimmung weg, ja wecken echte Fröhlichkeit. Laufen im Sauerstoff-Überschuss – also langsam, locker, lächelnd – setzt Endorphine frei, die Botenstoffe der Euphorie. Können Sie sich vorstellen, was passiert, wenn Sie Endorphin-durchflutet am Strand von Dubai in den Sonnenaufgang laufen? Das ist Glück. Und es hält an.

Läufer kennen keinen Stress

Termine, Hektik, Flugzeug, Ankunft. Hotel. Termine ... Stress pur. Beim Sesselhocker schwirrt Adrenalin durch die Adern und vollbringt ungehindert sein vernichtendes Werk. Es schlägt Kerben in die Gefäßwände, die in Arteriosklerose, Herzinfarkt oder Schlaganfall enden. Stresshormone kosten Lebenszeit. Der Läufer baut seine Stresshormone ab. Auch Cortisol, das Hauptstresshormon, das Gehirnzellen abtötet, Körpersubstanz abbaut, das Immunsystem schwächt. Manager haben häufig zu hohe Cortisol-Spiegel – bis sie anfangen zu laufen. Gerade auch auf Geschäftsreisen.

Läufer sind nie müde

Wer langsam, locker, lächelnd läuft, pumpt 100 Prozent mehr Sauerstoff ins Gehirn und 1000 Prozent mehr Sauerstoff in den Körper. Das weckt den Geist, dopt den Körper mit Vitalität. Übrigens auch in der Körpermitte. Nun, das können Sie sich für zu Hause aufheben. Es gibt auch genügend andere Gründe, unterwegs zu laufen. Der leichte, lockere Trab nach Ankunft ist ein probates Mittel gegen Jetlag. Licht und Bewegung stellen die innere Uhr auf die neue Zeit ein. Er beugt nachweislich Problemen mit der Verdauung und Schlafstörungen vor.

Laufend zum Zwölfzylinder

In einer Körperzelle sind Mitochondrien. Die Kraftwerke der Zelle. Dort entsteht Lebensenergie. In jeder Körperzelle stecken ein paar Hundert dieser Kraftwerke. Um besser vergleichen zu können, sagen wir aber: In der Zelle des Büroherzen stecken zwei. Wenn Sie nun täglich 30 Minuten leicht, locker, lächelnd laufen, 1000 Prozent mehr Sauerstoff durch ihren Körper jagen, dann vermehren sich die Mitochondrien. Nach ein paar Monaten finden Sie sechsmal so viel. Sechsmal so viel Lebensenergie. Das ist der Unterschied zwischen einer Ente und einem Jaguar. Zwischen einem Zwei- und einem Zwölfzylinder, zwischen einem Menschen, der nach dem 3. Stockwerk keucht, und einem, der im 48. Stock noch lächelt. Oder im 102. Stock auf dem Empire State Building – als Zwölfzylinder die Welt entdeckend. Oder wie Fenya Crown, die mit 88 in Rom ihren achten Marathon lief.

Laufen putzt die Gefäße …

Läufer müssen die Touristenklasse im Flieger nicht fürchten: Laufen senkt den Cholesterinspiegel, verbessert die Blutwerte, macht die Gefäßwände elastisch, senkt den Blutdruck, mindert die Thromboseneigung – Blutplättchen verklumpen nicht so leicht. Die Fluggefahr tendiert gegen Null. Laufen senkt auch den Harnsäurespiegel im Blut, beugt Gicht vor. Es senkt den Insulinspiegel – dies mindert das Risiko, an Altersdiabetes zu erkranken. Der Mensch ist so jung wie seine Gefäße. Laufen ist die beste Verjüngungskur.

… und stärkt das Immunsystem

Wer seine Muskeln moderat beansprucht, trainiert die Abwehrkräfte. Das beugt nicht nur der banalen Erkältung vor, sondern schützt vor Krebs. Auch auf Reisen gewährt der laufend gestärkte Immunpanzer Schutz. Zum Beispiel vor Montezumas Rache.

Läufer sind schlank

Sie müssen weder die Buchteln in Wien fürchten, noch die Züricher Trüffel. Läufer können essen, was sie wollen. Denn laufend züchtet man sich fettverbrennende Enzyme und verbrennt mehr Kalorien. Auch dann noch, wenn man am Strand von Rio in der Hängematte herumhängt.

Läufer sind klüger

Bekommt das Gehirn 100 Prozent mehr Sauerstoff, und das tut es Schritt für Schritt, wächst die Konzentrationsfähigkeit, die Lernfähigkeit – darum lernen Läufer eine Fremdsprache in zwei Wochen. Sauerstoff verdoppelt die Denkleistungskraft und setzt eine Flut des Kreativitätshormons ACTH frei. Es senkt den Blutdruck, den Puls und entspannt den Körper. Gleichzeitig macht es den Geist scharf, kristallklar und hellwach. Es öffnet das rechte Gehirn – die Kreativitätsschiene für den ganzen Tag. Und: Bewegung lässt Dendriten sprießen. Die Nervenbahnen im Gehirn, die Denken überhaupt erst möglich machen. Wer läuft, bleibt geistig aktiv bis ins hohe Alter.

Die drei Gänge der Seele

Dies ist wohl die wichtigste Anleitung für Globerunner: Sie können mit dem Lauftempo Ihren Hormonhaushalt steuern – und je nachdem, was Sie mit Ihrem Lauf bezwecken: die Welt lieben, sich auf ein Geschäft vorbereiten oder meditieren. Probieren Sie es aus.

Der Sightseeing-Gang

Trippeln Sie langsam, laufen Sie ohne Anstrengung, noch langsamer, als Sie eigentlich wollen, völlig unterfordert. Nach wenigen Minuten steigt in Ihrem Körper der Serotonin-Spiegel an. Der Neurotransmitter des Glücks, das körpereigene Antidepressivum, das Johanniskraut der Läufer macht Sie bereit für die Welt. Sie fühlen sich fröh-

lich entspannt und öffnen die Augen. Sie sehen die Welt aus einem anderen Blickwinkel, nehmen mit jeder Nervenfaser Kontakt auf mit der Umgebung, der Natur, dem Monument, der Skyline. Sie sehen die Farben der Lilien intensiver, riechen den Tang-Duft des Meeres feiner, hören Klangspiele der Natur besser und fühlen sich in die Schwingungen der Welt hinein, die Sie durchlaufen. Diese Eindrücke bleiben Ihnen für immer erhalten.

Der Geschäftsreise-Gang

Wenn Sie nun ein bisschen schneller laufen, vom Serotonin-Gang in den zweiten Gang schalten, dann werden Sie spüren, dass sich der Blick von außen nach innen richtet. Gedanken kreisen, Ideen kommen. Es öffnet sich die rechte Gehirnhälfte. Der Grund dafür heißt: ACTH. Ihre Hypophyse im Gehirn überschüttet Sie mit diesem Kreativitätshormon. Das macht den Geist kristallklar und hellwach. So sollten Sie im Stadtpark hinter dem Hotel laufen. Und in den folgenden 30 Minuten den Tag planen, Probleme lösen, die Konferenz vorbereiten. Und Sie werden mit diesem Lauf eine Menge Zeit gewinnen. Zeit, die Sie sonst Bleistifte kauend am Schreibtisch verbringen.

Der Globerunner's-High-Gang

Läufer haben ihr Kokainkästchen immer dabei. Damit können sie ohne Bedenken Grenzen passieren. Das ist nicht strafbar. Und so geht es auf: Schalten Sie vom ACTH-Gang in den dritten Gang. Geben Sie bewusst Gas. So, dass Sie nicht hecheln, nicht außer Atem kommen, aber spüren, dass sich Ihre Aufmerksamkeit noch weiter nach innen richtet. Sie spüren Ihren Körper, jede Zelle, Sie leben Ihren Körper. Der Atem geht schneller, fließt aber weich durch Ihre Lungen. Die Arme schwingen locker, Sie spüren, wie die Beine das Blei verlieren. Wie Sie federnd abstoßen, ja nahezu fliegen. Die Gedanken steigen in den Himmel, und Sie betrachten sich von oben. Dann geht nämlich Ihr Kokainkästchen auf. Setzt Endorphine frei. Ihr körpereigenes Rauschgift. Das nennt man das Runner's High. Das ist Glück. Tanken Sie es am Strand in Rio. Im Centennial-Park in Sydney. Oder wo immer Sie wollen auf der Welt. Ich wünsche Ihnen viel Spaß.

Der Erfolgslauf

Sie sind auf Geschäftsreise. Heute gibt es eine wichtige Sitzung. Und es kommt so richtig darauf an? Dann starten Sie an diesem Tag ganz früh zum Erfolgslauf – dem Lauf zum Erfolg. Dem Vorlauf zur Konferenz.

Sie laufen los, langsam. Bewusst langsam. Sie unterfordern sich. Genau so sollte das heute in der Sitzung sein. Sie denken zu Beginn der Konferenz nicht an die Konferenz, sondern nur an die Teilnehmer. An die Menschen. Sie gucken sich Ihre Verhandlungspartner an. Sie begrüßen sie. Sie machen Smalltalk. Sie versuchen sich hineinzuleben, wohl zu fühlen. Sie schaffen ein Wohlfühl-Band. Und das spannen Sie auch zwischen das Laufen und sich. Vorher. Sich unterfordern. Nicht weiterdenken ... »was kommt denn dann noch auf mich zu«. Sondern wohl fühlen, Schritt für Schritt genießen. Warm werden.

Dann steigern Sie das Tempo. Geben etwas Gas. Ganz leicht. Das entspricht dem Zeitpunkt in der Konferenz, wenn Sie Gas geben, sozusagen den wichtigen Punkt ansprechen. Ganz lieb. Ganz normal. Ohne wertende Adjektive. In der Juristensprache: korrekt. So steigern Sie Ihren Lauf im Stadtpark. Im Grünen. Sie fühlen sich wohl. Und verankern dieses Gefühl mit dem Gedanken: Sie haben bei der Konferenz Ihr Anliegen ausgesprochen. Sie haben es neutral gesagt. Sie fühlen sich wohl. Sie strahlen von innen. So wie Sie jetzt schon im Stadtpark von innen strahlen. Sie wissen: Sie sind trainiert. Sie sind wer. Und Sie wissen: Am Ende des Parks drehe ich um und komme wieder ins Hotel unter eine herrliche Dusche, wenn das warme Wasser um mich herumprasselt ...

Der Wohlfühl-Lauf mit leichter Steigerung – das ist der Erfolgslauf. Das ist der Ablauf einer Konferenz. Für die Sie sich vorher schon das wohlige Gefühl eines Erfolges, das wohlige Gefühl unter der erfrischenden Dusche

nach dem Laufen vorstellen und innerlich strahlen.

Und so lassen Sie ihr Gefühl in der Konferenz spielen. Sie stellen sich vor, dass das Resultat befriedigend sein wird. Dass Sie sich dann wohl fühlen werden. Der Andere kann ja gar nicht anders, als Ihnen wenigstens zu 80 % zuzustimmen. Und genau das wollten Sie doch. Allein dieser Gedanke, Ihre Ausstrahlung, Ihre Körpersprache wird dem anderen suggerieren, dass Sie Recht haben, und er wird nicken.

Erfolg fällt nicht zu. Erfolg wird gemacht. Von Ihnen. Von innen. Und der Lauf, der symbolische Lauf zum wohligen Ende, programmiert sich in Ihnen. Bahnt sich neuronal. Und Sie werden im täglichen Leben ähnliche Ab-Läufe erleben.

Und nun noch ein paar praktische Globerunner-Tipps

Die Tasche des Globerunners

In einem Männermagazin habe ich gelesen: »Die besten City-Reiseführer haben ein dickes Profil und 20 bis 28 Löcher.« Das ist wahr. Packen Sie sie in den Koffer. Und schlüpfen Sie rein, laufen Sie einfach raus, egal auf welchem Kontinent Sie sind. Damit meinem Globerun nichts in die Quere kommt, halte ich zwei vorgepackte Jogging-Reisetaschen zu Hause bereit – eine für warme Gegenden, eine zusätzliche für kalte Gebiete. Und die schmeiße ich einfach in den Koffer, wenn es losgeht.

Der Grundbeutel enthält:

- *2 Paar Laufschuhe (Trailschuhe mit extrastarkem Profil für unbefestigte Wege und ganz leichte Laufschuhe)*
- *2 Paar Laufsocken*
- *funktionelle Unterwäsche*
- *ein Tank-Top*
- *ein Langarmshirt*
- *eine lange Hose (Tights)*
- *eine kurze Hose (wiegt nichts, immer dabei)*
- *eine Pack-away-Jacke. Sie lässt sich zu einer kleinen Tasche zusammenfalten und als Hüfttäschchen mitnehmen.*
- *Ein Stirnband, das den Dubai-Schweiß von den Augen weghält*
- *Blasenpflaster*
- *Leuchtbänder für Nachtläufe, mit Klettverschluss um Arme und Beine zu wickeln*
- *Ersatz-Schuhbänder*
- *mein Power-Gel. Kohlenhydrat-Energie für lange Läufe*
- *eine kleine Dose Eiweißpulver. Mit Wasser oder magerer Milch angerührt und einer Ampulle Vitamine gewürzt, mein täglicher Fitness-Drink.*

Im Frost-Beutel steckt:

- *eine zweite warme Tights*
- *ein warmes Sweatshirt*
- *eine Wetterschutzhose (nur für nasse und kalte Gegenden)*
- *eine atmungsaktive Multifunktions-Jacke, wind- und regendicht, mit Kapuze und Ärmeln zum Abtrennen.*
- *Mütze und Handschuhe*

Gut vorbereitet

Wählen Sie Grün

Rufen Sie, bevor Sie ein Hotel buchen, im Fremdenverkehrsamt an – oder bei der Stadtverwaltung. Dort kann man Ihnen ein Hotel nennen mit einem Park, einer Jogging-Strecke in der Nähe. In diesem Buch finden Sie Hotels mit Laufgelegenheit nebenan.

Surfen Sie vor

Joggingpartner können einem vor allem in fremden Gefielden sehr hilfreich sein. Surfen Sie zu <u>www.runtheplanet.com</u>. Dort finden Sie direkt Adressen von Laufpartnern rund um die Welt. Wenn nicht, dann geben Sie einfach den Ort ein, wo Sie hinreisen z. B. »Palma«. Auf der Palma-Seite fordert man sie dann auf, ein E-Mail zu schicken. Das wird meist in den folgenden Tagen von einem Lauf-Fan beantwortet. Und mit ihm können Sie dann einen Lauftreff vereinbaren. So lernen Sie interessante, liebe, fröhliche Menschen rund um die Welt kennen.

Fit for flight

Use it or lose it. Gebrauch es, oder verliere es. Dieser wichtigste Satz in der Medizin gilt vor allem für Langstreckenflüge. Dort können Sie sogar Ihr Leben verlieren, wie man in Schlagzeilen häufig lesen konnte, wenn Sie ergeben im Sitz klemmen, das Blut stocken lassen und Ihre Muskeln nicht gebrauchen. Thrombose-Gefahr! Stehen Sie während des Flugs immer wieder auf und trippeln Sie auf der Stelle. Nutzen Sie auch das Gymnastikangebot der Airline.

- Sprungbrett über den Jetlag: Ich nehme auf dem Flug – wenn überhaupt – nur Eiweiß und Obst zu mir. Dafür habe ich meinen Shaker und mein Eiweißpulver dabei. Alle vier Stunden mixe ich mir einen Eiweiß-Drink und esse ein Stück Obst dazu. Wichtig: Viel trinken, kein Alkohol. Wenn man dann noch nach der Ankunft läuft, hat man mit dem Jetlag keine Probleme.

Verkehrssicher

Der größte Feind des Läufers ist nicht der Hund, sondern der Autofahrer. Passen Sie auf sich auf.

- Rot heißt rot. Das gilt auch für Sie. Halten Sie sich an die Regeln, sonst riskieren Sie Bußgeld – und/oder Ihr Leben. Wenn Sie nicht trippelnd an der Ampel stehen bleiben wollen, laufen Sie einfach ein Stück hin und her, hin und her, hin ...

- Zebrastreifen werden auf unserem Globus leider nur selten ernst genommen. Vergessen Sie nicht: Im Nahkampf mit dem Metallkäfig sind Sie unterlegen – immer!
- Spielen Sie Glühwürmchen: Falls Sie nachts laufen, dann nur auf hell erleuchteten Pfaden. Und mit Reflexionsstreifen ausgestattet. Gibt's im Runners-Shop.
- Wenn möglich auf dem Gehweg laufen, falls nicht vorhanden – auf der linken Straßenseite gegen die Fahrtrichtung der Fahrzeuge. Das gilt natürlich nicht für England.
- Laufen Sie auf gut einsehbaren Straßen, und vor allem nachts nicht durch kleine Gässchen.
- Vorsicht bei Hügelkuppen oder versteckten Kurven. Kalkulieren Sie die Sichtverhältnisse der Autofahrer mit ein, dazu zählt auch Sonne in Ihrem Rücken, Nebel, Schnee, Regen.
- Falls Sie in der Gruppe laufen, dann im Gänsemarsch. Vor allem auf verkehrsreichen Straßen.
- Ein Runner's High lässt schweben – das ist nicht unbedingt von Vorteil auf verkehrsreichen Straßen.

Hitzefest

Eine weitere Gefahr, die dem Läufer in der großen weiten Welt droht, ist das Wetter. Der leichteste Hitzeschutz: Trinken Sie viel. Mindestens 3 Liter. Laufen Sie dort, wo es Wasser gibt – und kühlen Sie sich ab und zu damit ab. Tankstellen – früher Benzinschleudern – sind mir in meinem Globerunner-Leben lieb und vertraut geworden. Hier kann ich schnell tanken – eine Cola, himmlisches Manna nach 1 1/2 Stunden Lauf. Oder: heiliges Wasser. Aus dem Hahn neben dem Eingang – unten, tief drunten. Daneben gewöhnlich ein Napf. Hundetränke. Na ja. Ein durstender Läufer schlabbert ja ähnlich …

- An heißen Lauf-Tagen sollten Sie Alkohol und Kaffee meiden. Beides dehydriert den Körper.
- Helle Kleidung reflektiert Sonnenwärme. Funktionelle Kleidung ist leicht und führt den Schweiß schnell weg vom Körper an die Umgebung.
- Hohe Luftfeuchtigkeit verhindert Abkühlung über Schwitzen. Vermeiden Sie es zu laufen, wenn die Luftfeuchtigkeit über 90 % beträgt. Suchen Sie in der Hitze den Schatten der Parks und laufen Sie nicht mittags.
- Laufen Sie lange Strecken, wenn es heiß ist, nicht alleine. Steigen Hitzewallungen auf, anhalten, kurz ausruhen, Wasser trinken.
- Ein Hitzschlag kündigt sich folgendermaßen an: Schwindelgefühle, Ermüdung, schlechte Konzentration bis Konfusion. Soll-

ten diese Symptome auftreten: Anhalten, Schatten suchen und Wasser trinken. Hat er zugeschlagen, zeigt er sich durch Schweißausbrüche und heiße trockene Haut. Dann gilt: alle Aktivitäten einstellen. Ab in den Schatten. Eng anliegende Kleidung ausziehen. Körper mit Eis oder Alkohol abreiben, Doktor aufsuchen.

Frostsicher

In kalten Ländern sollten Sie sich wie eine Zwiebel in mehrere Kleidungsschichten hüllen. Kopf und Nacken gut einpacken, denn darüber geht viel Körperwärme verloren. Gut aufwärmen. Und langsam laufen. Bei minus 10 Grad ist der Körper stark damit beschäftigt, den Temperaturausgleich von 40 Grad zu bewerkstelligen. Gelenke und Sehnen sind kälter. Das heißt steifer, unelastischer, anfälliger für Verletzung.

- Merkmale einer Unterkühlung: Leichte Orientierungslosigkeit, man kann die Hände nicht mehr gut koordinieren. Undeutliche Sprache, Lallen, Schwierigkeiten beim Laufen. Sollten Sie anfangen zu zittern, suchen Sie sofort einen warmen Ort auf.
- Vorsicht, Erfrierung: Anfangs fängt die Haut zu brennen an, verfärbt sich, wird erst rot, dann lila, dann weiß. Bei Vanillehaut sofort einen Arzt aufsuchen. Laufen Sie vor allem bei kaltem Wetter keine langen Strecken. Beobachten Sie Ihre Laufgefährten auf Anzeichen von Kälteschäden.
- Jeder Boden wird gefährlich, sobald eine dünne Eisschicht darauf liegt. Sie rutschen – und die Autos auch.
- Wenn Sie einen Rundkurs machen, dann starten Sie gegen den Wind und laufen Sie mit dem Rückenwind zurück.
- Nasse Kleidung sofort wechseln, wenn Sie morgen keine Erkältung haben wollen.
- Nicht vergessen: Auch wenn es kalt ist, genügend Wasser trinken.

Sicher als Frau

Ihre wichtigste Waffe sind Ihre zwei Beine. Laufen Sie der Gefahr bitte so schnell es geht davon. Trotzdem noch ein paar Tipps:

- Im Doppelpack sicher. Suchen Sie sich einen Laufpartner. Wenn Sie alleine laufen, dann teilen Sie jemandem mit (oder schreiben einen Zettel), wo Sie laufen und wann Sie wiederkommen.
- Tragen Sie immer ein paar Münzen zum Telefonieren mit sich – und einen etwas größeren Schein für den Fall, dass jemand fordert: »Geld oder Leben!«
- Eine Trillerpfeife tut dem Angreifer im Ohr weh – und lockt Helfer an.
- In fremden Gefilden sollten Sie ohne Walkman laufen, damit Sie Ihre Umgebung im Blick und Gehör haben. Vermeiden Sie unbelebte Straßen, einsame Pfade und nachts vor allem unbeleuchtete Wege. Wenn Sie täglich Ihre Route variieren, kann Ihnen niemand auflauern.

- Bevor Sie sich alleine in einem fremden Land auf die Piste machen, sollten Sie wissen, wie die Telefone funktionieren.
- Meiden Sie Parkplätze, Büsche und dunkle Orte. Und achten Sie darauf, dass auf Ihrer Strecke Läden, Tankstellen, Cafés – Anlaufpunkte für den Notfall – sind. Öffentlichkeit bedeutet Sicherheit.
- Träumen Sie nur in Gegenden, wo Sie sicher sind. Ansonsten sollten Sie schon etwas wachsam sein. Das heißt nicht im Endorphin-Gang, sondern im Serotonin-Gang, also langsamer, laufen.
- Ab und zu darauf achten, wer hinter Ihnen ist. Kommt Ihnen jemand verdächtig vor, nicht aufregen, sondern einen anderen Weg wählen.
- Laufen Sie gegen die Verkehrsrichtung, damit Sie entgegenkommende Fahrzeuge sehen. Wenn Ihnen dasselbe Auto mehrmals begegnet, merken Sie sich das Nummernschild und machen Sie den Fahrer darauf aufmerksam, dass Sie ihn gesehen haben, er Ihnen verdächtig vorkommt.
- Wenn Ihnen jemand nachpfeift, Sie verbal belästigt, einfach ignorieren. Spricht Sie jemand an, fragt nach Uhrzeit oder Weg, dann seien Sie freundlich, halten aber Distanz. Falls Sie antworten wollen, tun Sie das im Weiterlaufen.
- Im Falle eines Angriffes: Geraten Sie nicht in Panik. Laufen Sie nicht zu einer noch einsameren Ecke oder Gegend. Bleiben Sie so ruhig wie möglich.
- Zeigen Sie keine Furcht, das erhöht die Aggression des Angreifers. Versuchen Sie mit ihm zu reden und Fluchtmöglichkeiten auszumachen. Wie gesagt: Ihre Beine sind die beste Waffe. Die zweitbeste: Ihr Knie. Doch einen Kampf sollten Sie nur eingehen, wenn Sie die Kunst der Selbstverteidigung beherrschen.

Und noch mehr Globerunner-Tipps

- Andere Länder, andere Ess-Sitten. Und die sind mir heilig. Denn Gewürze, Lebensmittel passen zum Klima. Also: Wer das Eisbein mit Sauerkraut meidet und aus den Töpfen des Landes probiert, tut seinem Körper nur Gutes.
- Eiweiß statt Fastfood. Wenn ich unterwegs in Eile bin, dann greife ich nicht zum Sandwich, sondern genieße einen schaumigen Eiweißdrink mit Früchten.
- Das Geheimnis des Erfolges ist süß und heißt Obst. Es liefert all die Biostoffe, die Ihre 70 Billionen Körperzellen glücklich machen. Obst ist Leben, die Basis für Kreativität, Fröhlichkeit, Kraft und Ausdauer.

Ich plündere morgens die Früchte vom Hotel-Buffet – und esse mich tagsüber durch die exotischen Angebote der Märkte.

- Laufen Sie morgens. Gerade in der Stadt ist dann die Luft besser, die Autofahrer liegen noch im Bett. Und Sie müssen sich nicht im Schlängelgang durch Fußgängermassen quälen.
- Ohren frei! Lassen Sie den Walkman im Hotel. Sie können sich besser auf die fremde Stadt konzentrieren – nehmen des Läufers Feinde – Autofahrer, Radler, Skater – schneller wahr. Und: Sie erlaufen sich die Welt mit allen Sinnen.
- Hunde sollten Sie ernst nehmen. Augenkontakt vermeiden – das könnte er als Herausforderung verstehen. Ein Hund ist stärker als Sie, denn Sie wollen sicher nicht zubeißen. Laufen Sie lieber langsam rückwärts, und wenn er immer noch auf Ihren Fersen ist, dann opfern Sie ihm Ihre Mütze und rennen weg.
- Moskitoschutz: In tropischen Ländern sind frühmorgens und in der Dämmerung Moskitos aktiv. Dann sollte man lange, weite Laufkleidung tragen. Und: Moskitoschutz an Händen, in Nacken und Gesicht.
- Notgroschen dabei? Das sind bei mir umgerechnet immer fünfzig Mark, die ich in der kleinen Tasche in der Jogginghose trage. Damit kaufe ich mich frei, wenn jemand an mein Leben will. Oder ich genieße nach dem Lauf eine Apfelschorle.

Genug der Worte. Zeit für Taten. Laufen Sie los.

Ams

terdam

Warum es mich immer mal wieder nach Amsterdam zieht? Ganz einfach: Diese kleine Weltstadt (700 000 Einwohner) ist weltoffen, multikulturell und liberal. Und auch ich fahre, wie viele andere, wegen einer Droge dorthin …

Zugegeben, ich bin süchtig nach den kleinen schwarzen Teilen. Sie kurbeln, behaupten neue Studien, die Fettverbrennung an. Nur zu viel davon treibt den Blutdruck hoch, wenn man mit ihm Probleme hat. Nirgends auf der Welt gibt's die *schwarze Verheißung* in so vielen Variationen: von zoet, also süß, über dubbelzout, die doppelte Salzladung, bis salmiakdrop, mit einem gewöhnungsbedürftigen, aber interessanten Salmiak-Aroma. Holland ist wirklich ein Paradies für Drogen. Meine heißt Lakritze.

Typisch Amsterdam: die schmalen Giebelhäuser an den Grachten. Auch auf dem Wasser wird gelacht und gelebt.

Die glühende Vorfreude auf *Lakritze*, Grachten, Tulpen und Holzschuhe fängt im Internet zu lodern an. Unter der Adresse »www.runtheplanet.com« trifft man auf die »weltweit größte Läufergemeinschaft im Netz«. Dahinter stecken Enthusiasten aus Seattle/USA, die vor ein paar Jahren begannen, eine Datenbasis über die besten Rennreviere in den Städten rund um den Globus zu schaffen. »Unser Ziel ist es, die Läufer der Welt Schritt für Schritt zusammenzuführen«, heißt es da. In der Rubrik »persönliche Laufkontakte« taucht der Name *Luis* auf. Mit E-Mail-Adresse und dem Hinweis: »Ich bin nach Amsterdam gezogen und schaue mich täglich nach guten Strecken um.«

Bingo.

Am nächsten Tag schon blinkt die Mailbox: Sie haben Post. Luis schreibt zurück: »Es gibt *tolle Touren* in dieser Stadt.« Er beweist das mit einer Flut Routenbeschreibungen. Kostprobe: »Hinterm Hauptbahnhof mit der Gratis-Fähre über die Amstel und dann immer den weißen Pfosten nach, die den Radweg markieren. Es folgt eine schöne Straße auf dem Deich. Da kann man so lange laufen, wie man will.« Wunderbar, was will das Läuferherz mehr? Telefonnummer notieren. »Suchen Sie sich einen passenden Termin, vielleicht können wir einige Trainingsläufe auf den schönsten Routen um die City machen, *happy trails*, Luis. Laufgeschwindigkeit: Fünf Minuten pro Kilometer. Distanz: 12 bis 15 Kilometer. Fehlt noch was? Proost.«

Ein Katjesdrop zerrt an den Zähnen, während man sich in Richtung *Vondelpark* 1 schon mal warm läuft. Luis steht am Haupteingang und winkt. Pünktlich. 17 Sekunden vor halb zehn.

Der Vondelpark bietet 75 Hektar Natur pur. Enten schnattern, und Jogger rufen sich ein fröhliches »Goededag« zu.

»Liegt ideal, was? Mit dem Fahrrad braucht man von jedem Punkt Amsterdams höchstens fünfzehn Minuten bis hierher«, freut sich der 30-jährige Doktorand der Geographie und trabt gemächlich los in den Park, Treffpunkt der Hippies und Blumenkinder in den siebziger Jahren. Zum Glück ist Samstag. Denn werktags ist um diese Zeit Rushhour, in der dann die Füße all den Fahrradreifen im Weg sind, die zur Arbeit ins Zentrum oder zurück nach Hause wollen. Aber an Wochenenden gehört der 45-Hektar-Park mit seinen Teichen, Reitwegen, Rosengärten und langen Alleen, 102 Blumen- und 127 Baumarten den sportlich Aktiven: Joggern, Walkern, Skatern, Reitern, Jonglierern, Bikern ... Oder Touristen, die durch diesen Park im *Museumsviertel* zur Diamantenschleiferei »Costers« schlendern, zum »Stedelik-Museum« mit seiner modernen Kunst oder zum Van Gogh Museum, wo auch zeitgenössische Werke aus der Privatsammlung des Künstlers zu sehen sind.

Wer hier läuft, tut es auf Wolke Nr. 7. Die fröhliche Stimmung der Holländer steckt an. Selbst ihre Hunde sind friedlich. Die Hingabe der Amsterdamer zu Dackeln, Bouviers, Pekinesen, Pitbull-Terriern, Dänischen Doggen und Deutschen Schäferhunden stört eigentlich nur beim Haufenhüpfen an den *Grachten*. Wenn einer mal bellt, was nur selten vorkommt, klingt das wie *Goededag, Goededag …* Guten Tag. Von der Zeit der Hippies erzählt nichts mehr. Nur meine Gehirnschubladen schicken mir ein paar verblasste Erinnerungen an einen Kurzurlaub in meinem ersten Leben (meinem Vor-Läuferleben) mit viel Rotwein und Gouda und einem Mädchen mit langen roten Haaren namens Linda. Und mit unglaublich großen Füßen … Zelten hat die Polizei im Vondelpark seit langem verboten. Auf Fahrrädern überwachen sie das Gelände. »Ein total sicherer Ort«, sagt Luis. »Die Hauptwege sind nachts beleuchtet, und daher kann man auch problemlos in der Dunkelheit laufen.« Das beruhigt, denn Amsterdam steht nicht nur für Tulpenzwiebeln und Holzschuhe, sondern auch für Drogen und Kriminalität. Obwohl es rein statistisch wahrscheinlicher ist, in Frankfurt eins über den Schädel zu bekommen. Knapp dreieinhalb Kilometer geht eine Runde. Hinter einem rotweißen Band bringen Trainer des Programms »Amsterdam in Bewegung« ältere Menschen mit Lauf-Gymnastik auf Trab. Stellen Sie sich vor: »Hamburg in Bewegung«. Der Spurt geht vorbei an Tennisplätzen, Teichen mit Springbrunnen und dem Standbild des holländischen Dichters Joost van der Vondel, der dem Park seinen Namen gab und den Spruch prägte: »Die ganze Welt ist um Amsterdam herum gebaut.« Überall spürt man das Flair einer multikulturellen Gesellschaft, der jeder beiwohnt, dem es woanders zu eng, zu spießig ist. Das Motto dieser Stadt: leben und leben lassen.

Zur Zeit des berühmten Dichters und Dramatikers van der Vondel, im 17. Jahrhundert, bildete Amsterdam den Mittelpunkt eines weltweiten Kolonialreichs und entwickelte sich zur reichsten Handelsstadt Nordeuropas. »Bei so viel Wohlstand hätten die Stadtfürsten den Vondelpark ruhig etwas größer gestalten können«, meint Luis. Das wäre schade gewesen, denk' ich, während meine Zunge versucht, dem Lakritz den Zahnkontakt zu rauben, dann wäre Amsterdam ja kleiner.

Leben und leben lassen, heißt das Motto der Stadt – und wie lebt es sich schöner denn als Angler am Wasser? Nur als Läufer.

Man läuft aus dem Park heraus über den *Schinkelkanal* ❷ zum *Rembrandt-Park* ❸, um dort noch eine Schleife anzuhängen. Zurück geht's durch Gassen an den Grachten entlang, mit den typischen Amsterdamer Häusern – während die Beine über Pflastersteine stolpern, stoßen, holpern, tanzen, freut sich das Auge über die stilistische Vielfalt dieser Architektur. Man hat das berückende Gefühl, dass sich die *Giebelhäuser* über einem verneigen. Sie sind schmal und tief – früher bezahlte man Steuern nach der Hausbreite. Nach oben zu schrumpfen Fenster und Räume. Dort wohnten die Angestellten. Und oft sieht man noch einen Flaschenzug an der Spitze der Giebel. Für die Möbel. Sie passten nicht durch die engen Treppenhäuser. Manchmal, wenn sich eine der schweren Türen öffnet, stockt der Blick nicht an einer Treppenhausfinsternis, sondern wandert weiter in einen bezaubernden grünen Innenhof mit Brunnen. Vorsicht, Läufer-Gefahr: der Blick in die Luft. Die Giebel dieser Häuser erzählen die Geschichte von Jahrhunderten, jeder für sich ein Kunstwerk. Sieht aus nach Zuckerbäcker-Stil. Lebkuchenbraune Backsteine gipfeln in den Zuckergussornamenten der Giebel.

Auf den Kanälen der Stadt schippern viele historische Holzboote – mitunter als schwimmendes Restaurant.

Auf den *Kanälen*, dem ursprünglichen Abwasser- und Verkehrssystem der Stadt, schippern Stadt-Entdecker auf historischen *Holzbooten* mit weiß gedeckten Tischen und gekühltem Champagner. Die Stadt, prall mit Leben gefüllt, strahlt gemütliche Ruhe aus. Nur im Winter gewinnt Amsterdam noch mal so richtig an Tempo – man trifft sich in Schlittschuhen und düst über die zugefrorenen Grachten. Übrigens: Morgens um sechs, sieben Uhr lohnt es sich schon mal, den Lauf zu unterbrechen, sich auf eine der vielen *Bänke* zu setzen. Dann ist es still. Man hört, wie sich die Enten schnabelklappernd das Gefieder putzen, wie das Wasser sanft an ein halbversunkenes Kajütboot klopft. Und dann kann man eine kleine Zeitreise unternehmen, in der Segelschiffe aus aller Welt in den Bauch dieser Wasserstadt fahren, um dort Gewürze, Gold und Seide abzuladen.

Seltener Augenblick: Ein Läufer ohne Radfahrer im Objektiv. Regel Nr. 1: Radler sind überall und haben immer Vorfahrt.

Keine einzige rote Fußgänger-Ampel kann Luis auf dem Weg zurück stoppen: »Hier herrscht das kosmopolitische Chaos, wo jeder jeden respektiert«, sagt er. »Es gibt nur eine Regel: Pass auf die Radfahrer auf, die haben immer Vorfahrt.« Sie wissen das auch und scheinen sich in atemberaubender Geschwindigkeit zu vermehren. Räder, überall Räder. Selbst in den engsten Gassen der Innenstadt, in der aus den vielen kleinen Cafés der typische holländische Humor quillt – in Form fröhlicher Lachsalven – und der Duft des holländischen Nationalgetränks. Holländer, habe ich gelesen, verwelken ohne Kaffee. Sein Duft wird später abgelöst von süßlichem Marihuana-Qualm, der dann die Abendstunden einleitet. Erst »on«, dann »off«. Auch Kultur.

Nachts ist der Bär los in Amsterdam. Da kann man Feuer fangen. Zum Beispiel am Openair-Zirkus Leidseplein.

Allüberall Räder. Einheimische auf schwarzen Hollandfiets und Touristen auf gelben Rädern, so genannte *Yellow Bikers*, die sich auf einer Gruppen-Tour durch die Stadt lotsen lassen. Überall schlängeln sich die Räder durch Menschenmengen im Rotlichtviertel, wo Busladungen von japanischen Touristen vor dem Pornotheater »Casa Rossa« Schlange stehen. Es heißt übrigens: In Rotterdam wird das Geld verdient, in Amsterdam unter die Leute gebracht. Zum Beispiel am *Leidseplein*, dem Openair-Zirkus der Stadt. Der Platz ist im Sommer übersät mit Stühlen, Tischen, Menschen, die dort Kleinkunst und Vergnügen tanken – Zauberer, Feuerschlucker, Clowns oder einfach den Jungen bestaunen, der, mit dem Fußball spielend, auf die gußeiserne Laterne klettert.

Unter solchen Bedingungen denkt selbst Luis nicht mehr ans Laufen in der Stadt, obwohl er den Anblick der prächtigen Altstadtfassaden liebt. Die muss man wach sehen und genießen, wir wollen laufend träumen. Und sind reif für den *Amsterdamse Bos*, den »Wald von Amsterdam«, der als Trainingsgelände für Fortgeschrittene dient. Das 800-Hektar-Revier liegt drei Meter unter Meereshöhe. Bei richtiger Sturmflut ist hier alles unter Wasser. Das ist das letzte Mal vor knapp 50 Jahren passiert. Ich stecke mir ein Lakritz in den Mund. Soll auch beruhigen.

Zur Not könnte man sich auf einen der höchsten Berge Hollands retten, der sich mitten im Bos gut und gern zwanzig Meter hoch erhebt. Ein künstlicher *Berg*, aufgeschüttet in den dreißiger Jahren, als man den Park im Rahmen einer Arbeitsbeschaffungsmaßnahme von Hunderten Arbeitslosen anlegen ließ. Heute ein ideales Freizeitgelände und Ruderrevier mit verschwiegenen Kanälen, drei Pferdeställen, einem Bisongehege, einer Ziegenfarm und einem abwechslungsreichen Wegenetz. Genau das Richtige fürs Läuferherz, das sightseeingsatt ist: Mal Wald, mal riesige Wiesen, auf denen Hollands Fußball-Nachwuchs übt. Mal auf schmalen Pfaden durchs Gehölz, mal entlang dem mit Schilf bestandenen Ufer des idyllischen Sees *Amstelveense Poel*, hinter dem man im Vorbeilaufen die Kirche des Dörfchens *Bovenkerk* sieht. Einmal rundrum: rund dreizehn Kilometer, etwa siebzig Minuten.
Das gilt auch für die Strecke an der *Amstel*, die man idealerweise am Hotel Amstel startet. An der Mündung dieses Flusses lag vor Jahrhunderten das kleine Fischerdorf, aus dem sich das heutige Amsterdam entwickelte. Der Pfad entlang des Wassers führt Richtung Süden.

GLOBERUNNER-TIPPS

Kleidung:

Zuweilen weht hier ein starker Wind, und es regnet zwar nicht immer, aber immer öfter. Wind- und regendichte Jacke einpacken.

Für Abnehmer:

Mit Lakritze eindecken. In Studien hat man festgestellt, dass Bärendreck beim Fettverbrennen hilft. Nur: Nicht zu viel davon, das treibt den Blutdruck hoch.

Treibhaus-Tomate?

Besser als gar keine. Schützt mit ihrem Lykopen vor Krebs. Das tägliche Glas Tomatensaft feit vor Stress – und senkt hohen Blutdruck. Auch in Holland.

Lust auf Marathon?

www.amsterdammarathon.nl

Amsterdam

Rechts Traum-Villen, links Hausboote, und je weiter wir die Stadt hinter uns lassen, je mehr wir im Rhythmus laufen, je mehr wir träumen, uns dem Alpha-Zustand überlassen, desto schöner wird es. Absolute Ruhe. Kein Auto, keine Abgase. Eine Strecke, auf der keiner ans Umkehren denkt.

Rembrandt liebte den Fluss Amstel als Motiv für seine Bilder. Hier kniet der Meister in Bronze.

Rechts taucht die reetgedeckte Mühle *Rieker-molen* aus dem Jahr 1636 auf. Damals zog der Blick auf den Fluss Rembrandt an. Er legte die rund fünf Kilometer von seinem Haus, in dem heute Touristen lernen, wie eine Radierung entsteht, zu Fuß hierher zurück, um Skizzen für seine Bilder anzufertigen. Im flotten Trott? Dann kannte er auch das Geheimnis der Kreativität? Von ACTH, dem Hormon, das entsteht, wenn 100 Prozent mehr Sauerstoff das Gehirn durchflutet. Eine *Bronze-Statue* erinnert an den Meister. Der Mühlenbesitzer, in dessen Garten die Rembrandt-Statue steht, fand neulich ein Fläschchen mit einem Zettel, das Touristen aus Paraguay neben seiner Mühle vergraben hatten. Einem südamerikanischen Brauch gemäß kürten sie den Platz, an dem einst Rembrandt malte, zur schönsten Station ihrer Reise, damit sie das Schicksal bald wieder an diese Stelle zurück führen möge. Ich vergrabe ein Tütchen Lakritze.

ZUM ENTSPANNEN

Amstelpark Life Style Center

Koenenkade 8
NL- 1081 KH Amsterdam
Telefon: 0031 / 20 / 301 07 00
Fax: 0031 / 20 / 301 07 08
website: www.amstelpark.com

Super Fitness/Aerobic, Sauna, Pool.
Tageskarte: 35 Gulden.

Zurück zu Hause versüßt ein Kilo Honigdrops die Amsterdam-Erinnerung. Und wer Glück hat, dessen Mailbox blinkt: Sie haben Post! Und eine fröhliche E-Mail von Luis E. Arribas Sandonis verspricht: »Ich halte euch auf dem Laufenden«.

LOOIERSSLUIS
Amsterdam

Laufstrecken in Amsterdam

VONDELPARK ❶:

Start: Parkeingänge / Länge der Laufstrecke: 3 km

Die Vondelpark-Runde ist zwar nur drei Kilometer lang, sollte aber von jedem laufenden Amsterdam-Besucher genossen werden. Die gute Laune der Holländer ist ansteckend und beflügelt. Verlaufen kann man sich nicht. Wer Größeres vorhat, sollte die Strecke über den Overtoom in den Rembrandt-Park und wieder zurück ausdehnen.

AMSTERDAMSE BOS ❷:

Start: Parkeingang / Länge der Laufstrecke: 4,5 km

Bei Läufern, die es gerne länger mögen, ist der Amsterdamse Bos besonders beliebt. Bei 4,5 Kilometern Länge und 2,5 Kilometern Breite bietet der Park an der Ruder-regatta-Strecke alle erdenklichen Variationsmöglichkeiten abseits der City-Hektik. Wiesen, Wälder, Weiher, ein Ort, um die Läuferseele baumeln zu lassen.

AMSTEL ❸:

Start: am Hotel Amstel / Länge der Laufstrecke: unbegrenzt

Das Hotel Amstel ist die nobelste Herberge Amsterdams. Die Strecke führt, dem Flusslauf folgend, stadtauswärts. Traumvillen, Hausboote – jeder Meter bringt mehr Ruhe. Schon nach 15 Minuten gibt es kaum noch Autos, dafür beste Luft. Eine Strecke, auf der keiner ans Umkehren denkt.

Hotels

American Hotel
Leidsekade 97
NL-1017 PN Amsterdam
Telefon: 0031 / 20 / 5 56 30 00
Fax: 0031 / 20 / 5 56 30 01
E-Mail:
american@interconti.com

Preise:
DZ: ab 550 Gulden
EZ: ab 395 Gulden

Das denkmalgeschützte Hotel mit seinen im Art-Deco-Stil renovierten Zimmern und Suiten liegt im Herzen Amsterdams. In unmittelbarer Nähe befinden sich zahlreiche Museen, Theater, Restaurants und Boutiquen. Nur wenige Meter bis zum Vondelpark. Fitness-Center und Sauna im Hotel.

Hotel Vondel
Vondelstraat 28–30
NL-1054 GE Amsterdam
Telefon: 0031 / 20 / 6 12 01 20
Fax: 0031 / 20 / 6 85 43 21
E-Mail: HotelVondel @bhs.nl

Preise:
DZ: ab 425 Gulden
EZ: ab 425 Gulden

Klein, aber fein – ebenfalls mitten in Amsterdam, direkt am Park. Frühe Buchung empfiehlt sich.

Restaurants/ Entertainment

de jaren
Nieuwe Doelenstraat 20–22
NL- 1012 CP Amsterdam
Telefon: 0031 / 20 / 6 25 57 71
Fax: 0031 / 20 / 6 24 08 01
E-Mail: info@cafe-de-jarden
website:
www.cafe-de-jaren.nl

't Blauwe Theehuis
Vondelpark 5
NL-1071 AA Amsterdam
Telefon: 0031 / 20 / 6 62 02 54
Fax: 0031 / 20 / 6 70 97 87
E-Mail:
blauwetheehuis@dolfijn.nl
website:
www.blauwetheehuis.nl

Running Shops

RUNNERSWORLD
Vijzelgracht 7
NL-Amsterdam
Telefon: 0031 / 20 / 4 20 87 00
Fax: 0031 / 20 / 4 20 87 01
website:
www.runnersworld.nl

RUN2DAY
Overtoom 345
NL-Amsterdam
Telefon: 0031 / 20 / 6 16 72 72
Fax.: 0031 / 20 / 6 12 55 80
website: www.run2day.nl
E-Mail:
running1@euronet.nl

Bar

celona

Es gibt viele Gründe, die für einen Besuch in dieser Metropole sprechen: exzentrische Kunst, alte und neue Architektur, südliches Savoir-vivre … – doch der wichtigste lautet: Hier kann man über das Wasser laufen.

Jetzt ein Quickie. In Barcelona gibt's ihn für 12 Mark. Die Spezialisten von *Masajes a 1000* versetzen einen für 1000 Peseten ins Reich der Träume. Darum sind die Kurz-Massage-Salons der Renner bei Barcelonesen. In der Siesta, in der Kaffeepause oder am Feierabend lässt man sich zehn Minuten lang Nacken- und Schultern massieren, aaaah, tut das gut ... und schläft einfach ein. »Du musst nur sagen, wann wir dich wieder wecken sollen«, lächelt der Masseur namens Jordi, der in den erdfarben gehaltenen Räumen bei abgedunkeltem Licht und sphärischen Klängen mit sanften Streicheleinheiten sein Werk beginnt.

Park Güell: 1900 bis 1914 angelegte Schöpfung von Antoni Gaudi. Wo zuerst hingucken? Die modernistischen Details des spanischen Baumeisters lodern vor Kreativität.

Tipp von Columbus: Lauf über das Wasser

Die letzten wachen Gedanken gehören dem ersten Lauf heute früh in Spaniens heimlicher Hauptstadt, an der Uferpromenade *Passeig Maritim Barceloneta* ❷ : Möwen brüllen – die spanischen tun das wirklich bisweilen, der Wind rauscht, Meereswellen schlagen sanft an den goldgelben Sand des Strandes direkt am *Olympia-Hafen* ❶ mit seinen strahlend weißen Yachten. Am palmengesäumtem Ufer läuft man in Richtung Süden – aus der Stadtkarte hinaus mitten hinein ins Meer. An den Designer-Restaurants drehen Werbefilmer ihre Spots ab. Oh du heile Bounty-Welt.

Barcelona ist die Stadt der exzentrischen Kunst, die Stadt des *Joan Miró*, die Stadt des *Pablo Ruiz Picasso*, die Stadt des genialen Architekten *Antoni Gaudí,* dem die katalanische Metropole ihr

Wahrzeichen verdankt: Die unvollendete *Sagrada Família*, die Kirche mit ihren wie Bischhofsmützen in den Himmel ragenden Türmchen, die wohl niemals zu Ende gebaut werden wird. Von Jahr zu Jahr erntet sie ein Stückchen mehr Kitsch. Oder den *Parc Güell*, in dem Gaudí kurz nach der Wende ins 20. Jahrhundert eine Traumwelt baute, mit Kolonnaden, Viadukten, Grotten, Säulenhalle, aberwitzigen Brunnen in Form von Drachen, Bänken als Schlangen, Wegen als Dinosaurier. Dort, im »Parc Güell«, kann man sogar laufen. Aber schöner ist es, wo die Wahrzeichen des modernen Barcelona stehen.

Der 32 Stockwerke hohe Stahl-Glasturm zum Beispiel, der Barcelonas luxuriösestes Hotel, das *Arts*, beherbergt. Oder der fünfzig Meter lange Wal aus Bronze davor, der sein Riesenmaul zum Mittelmeer hin öffnet. Ein Objekt des amerikanischen Architekten Frank Gehry, zur Olympiade 1992 installiert. Gleich daneben entsteht die »Tassillo-Therme«, wo Thermalwasser und Meeresalgen leere Batterien auffüllen. Das bringe ewige Jugend, verspricht Herr Tassillo. Stimmt, wenn man es täglich macht. 125 Jahre. Dann werden Sie wohl auch so alt … oder? Tut keiner. Laufen schon. Die Brise vom Meer presst frische Luft in die Lungen und trägt einen wie auf Schwingen weiter.

Blickfalle auf Spaniens berühmtester Straße, der Rambla: Schaufensterpuppe im Brautkleid.

Im Endorphin-Gang – also ziemlich zügig – geht es entlang der Strände. Angetrieben vom Ehrgeiz, geweckt durch die Körper der Frühaufsteher, die hier am Reck ihren Bizeps stählen. Das *Maremagnum* 3 fliegt vorbei, ein Gigant aus dunklem Glas, Metall, Beton, ein schwimmendes Einkaufszentrum mit Vergnügungsmeile, Mini-Golfplatz und Imax-Kino. Die Verlängerung der *Rambla* 4, der fabulösen Flaniermeile. Die berühmteste Straße Spaniens durchzieht die halbe Stadt, mündet hier am Meer, wo Christoph Kolumbus im Jahre 1493 nach der Entdeckung Amerikas mit sechs Ureinwohnern an Land ging. An dieser Stelle setzten die Spanier ihm ein *Denkmal* 5 auf eine sechzig Meter hohe eiserne Säule, von der er mit goldenem Zeigefinger weit übers Meer zeigt. Ein symbolischer Fingerzeig auf die Neue Welt, die er

eroberte und die der spanischen Krone unschätzbaren Reichtum bescherte. Tatsächlich liegt in der Richtung, in die der goldene Finger zeigt, nicht Amerika, sondern mein geliebtes Mallorca und die Hafenschutzmauer, die *Rompeolas*. Auf ihr kann man zwei Kilometer weit über das Wasser laufen. Das habe ich schon in Cannes, in La Napoule, geübt. Jesus! Links die geduldigste Spezies unter den homo sapiens: Angler, die auf Beute warten. Rechts die zweitgeduldigste: winkende Passagiere auf Kreuzfahrtschiffen. Alle einhundert Meter markiert gelbe Farbe die Distanz für die ungeduldigste Spezies: Läufer, die Tempo bolzen. Lieber genießen. »Rompeolas« ist ein Laufsteg der Extraklasse, der das Gefühl verleiht, in die Unendlichkeit zu fliegen. Danke, Herr Kolumbus, für diesen Lauftipp aufs Meer. Da drückt man gerne ein Auge zu, weil er, geographisch korrekt, eigentlich hinter sich zeigen müsste. Richtung Amerika. Und auf den *Montjuïc* 6, Barcelonas größtes Erholungsgebiet, das sich mehr als zweihundert Meter hoch über den Hafen erhebt.

Einfach gucken, wo Kolumbus seinen Finger hinstreckt. Dann laufen, laufen, laufen – übers Wasser mitten ins Meer.

Auf und Ab auf dem Montjuïc

»Das eigentliche Laufparadies von Barcelona«, sagt einer, der es wissen muss, ein kleiner, schmächtiger, eher unscheinbarer Mann von 52, einer der größten Läufer: Domingo Catalan. Dieser Speedy Gonzales, mit den so typisch strahlenden Augen, spulte die 100-Kilometer-Distanz schon vor fünfzehn Jahren in sechs Stunden und fünfzehn Minuten ab, gewann im Jahr darauf den ersten Weltmeister-Titel in dieser Disziplin. Ein Träumer. Ein Genießer. Er kennt die wahren Geheimnisse der menschlichen Psyche, die sich einem erst durch die Tat, z. B. beim Nachtlauf in Biel, wellenförmig erschließen und für

immer verändern. Sein Trainingsgelände war der Montjuïc, an dessen Fuß er seinen Lauf-Shop eröffnete. Darin würde er um nichts in der Welt etwas anderes als Laufschuhe verkaufen, auch wenn ihn die großen Firmen noch so bitten, sein Sortiment zu erweitern. Nicht sein Ding. Sein Ding ist Laufen. Und wenn der »Campeón«, der Meister, wie ihn Freunde nennen, sagt: »Am Montjuïc kannst du zwei Monate jeden Tag laufen, und du wirst jedesmal neue Wege finden«, dann stimmt das. Aber es gilt auch: »Flach geht nicht. Hier musst du auch leiden können. Es geht nur bergauf und bergab.« Bergauf, bergab, bergauf, bergab ... sphärische Klänge dringen ins Unterbewusstsein, holen einen sanft aus dem Schlaf. Jordi grinst: »Gut geträumt?« Was für ein Quicky.

Die Hauptstadt Kataloniens ist gespickt mit Kunst & Kultur. An Joan Miró läuft keiner einfach vorbei. Unbedingt die Fundaciò Joan Miró auf dem Montjuïc anlaufen.

Am nächsten Tag geht es mit Domingos Freunden vom Laufclub, der seinen Namen trägt, zum Montjuïc. Der Anstieg ist so steil, dass man gestählte Waden im Blick hat, 20 Zentimeter vor der Nasenspitze, allerdings auf beneidenswert federleichten Schritten. Gefedert wird bergauf natürlich auf dem Vorfuß. Natürlich. Das übt natürliches Laufen. »Traumhaft hier«, sagt Xavier, »kaum da und nichts mehr von Großstadt. Kein Verkehrslärm. Nur frische Luft.« Es riecht nach Badewanne. Kiefern säumen den Weg. Dazwischen steht der olympische Sprungturm, von dem 1992 Springer mitten in die Stadt zu fliegen schienen. Es folgt ein kahles weißes Gebäude, die *Fundaciò Joan Miró*, in dem die besten Bilder des verspielten Genies Besucher in den Bann ziehen.

Es fesselt der Blick vom Aussichtspunkt »Miramar«: Über dem Meer schwebt ziegelrot die aufgehende Sonne. Über dem Schachbrett-Muster der Straßen Barcelonas fangen die Kathedrale *Sagrada Família* und der Hotelturm des »Arts« warmgoldene Strahlen ein. In der Ferne erhebt sich »Montseny«, der Berg der den »sentido común«, das Wissen, die Klugheit, den Gemeinschaftssinn der Kata-

lanen, symbolisiert. Wir tänzeln steil bergab – in kleinsten Schritten, Trippelschritten, durch einen Zaubergarten voller Palmen und wundersamer Kakteen mit Krakenarmen. Und kämpfen uns anschließend 213 Meter zum *Castell de Montjuïc* hinauf. Ein Berglauf, der es in sich hat, am Ende so steil, dass wir auf den letzten Metern den Spargang einlegen. Im Hof des Kastells aus dem 18. Jahrhundert erinnern Kanonen an kriegerische Zeiten. Wir laufen friedlich durch das Militärmuseum, um auf dem flachen Dach der Zitadelle den 360-Grad-Blick zu genießen: Meer, Hafen, Stadt und Gebirge.
Wir fliegen hinunter, leichtsinnig, in Riesensätzen, in die Luft uns abstoßend, fast so schnell wie die Pfeile der Armbrustschützen, die im Burggraben ihre Schießübungen abhalten. Im Vorbeiflug nehmen wir das Olympische Stadion wahr, dann den prächtigen *Nationalpalast*, der die bedeutendste Kunstsammlung der Stadt beherbergt. Nur nicht anhalten. Weiter, fast im Rausch uns gegenseitig treibend. Im Laden von Domingo Catalan warten Dusche und Frühstück. Der Campeón bereitete es höchstpersönlich zu. Kleiderständer vor der Glastür schützen vor neugierigen Blicken auf die Delikatessen: Baguette mit Tomaten und Olivenöl, Tintenfisch und Paprikaschoten, dazu Oliven aus Aragón. Eine Gaumenfreude, zu der sich der Chef auch schon mal morgens ein Schlückchen 95er Rioja »Marqués de Riscal« schmecken lässt.

Hat man sich auf dem Montjuïc die Sohlen durchgelaufen – ab in den Running Shop.

»Manchmal laufen wir auch«, witzelt Domingo, schließt dem ersten Kunden zehn Minuten vor der Öffnungszeit die Tür auf und lädt ihn zu einem »Bocadillo à la Domingo« ein. »Aber eigentlich sind wir Experten in Sachen Essen und Trinken.« Und er sagt: »DAS Frühstück vergisst du nie.« Stimmt. Nicht wegen der Bocadillos oder der Oliven, sondern wegen der Herzlichkeit und Wärme, die von Don Domingo ausstrahlt und mit der er einen empfängt. Und wegen seiner Worte zum Abschied. »Unter Läufern gibt es Kameradschaft und Freundschaft überall in der Welt.« Über alle Grenzen. Wenn alle Menschen wieder Läufer wären …

GLOBERUNNER-TIPP

Globerunner-Zeit:

Spätes Frühjahr, Herbst. Im Hochsommer treffen Sie auf eine überlaufene Stadt mit schlechter Luft.

Sind Sie sicher?

Nicht mit der Brieftasche in der Hose im Gedrängel auf der Rambla, in der Altstadt, an den Bahnhöfen der Metro. Trick: Man beschmutzt Ihre Kleidung und zeigt bei Reinigungsversuchen unglaubliche Fingerfertigkeit.

Täglich frischen Fisch:

Neptuns Vitalstoff-Schatz liefert alle Aminosäuren – die Bausteine des Lebens. Die meisten Deutschen haben einen zu niedrigen Eiweißspiegel. Weil sie unter Eiweiß nicht Fisch oder Linse verstehen, sondern fetten Braten, fette Wurst. In Kombination mit Fett kommen die wertvollen Eiweißbausteine nicht dort an, wo sie ihre Wirkung entfalten – an der Körperzelle. Eine Portion Fisch stärkt jede Körperzelle, weckt Lust und Kreativität, feit gegen Stress und lockt Hormone, die fröhlich machen. Fisch liefert fit machendes Jod und essenzielle Fettsäuren – das Vitamin F für Nerven und Haut.

Und ruhig ein Massage-Quickie:

Heilende Hände entsorgen Stoffwechselschlacken über Blut- und Lymphbahnen. Massieren kurbelt die Durchblutung an, entspannt und verjüngt auch noch die Haut.

Domingos Worte klingen nach bei jedem Schritt. Beim Bummel über die *Rambla*, wo Pantomimen, Stepptänzer und Jongleure nicht nur Kinder verzaubern. Bei der Erkundungstour durch die verspielten Gässchen der Altstadt, des *Barri Gòtic*, mit seinen verwunschenen Innenhöfen und verwinkelten Plätzchen, die immer wieder zum Verweilen einladen. Noch am anderen Morgen summen die Worte Domingo Catalans im Ohr. Beim Lauf oben an der Sierra oberhalb Barcelonas, auf der *Carretera de les Aigües*.

Ganz eben windet sich dieser Weg in vielen Kurven über der Stadt. Es duftet nach Badewanne. Ah ja, Pinien. Am Wegesrand laben sich Läufer an Quellen – und am unvergesslichen Blick über Barcelona. Ein Platz wie ein Adlerhorst. *Tibidabo* stammt aus dem Lateinischen: »Ich werde Dir geben.« Eine Legende besagt, auf diesem Berg hätte Luzifer versucht, Christus zu bestechen. Hat er nicht geschafft. Hier wird einem klar, wie unwichtig alles Materielle ist. An einem Stein ist eine silberne Tafel angebracht: »Die Schönheit dieses Platzes und das Laufen gibt uns Frieden im Herzen, und dieser innere Frieden ist der beste Beginn, um schneller zum gemeinsamen Ziel zu kommen: zum Frieden in der Welt.« Dem hab' ich nichts hinzuzufügen. Außer: Jeder Läufer, der einen weiteren für dieses Spiel gewinnt, ist einen Schritt auf diesem Weg weitergegangen.

Oh, so schön kann Stretchen sein – mit dem Blick über den Hafen.

Laufstrecken in Barcelona

PARC D'ATRACCIONS DE MONTJUÏC ❶ :

Start: Parkeingänge / Länge der Laufstrecke: nach Belieben

Das Laufparadies Barcelonas ist nichts für Leute, die es nur eben mögen. Denn hier könnte man zwar wochenlang laufen, ohne zweimal dieselbe Strecke nehmen zu müssen, aber ohne starke Anstiege läuft hier nichts. Dafür lernt man bei diesen Bergläufen das Miró-Museum und das berühmte Olympia-Stadion kennen. Wer es bis zum Castell de Montjuïc schafft, dem verschlägt der Blick auf Spaniens heimliche Hauptstadt mit ihrem zauberhaften Hafen endgültig den Atem.

CARRETERA DE LES AIGÜES ❷ :

Start: Parkplatz am Ende der Straße Manuel Arnus / Länge der Laufstrecke: 16 km

Ganz eben windet sich der kurvige Weg hoch über der Stadt. Hier mischt sich die Läufer-Szene mit den Mountainbikern, daher empfiehlt es sich, immer rechts am Wegesrand zu bleiben. Trotz Gegenverkehr ein Lauf der Extraklasse.

PARC DE LA CIUTADELLA/PASSEIG MARITIM BARCELONETA ❸ :

Start: Hotel Arts / Länge der Laufstrecke: 2,7 km plus Parkrunde 2,7 km

Die kleine Runde in dem hübschen Park lässt sich mit einem Lauf an der Strand-Promenade ideal verbinden. Von den hohen Türmen des Hotels Arts beobachtet, kann man wunderbar stadtauswärts an den Stränden entlang – oder stadteinwärts Richtung Rambla laufen. Von dort bietet sich die Hafen-Schutzmauer an – zu einem Lauf auf das Meer hinaus ❹.

Hotels

Hotel Arts Barcelona
Carrer de la Marina, 19–21
E-08005 Barcelona
Telefon: 0034 / 93 / 2 21 10 00
Fax: 0034 / 93 / 2 21 30 45
website:
www.ritzcarlton.com

Preise:
EZ/DZ: ab 55 000 Ptas.

Idyllisch am Meer, direkt im Olympischen Hafen gelegenes sehr modernes Hotel der Ritz-Carlton-Gruppe. Auf den sportlichen Gast wartet in jedem Zimmer ein kleiner »Info-Schuh« mit den drei interessanten Jogging-Routen (1 km, 2,7 km und 3,2 km lang) vom Hotel aus.

Barcelona Plaza Hotel
Plaza España 6–8
E-08014 Barcelona
Telefon: 0034 / 93 / 4 26 26 00
Fax: 0034 / 93 / 4 26 04 00
E-Mail:
plaza@hoteles-catalonia.es
website:
www. hoteles-catalonia.es

Preise:
DZ: ab 29 900 Ptas.
EZ: ab 23 900 Ptas.

Mitten im brodelnden Wirtschafts- und Kulturzentrum der jungen katalanischen Hauptstadt gelegen.

Restaurants/ Entertainment

EMPERADOR
Edificio Palau de Mar
Pau Vila, 1
E-08003 Barcelona
Telefon: 0034 / 93 / 2 21 02 20
Fax: 0034 / 93 / 2 21 00 95

PALAU DALMASES
c/ Montcada, 20
E-08003 Barcelona
Telefon: 0034 / 93 / 3 10 06 73

Mitten in der historischen Altstadt in einem wunderbaren Innenhof gelegen. Feines Essen und auch frisch gespresste Säfte, tolles Ambiente mit alten Möbeln, dazu Opernmusik. Unbedingt vorher reservieren.

A LA MENTA
Del PORT OLIMPIC
Moll del Gregal, 20–21
E-08005 Barcelona
Telefon: 0034 / 93 / 2 25 29 13
Fax: 0034 / 93 / 2 25 19 53

Modernes Restaurant am Olympischen Hafen. Hier läßt man sich sehen und genießt wunderbare Küche, spezialisiert auf Meeresfrüchte.

Running Shops

El Corte Inglés
Av. Portal de l'Àngel, 19–21
E-08002 Barcelona
Telefon: 0034 / 93 / 3 06 38 00

Atleta's
Ctra. de la Bordeta, 7
E-08014 Barcelona
Telefon und Fax:
0034 / 93 / 4 23 54 01

Spezialtipp

MASAJES a 1.000
c/ Mallorca, 233
Telefon: 0034 / 93 / 2 15 85 85
Maremagnum
Telefon: 0034 / 93 / 2 25 80 21
La Avenida
Telefon: 0034 / 93 / 4 15 88 18
E-mail:
staff@masajesa1000.com
website:
www. masajesa1000.com

Massagen für 1000 Peseten – gestresste Spanier nutzen die Mittagspause für Entspannung in angenehmer Atmosphäre. Keine Anmeldung notwendig.

MERCEDES-BENZ
Halbmarathon
2595
HOTEL AM
BORSIGTURM

Berlin

Berlin ist die Weltstadt mit Läuferherz. Mit einem fröhlich lachenden Läuferherz. Dem unvergesslichen strahlenden Lächeln von Uta Pippig beim Berlin-Marathon, als sie bei den letzten Kilometern mit glänzenden Augen Kusshände verteilte. Im Endspurt Freude ausstrahlte – und das Herz sicher auch jedes Sitzmuffels erreichte.

Noch so ein strahlend engagiertes Läuferherz schlägt in John Kunkeler. Ein Mann, mit dem auch Sie laufend die Stadt erobern könnten. Chef eines Jazz-Schuppens. Der Weg zu ihm führt durch einen schummrigen Innenhof, Charlottenstraße, Berlin Mitte. Vorbei an maroden Mauern, von denen Farbe blättert. Viel Farbe: Graffiti. »Be Bop«-Rhythmen locken einen hinunter ins Kellergeschoss, in die Kunstfabrik »Schlot«, den Szene-Treff für Jazzfreunde der Stadt. Da steht ein hagerer Kerl – 62 Kilo auf 1,78 Meter – mit langer Nase und freundlichen Augen. Ein Mann, der behaupten darf: »Es gibt wohl kaum jemand, der Berlin besser kennt als ich.« John Kunkeler.

Stadtlauf im Serotonin-Gang. Langsam, locker, lächelnd, so dass die Aufmerksamkeit sich nach außen richtet – und man das Brandenburger Tor im Kopf behält.

John ist Marathon-Mann. Er läuft die 42 Kilometer in zweieinhalb Stunden. In Deutschlands Hauptstadt hat er schon Tausende von Kilometern abgespult. Laufen ist sein Leben. Laufen und Jazz. Und er läuft Jazz. Er läuft Musik. Man fragt sich, ob er auch schon ›Take five‹ gelaufen ist. Rhythmisch laufen, sich bei jedem Schritt leicht im Becken wiegend. Ich beginne zu ahnen, weshalb Läufer in Rio oder Kapstadt so anders erscheinen. Die laufen zur Musik. So wie John. Schon mal »in the mood« gelaufen? Im Traum, verzückt, die Augen fast geschlossen, durch den Grunewald. »In the mood«?

»Es kommen viele Läufer zu uns«, sagt der ehemalige Gymmasiallehrer für Französisch, sprintet von der Kasse zum Zapfhahn, von der Theke zur Bühne, von dort zum Mischpult und im Laufschritt wieder zurück. Damit die Laufkundschaft nicht ausbleibt, ließ er eine Belüftungsanlage einbauen, die eher Kurort- als Kneipenatmosphäre vermittelt. »Läufer und Jazzer haben vieles gemein. Beide sollten gut improvisieren können.« Und nachdem er gesagt hat: »Laufen ist die beste Möglichkeit, eine Stadt zu entdecken. Laufen kannst du überall. Als Läufer bist du frei wie ein Vogel«, möchte man am liebsten gleich mit ihm loslaufen.

Fröhlich durch den Tiergarten

Er lehnt an seinem hellblauen VW Caddy. Am Großen Stern unter der *Siegessäule* ❶. Grinst fröhlich. John ist Laufwart des Berliner Senats. Er lotst Berlin-Besucher joggend durch den *Tiergarten* ❷ – ganz umsonst. Viermal die Woche wartet er am Großen Stern auf Gäste – angelockt durch Plakate, die in den umliegenden Hotels über den bundesweit einmaligen Service informieren: »Beginnen Sie Ihren Tag aktiv mit einem lockeren Lauf durch Berlins grüne Lunge.« Er hat Lauf-Kundschaft aus allen Teilen der Welt. Sportliche und Dicke, Fixe und Lahme, Marathonis und solche, die sich die paar Meter vom Hotel zum Start im Taxi karren lassen. Keine Angst, er wird Ihnen nicht davonlaufen. Er passt sich an. »Mir macht langsames Laufen nichts aus, es hat einen guten Trainingseffekt.« Und: »Ich bin ein kommunikativer Mensch. Mir macht es Spaß, interessante Menschen kennen zu lernen.« Zehneinhalb Kilometer bieten Zeit zum Reden. Mit Gästen braucht er für diese Strecke rund eine Stunde.

7 Uhr 45. Gewitterwolken ballen sich am Himmel über Berlin. Laufende Hotelgäste bleiben aus. Dann trottet man eben alleine los. Es geht im gemütlichen City-Runner-Trab westlich in den Tiergarten, den größten Park Berlins.

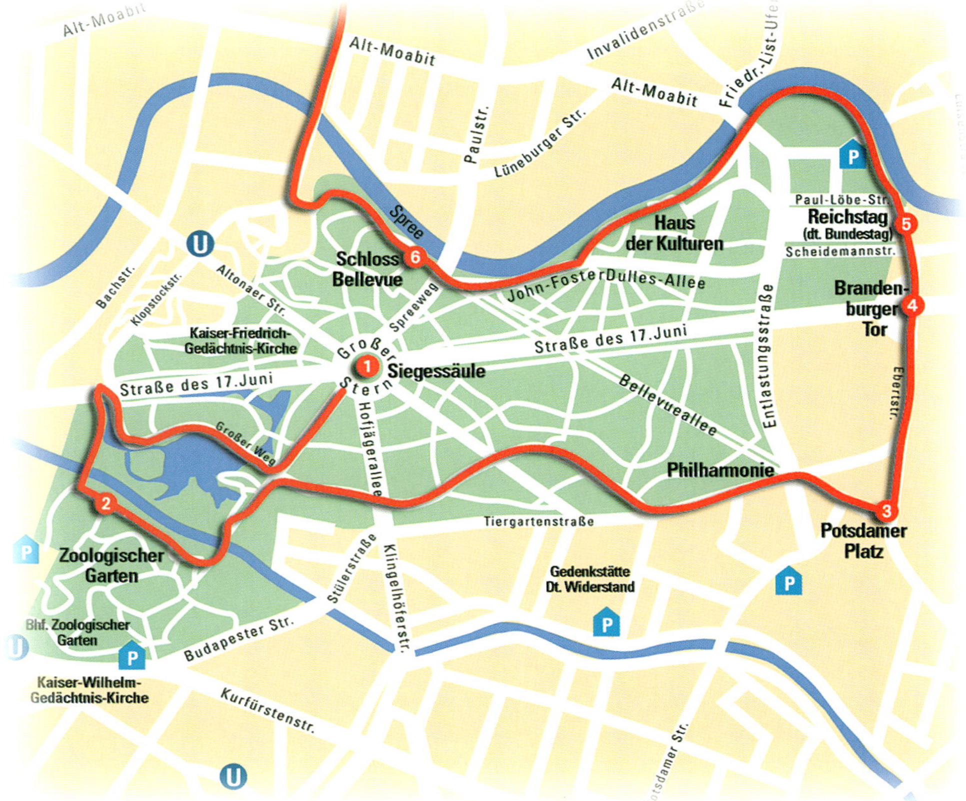

Das Läuferparadies fing im 19. Jahrhundert als kurfürstliches Wildgehege an. Den Puls auf *»Gucken & Genießen«* eingestellt – also drei Schritte einatmen, drei Schritte ausatmen, ein, ein, ein, aus, aus, aus … –, fliehen Jazz-Abendreste aus dem Kopf. Der Körper wird warm, das Herz auch. Das weitläufige *Wiesengelände* bildet mit idyllischen Wegen ein Netz von insgesamt 25 Kilometern. »Das ist unser Central Park«, sagt John und erzählt und erzählt. Zum Beispiel, dass sein Verein, der Sportclub Charlottenburg, nach dem Vorbild des New Yorker Roadrunners Club, regelmäßig Rennen veranstaltet, zu denen auch der *Berlin-Marathon* gehört, mit 24 000 Läufern drittgrößter seiner Art der Welt. Glauben Sie mir: Dieser Marathon ist die Blasen an den Füßen wert.

Laufen treibt 100 Prozent mehr Sauerstoff ins Gehirn. Das kurbelt die Produktion von ACTH, dem Kreativitätshormon, an. Der Geist ist kristallklar und hellwach. Ein Zwölfzylinder-Mensch fehlt noch in unserer Laufrunde (keine Ente, ein Jaguar): »Berlin war schon immer Deutschlands *Laufhauptstadt*«, schwärmt Horst Milde, 62, Organisator des Berlin-Marathons. Er brachte die Politiker der Stadt auf Trab. Auf *Halbmarathon*! Zum Beispiel Bürgermeister Eberhard Diepgen. Inzwischen geht auch die Bundespolitik an den Start, allen voran Joschka Fischer, der, ebenso wie der Schauspieler Götz George, vornehmlich im Grunewald seine Runden dreht. »Wenn Sie an schönen Tagen da raus gehen, fallen Sie über Läufer«, sagt Milde. *»Ein Traumrevier!«*

Die »Goldelse« auf der Siegessäule. Da könnte eigentlich auch Joschka Fischer im Marathon-Outfit stehen. Würden alle Menschen mehr laufen, gäbe es weniger Kriege.

Das sagt auch John, der jetzt Richtung Norden trabt und kurz nach dem Start auf die Marke »Kilometer 1« des Berlin-Marathons aufmerksam macht. »Im *Grunewald* kannst du stundenlang durch den Wald laufen. Ebenso im *Tegeler Forst*. Aber in der City ist es praktischer für Leute, die in der Stadt zu tun haben. Und interessanter.« Wie wahr. Im Laufschritt ziehen die Denkmäler von Lessing und Goethe vorbei.

ACTH lockt Lessingzitate aus Uraltschubladen der Schulzeit: »Still mit dem Aber, die Aber kosten Überlegung.« Bei Goethe kommt mehr: »Der Aberglaube ist die Poesie des Lebens.« Oder: »Was ist ein unbrauchbarer Mann, der nicht befehlen und nicht gehorchen kann.« Und schließlich: »Folg eines Meisters Sinn, mit ihm zu irren ist dir Gewinn.« John führt uns kundig am *Potsdamer Platz* 3 entlang, der größten Baustelle der Welt. »Es ist faszinierend, Tag für Tag die Veränderungen zu registrieren, die diese Stadt seit der Öffnung durchmacht«, sagt John. »Du siehst die Stadt neu entstehen. Das gibt es nirgends auf der Welt.« Stimmt. Allüberall Baukräne.

Rechts das Brandenburger Tor 4. 65,5 Meter breit, 26 Meter hoch. Kultur pur. 1788 – 91 von Carl Gotthard Langhans gebaut. Einfach genial. Muss ein Läufer gewesen sein. Fünf dorische Säulen tragen die Quadriga, das Viergespann mit der Friedensgöttin. Erst war das gigantische Tor so etwas wie eine Friedenspforte, dann wurde es, infolge der Freiheitskriege, zum Sinnbild des Sieges – der Freiheit über die Tyrannei. Berlin ist einfach wunderbar um diese Tageszeit, man stolpert nicht über Touristen-Füße. Und die Gedanken fliegen: Wenn alle Menschen laufen würden, dann gäbe es weniger Kriege. Spree-Athen! Wer hat noch mal den Begriff geprägt? Unbedingt nachschauen.

Weiter geht's zum Reichstag 5, am Spree-Ufer zum Schloß Bellevue 6, der Residenz des Bundespräsidenten, immer die Linie entlang, wo einst die Mauer stand. Sie ist durch zwei Reihen Kopfsteinpflaster markiert. Ein Mahnmal rund um die Stadt, dann und wann eine Gedenktafel aus Bronze: »Berliner Mauer 1961 – 1989«.

Von Ost nach West, von West nach Ost. Platten im Pflaster erinnern daran, dass hier mal eine unmenschliche Mauer stand.

Und noch mehr Laufstrecken unter dem Himmel von Berlin

»Berlin ist ein Läuferparadies. Alleine die vielen Parks, die sich problemlos miteinander verbinden lassen. Ich kann nicht verstehen, dass manche Läufer zehn Jahre lang immer dieselbe Runde drehen«, sagt John. Den nur die Neugierde immer wieder raustreibt. Dann fährt er an verkehrsarmen Sonntagen mit der S-Bahn in Außenbezirke wie Strausberg, Wilhelmsruh oder Erkner, nur um wieder in die Stadtmitte zu laufen. Dabei geht es ihm nicht um Tempo und Kondition. »Man sieht einfach mehr mit gut durchbluteten Zellen und hat mehr Zeit für die Wahrnehmung«, sagt John.

Vor zwanzig Jahren fing er an zu laufen. Drüben im Preußenpark von Wilmersdorf. Für den Exraucher war das der Beginn eines neuen Lebens. Heute ist er einer der gefragtesten Laufpartner der Stadt.

Unter anderem für die Kenianerin Tegla Loroupe, der er, vor ihrem Weltrekord in Berlin, die letzten zehn Kilometer der Marathonstrecke vorführte und dabei an eben jenem Preußenpark vorbeitänzelte, in dem er seine ersten Schritte als Läufer tat.

Heute kennt er in Berlin jeden Winkel. Freunde und Fremde lotst er gern auf seinen Home-Run. Er startet bei sich zu Hause am *Zionskirchplatz*, wo Berlin-Mitte an den Prenzlauer Berg grenzt und die Off-Szene Berlins tobt: alternative Cafés, ehemalige Hausbesetzer, Kulturläden ohne Mietvertrag und behördliche Genehmigung. Raus über den Hinterhof, die Schwedter Straße entlang, in der viele Fassaden in frischen Farben erstrahlen und nur noch wenige in sozialistischem Urzustand vor sich hin modern. Weiter geht's rüber zur Bernauer Straße, wo früher die Mauer stand, dann über die Pflastersteinlinie, immer dem ehemaligen Todesstreifen nach. Dort, wo früher die Demarkationslinie verlief und jeder Pflanzenwuchs radikal weggespritzt wurde, um Fluchtversuche zu erschweren, wuchert heute quer durch die Stadt eine grüne Schneise, hier *»Mauer-Park«* genannt. Es riecht nach Pinien. Ein Hauch von Toskana. Schweben, tanzen, hüpfen durch die Unterführung an der Gleimstraße. Hier war zu Mauerzeiten kein Durchkommen. Unter dem ehemaligen Güterbahnhof hindurch, dann den S-Bahnhof Wollankstraße passieren, laufen von Ost nach West, von West nach Ost.

GLOBERUNNER-TIPPS

Mensch ärgere dich nicht – laufe.

Wenn ich in Berlin bin, dann meist wegen irgendwelcher wichtiger Termine. Aus dem Flugzeug steig' ich mit einer Portion Stresshormonen im Blut. Zuviel davon verspannt, macht fahrig und nervös. Und man ärgert sich noch leichter, produziert noch mehr Adrenalin. Dagegen gibt's einen einfachen Trick: Zwischen Ankunft und Termin eine Laufrunde einlegen. Das schickt nicht nur die Stresshormone in die Wüste. Es lockt die guten Stresshormone. Die Lust machen auf jede Herausforderung, Begeisterung entzünden und einen über sich hinaus wachsen lassen. Ein Lauf vor dem Termin sorgt dafür, dass man lächelt, wo früher Panik war.

Marathon-lustig?

Termine unter www.berlin-marathon.com

Vorbei an der Bornholmer Brücke, dem ersten Grenzübergang, der am 9. November 1989 die Schlagbäume öffnete und jubelnde DDR-Bürger in den Westen ziehen ließ. 10 Minuten später trabt man durch die Nordbahnstraße, von der aus Berliner Studenten Anfang der sechziger Jahre einen Tunnel in den Osten gruben, der als »Tunnel 29« in die Geschichtsbücher einging. Durch ihn gelang 29 DDR-Bürgern die Flucht. Dann zurück über die grüne Schneise, die einst der Todesstreifen war. Rein nach Pankow, das Gute-Leute-Viertel des ehemaligen Ost-Berlin, wo Egon Krenz wohnt. Parkende Trabbis sind hier inzwischen eine Rarität.

Erst wird verkürzten Wadenmuskeln gemeinsam etwas Länge abgerungen …

Kurze Rast am Mauermuseum, in dem noch Reste der Mauer zu bestaunen sind, stark bearbeitet von so genannten Mauerspechten, die manche Teile bis auf die Stahlarmierung freigelegt haben – rostig zwar, aber sehr praktisch als Haltegriffe für unsere Dehnübungen. Ungedehnte Muskeln schrumpeln wie ein zu heiß gewaschener Wollpullover. Dehnen macht den Muskel flexibler, beweglicher, leistungsfähiger. Und das braucht man ganz besonders nötig für den Halbmarathon quer durch Reinickendorf, den die örtliche Mercedes-Niederlassung morgen veran-

staltet. John hat die Strecke auf seinem alten Fahrrad vermessen, an das er sein Vermessungsgerät, Jones-Counter genannt, montiert hat. Ein schöner Lauf. Gemütlich. 1:27:34 Stunden für 21 Kilometer. Danach, im »Café am Neuen See«, Berlins In-Biergarten im Tiergarten, zischt die Apfelschorle, löscht den Brand 70 Billionen überglücklicher Körperzellen. Laufen, laufen, laufen. Durch Berlin, durch die Welt. Ewig laufen. Es gibt einfach nichts Schöneres.

Abends noch mal kurz ins Nachtleben eintauchen. Natürlich zu John, in die Kunstfabrik »Schlot«. Über den schummrigen Hinterhof in den Untergrund. Es spielt das Trio »Tal Balshai«. Am Schlagzeug Christof Schlemmer, seit kurzem auch mit dem Laufvirus infiziert. Er spielt besser denn je, sagt John. »Viel ruhiger, gelassener.« Er vermutet, dass es am Laufen liegt. So ist es. Laufen macht glücklich, jung, gelassen, kreativ – und erfolgreich.

... um dann im gemütlichen Talk-Tempo durch die deutsche Hauptstadt zu schweben. Laufen verbindet, laufen macht Freunde – überall auf der Welt.

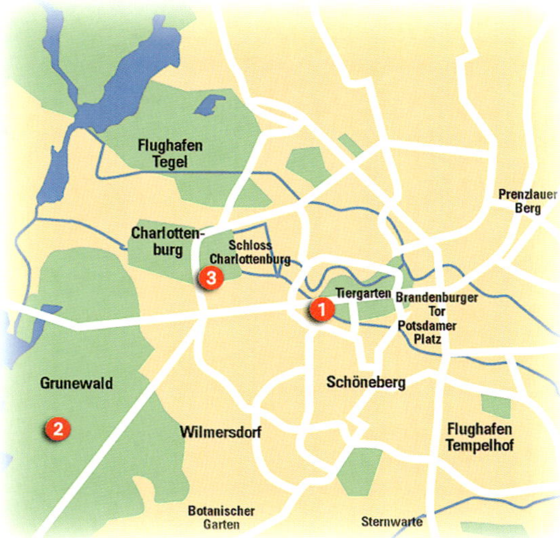

Laufstrecken in Berlin

TIERGARTEN ❶:

Start: Brandenburger Tor oder Bahnhof Zoo / Länge der Laufstrecke: 25 km

Insgesamt 25 Kilometer Wegenetz schlängeln sich durch die beliebte Erholungsoase im Herzen Berlins. Absolutes Muss ist eine Runde in diesem ehemaligen kurfürstlichen Wildgehege, das an das Brandenburger Tor, den Bahnhof Zoo und das Spreeufer grenzt.

GRUNEWALD ❷:

Start: beliebter Einstieg ist das Gelände um die Krumme Lanke
Länge der Laufstrecke: ca. 8 km

Diese Strecken lassen Läufer-Herzen höher schlagen. An die kleine 3-Kilometer-Runde neben der Königsallee lässt sich eine fast idyllische 5-Kilometer-Schleife anhängen. Ausdauernde laufen weiter bis um den Schlachtensee und wieder zurück. Im Sommer empfehlen sich die frühen Morgenstunden, bevor zahlreiche Spaziergänger ihre Hunde ausführen.

SCHLOSSPARK CHARLOTTENBURG ❸:

Start: Eingang zum Park / Länge der Laufstrecke:4 bis 7,4 km

Im Park des Charlottenburger Schlosses, das zu den berühmtesten Sehenswürdigkeiten Berlins zählt, sollte man langsam und locker laufen, um die Schönheit wirklich genießen zu können – kunstvoll angelegte Blumenbeete, farbigen Kies und prächtige Springbrunnen. Die große Runde ist 4 Kilometer lang und lässt sich mit Schlenkern ums Mausoleum und den Karpfenteich auf wunderbare 7,4 Kilometer ausdehnen.

Hotels

Grand Hyatt Berlin
Marlene-Dietrich-Platz 2
10785 Berlin/Tiergarten
Telefon: 030 / 25 53 12 34
Fax: 030 / 25 53 12 35

Preise:
EZ: 340 DM
DZ: 380 DM

Zwei Lauf-Minuten zum Tiergarten, supermodernes Hotel mit allen Annehmlichkeiten, Schwimmen im Fitnessbereich im 8. Stock mit Blick auf Berlin und die Tiergarten-Runde.

Hotel Tiergarten
Alt-Moabit
D-10559 Berlin
Telefon: 030 / 39 98 96 00
Fax: 030 / 3 93 86 92

Preise:
EZ: 165 DM
DZ: 195 DM

Schöner Fünf-Minuten-Trab entlang der Spree bis zum Tiergarten. Familiär geführtes 40-Zimmer-Haus in gemütlicher Schinkel-Architektur, ruhiger Innenhof. An der Rezeption empfängt die ehemalige Kunststudentin Ines Knackstedt, von der in jedem Zimmer Bilder hängen.

Restaurants/ Entertainment

Café am Neuen See
Lichtensteinallee 2
10787 Berlin
Telefon: 030 / 2 54 49 30
Fax: 030 / 25 44 93 33

Der In-Biergarten Berlins, mitten im Tiergarten

Kunstfabrik Schlot
Chausseestraße 18
10115 Berlin
Telefon und Fax:
030 / 4 48 21 60

Gute Musik, gute Läufer, die schnellsten Wirte Deutschlands

Running Shops

Long Distance
Schloßstraße 39
14059 Berlin-Charlottenburg
Telefon: 030 / 3 41 36 36
Fax: 030 / 3 41 35 54

Einzige Laufbandanalyse in Berlin. Hier geht Funktion vor Fashion. Genau wie bei:

Lang & Lauf-Laden
Bayreuther Straße 9
10789 Berlin
Telefon: 030 / 2 11 76 42
Fax: 030 / 23 62 67 14

Lauf-Kontakt:
SCC-Berlin
Waldschulallee 34
Telefon: 030 / 3 02 53 70
Fax: 030 / 3 06 22 03

Dubai

… ist noch kein Läuferparadies. Aber das arabische Emirat liefert genug Stoff für eine paradiesische Fata Morgana. Zum Beispiel im ACTH-Gang am Strand. Ein bisschen schneller als langsam laufen – und schon blüht die Wüste, schnuppert man Weihrauch, jagen Falken, rennen Kamele vorbei …

Neben mir sitzt eine verwuschelte blonde Frau. Die Tränen laufen ihr die Wangen runter. Spritzen wie Fontänen aus ihren grünen Augen gegen den Monitor. Sie bebt. Verzweifelt versuche ich den Touchscreen auf dem Monitor dazu zu bewegen, mir nicht »Games« anzubieten, sondern auch Movie Nr. 14 zu zeigen. Dort sitzt Ben Stiller und betet inbrünstig. Die Stewardess mit roter Kappe und Schleier beugt sich runter und fragt den Zauskopf, ob sie Hilfe brauche. Die japst, zeigt auf den Bildschirm, japst und japst. »Sie lacht nur!«, wische ich die Stewardess-Sorgenfalten weg. Noch nie habe ich einen Menschen so lachen gesehen. Als Ben Stiller seinem Schwiegervater in spe Robert de Niro erzählt, er hätte früher seine Katze gemolken, bin ich auch endlich drin: »Meine Braut, ihr Vater und ich«. Der Sektkorken knallt die Urne vom Kamin. Die Katze pinkelt auf die Gebeine von Robert de Niros Mutter. Es sind noch 4 Stunden bis Dubai.

Touristen-Traum aus Aladins Wunderlampe: Hotel Royal Mirage am Jumeira Beach. Goldene Beduinen bewachen den Palast.

Das mit Gold beschlagene Mahagoni-Kästchen hat die gleiche magische Anziehungskraft wie Aladins Wunderlampe. Sanft darüber streichen – und schon schnappt es auf. »Nein!«, sagt der Kopf. »Doch!«, sagt der Gaumen. Eine Dattel schiebt sich zwischen meinen Nüchternlauf. Sie explodiert auf der Zunge. Süß. Reich. Verzaubernd. Das Aroma wischt Jahrzehnte weg. Sanft schaukelt das Kamel. Die Karawane transportiert Gewürze, Seide, Perlen und Kupfer quer über die arabische Halbinsel. Gelbe Früchte malen Tupfen auf den Wüstensand. Der

Beduine weiß: Nicht essen. Die machen Durchfall. Die rotglühende Sonne rutscht langsam hinter einer Düne ins Bett. Zeit, die schwarze Kordel vom Kopf zu wickeln und um die Vorderbeine des Kamels zu schlingen. Zeit, den Teppich auszurollen, die Datteln auszupacken und einen Becher Kamelmilch zu trinken. Das ist alles, was der Körper braucht. Davon lebten Beduinen. Der beste Freund, das Kamel – das zwar so heißt, aber eigentlich ein Dromedar mit einem Höcker ist – liefert immer frische Milch, die Dattel ein Schatzkästchen an Vitaminen, Mineralien und Kohlehydraten. Noch eine? Noch ein bisschen träumen? Die Beine sagen: »Nein!« und trippeln los.

Barfuß in der Gischt: Morgenlauf auf dem noch kühlen Sand des Jumeira Beach. Am Horizont das teuerste Hotel der Welt: Burj al-Arab.

Fata Morgana-Lauf am Jumeira Beach

Es lohnt sich, den Morgenlauf nach 1001 Nacht vor der Zimmertür zu starten. Ungefähr einen Kilometer geht es mit den ständigen Irrläufen durch die verschlungenen Gänge auf Perserteppichen durch das Hotel Royal Mirage am Jumeira Beach ❶, 30 Minuten südlich von der Cyber-City Dubai Stadt.

Das Hotel: eine königliche *Fata Morgana*. Gebaut aus Fortschritt und Tradition, Luxus und Kultur. Die Söhne der Wüste nutzen die Errungenschaften des Fortschritts und bewahren ihre kulturelle Eigenart. Sie surfen im Internet und rauchen die Wasserpfeife, sie telefonieren mit dem Handy und jagen mit Falken, sie fahren mit Porsche und reiten auf dem

Kamel. Sie leben in klimatisierten Villen, und im Innenhof steht ein Beduinenzelt. Am Eingang des Hotels bewachen lebensgroße goldene Beduinen auf goldenen Kamelen die orientalische Festung. Das Innere ist ausgestattet mit Edelholz, Seide, Samt, Marmor und Gold – dem Prunk, der so typisch ist für die arabischen Emirate. Draußen: Alles, was das Läuferherz begehrt: das ganze Jahr Sonne, weißer Strand, türkisblaues Meer, frischer Wind.

Jetzt im Winter hat es um acht Uhr morgens angenehme 20 Grad. 25 Knoten schütteln die Palmwedel durch. Nun schmeckt das Glück salzig. Ich tripple über einen Stern aus Gras durch den künstlich angelegten *Palmenhain*. 1300 dieser tropischen Pflanzen stehen in dem Prunkpalast, manche leuchten einem, mit 1000 Glühbirnen bestückt, nachts durch ein Lichtermärchen. Die ersten Sonnenhungrigen räkeln sich am Pool auf den Liegen. Ein Beduine schleicht, die Hände auf dem Rücken verschlungen, im Schatten der Palmen. Ein Mann des Glücks. Seine Kleidung verrät: Er gehört zu den 20 Prozent *locals*, den Nachfahren der seit Jahrhunderten hier lebenden Beduinenstämme. Wahrscheinlich gehört er zur *Dynastie der Al Maktoum*, die 1833 Dubai gründeten. Er trägt zur brilliantbesetzten Rolex die typische weiße Robe – die *dishdasha*, das knöchellange, gerade geschnittene Gewand, welches ihn sogar bei Staatsgesprächen umhüllt. Darunter ein bis zu den Knien gewickeltes Tuch, das Belüftung von unten zulässt. Auf dem Kopf das weiße Tuch, gehalten von einer schwarzen Seidenkordel. Nur den Krummdolch ersetzt ein Handy. Noch heute halten die Stämme zusammen wie Pech und Schwefel, teilen sich Öl, Gold und alle finanziellen Erfolge des Wirtschaftbooms. Jeder »local« bekommt vom Shaikh Maktoum bin Rashid Al Maktoum, dem Herrscher von Dubai, sein eigenes Land, ein Haus und zur Hochzeit viele Dirhams und kiloweise Gold. Er zahlt keine Steuern, muss nicht arbeiten, hat kaum Lebenshaltungskosten – und bis zu vier Frauen, geklei-

Orientalische Gemütlichkeit: Sisha, die Wasserpfeife, schmauchen – und auf dem Teppich bleiben.

det in den traditionellen schwarzen *abayas*. Sie regieren hinter sichtschutzverglasten Fenstern. Zu Hause – klimatisierte Luxusvillen. Und die *burqa* verhüllt immer noch, wie es der Koran fordert, ihr Gesicht. Nur 10 Prozent der Töchter der Wüste »wollen« es westlicher.

Eine rote Fahne warnt: Strömung. Nicht raus ins Meer. »Hello Mister, no shoes!« Ein junger Inder rät, heute am Strand die Schuhe auszuziehen. Wegen der Ölflecken. Die Füße könne man danach mit Terpentin-getränkten Wattebäuschen reinigen. Er sagt: »Schuhe einfach auf der Treppe abstellen.« Kriminalität ist in Dubai ein Fremdwort. Hier wird nichts gestohlen. Schon gar nicht Laufschuhe. Die Läufer-Szene in Dubai zählt nur einige wenige seltene Exemplare. Amerikaner und Europäer, die hier als hochbezahlte Ingenieure, Berater und Experten arbeiten. Zum Beispiel im 39 Stockwerke hohen World Trade Centre ❷, dem zweithöchsten Bürogebäude am Golf. In der Media- oder der Internet City. Der weltweit erstmaligen Internet-Freihandelszone für E-commerce mit eigener Universität und Wissenschaftspark. Man trifft sie morgens, wenn Dubai-Stadt sich den Schlaf aus den Augen reibt, am Strand, im Mushrif Park ❸ ausserhalb der Stadt an der Airport Road, im Safa Park ❹ im Stadtteil Al-Wasl oder im Creekside Park ❺ am Ufer des Creek, dem 12 Kilometer in das Land reichenden Meeresarm, der das Stadtzentrum teilt. Vor einer Skyline, die an Höhe, Protz und Prunk ihresgleichen sucht, liegen die alten hölzernen Dhaus, arabische Schiffe, die dickbäuchig und schwerbeladen aus Bahrain und

Oje. Da scheint der Flug noch in den Muskeln, der 3-Stunden-Jetlag noch in den 70 Billionen Körperzellen zu sitzen.

Bangladesh, Indien und Singapur, Kenia und Pakistan einlaufen. Das Einzige, was sich seit Jahrhunderten geändert hat: Es treibt sie ein Motor statt ein Segel an. Der Creek – *Al-Kohr* genannt – ist die Hauptschlagader des größten Handelszentrums im Nahen Osten. Noch heute belädt man die Dhaus jede Nacht mit neuen Holzkisten, damit sie in den Arabischen Golf und in die Welt ziehen. Hoffentlich füllen die im Hotel vorher mein Holzkistchen wieder mit Datteln auf. Der Strand lädt heute ein, einen Gang zuzulegen. Von Serotonin auf ACTH. Sobald man etwas schneller läuft, schaltet der Körper um: von »Glücktanken« auf »Denken«. In diesem Gang kann man Probleme lösen. Oder sich von einer Fata Morgana in die nächste bewegen. Und Dubai liefert den Stoff dafür. Der Strandlauf lädt ein, einfach alles

Ein kleines Abenteuer: Mit der Abra, dem Wassertaxi, über den Creek. Von der Zukunft in die Vergangenheit, von Neu-Dubai nach Alt-Dubai.

Gesehene noch einmal zu erleben. Der Creek steht für das, was Dubai so anziehend macht: seine Kontraste. Er trennt das alte *Bur Dubai* 6 mit seinen Windturmhäusern, der zum Museum umgebauten Festung, traditionellen Märkten, den prachtvollen Moscheen vom neuen *Dubai Bur Deira* 7. Für ein paar Fils bringt einen das Wassertaxi, die *Abra*, eine kleine hölzerne Barkasse, von Manhattan nach 1001 Nacht. Es riecht nach Kardamom und Zimt. Auf dem Gewürz-Souq stehen Jutesäcke voller Duftwunder vor den kleinen Läden. Zu Spottpreisen. Erinnerungen kochen hoch, vom edlen Mittagsbuffet im Restaurant im Drehturm des Hyatt Regency Hotels 8, mit dem ungebremsten Blick über die postmoderne Wolkenkratzer-Stadt. Und vom arabischen Grillfest in der Wüste auf Kissen und Teppich, von der hübschen Bauchtänzerin. Unvergesslich ist mir Áchar, das eingelegte Gemüse, Humus, die Paste aus Kichererbsen mit Sesam und Tabouleh, der würzige Petersilien-Tomatensalat mit zermahlenem Weizen und Minze …

Weihrauch begleitet einen auf dem Spice Souq ❾ und treibt die Tränen in die Augen. Den guten Safran – die A-Klasse, das Gold unter den Gewürzen – bekommt nur, wer danach fragt. Im anschließenden Gold-Souq ❿ müsste der Kaufrausch Frauen schier ohnmächtig machen. Hier hängen die Brilliant-Colliers und Goldketten kiloweise in den Auslagen. Es wird nach Gewicht bezahlt – und Handelskunst. 25 Prozent gehen immer.

Schwarzes Gold & schnelle Kamele

Ein Traum, der sich nicht mit Gold aufwiegen lässt: barfuß am Meer. Vorbei an den Sonnenschirmen, die wie Baiserhäubchen den blauen Himmel beklecksen. Sand massiert die Seele – bis man in einen Ölfleck tappt. Und mit einer Muschel den gröbsten Dreck wegkratzt. Öl = Glück. Zumindest für die Dubaiis. 1966 sprudelte hier draußen im Golf die erste Quelle des schwarzen Goldes. Der damalige Herrscher Shaikh Rashid bin Saeed Al Maktoum nannte sie *Fateh*, also »Glück«. Ich nenne Laufen Glück. Aber er gilt als geistiger Vater des Wirtschaftswunders. Ich nur als Fitness-Doc. Er hatte 19 Söhne, wie viele Töch-

Ökologisch wertvolles Transportmittel: Rennkamel. Höchstgeschwindigkeit: 35 Kilometer pro Stunde. Sprit: Datteln, Soja, Wasser.

ter, weiß keiner. Und wie groß jetzt die Scheichfamilie ist, weiß auch niemand so genau. Jedenfalls machten die Ölmilliarden aus der alten Stadt der Fischer, Händler und Perlentaucher ein Utopia. Staubige Straßen wuchsen zu achtspurigen Highways. Neben aus Korallenstein erbauten Windturmhäusern recken sich verglaste Wolkenkratzer in den Himmel, klimatisierte Shopping-Malls ersetzen Souq für Souq. Man kauft zollfrei. Echtes oder Plagiate. Meist Schnäppchen. Tropische Pflanzen aus aller Welt, künstlich angelegte Grünflächen strafen überall die Wüste Lügen. Porsche, Mercedes-Limousine, Rolls-Royce oder Land Cruiser haben Kamele ersetzt. Man importierte Computer, Maschinen – und Menschen. Ein buntes Gemisch aus Völkern siedelte sich hier an, um eine arabische mittelalterliche Stadt binnen 40 Jahren ins westliche 21. Jahrhundert zu katapultieren. Hier ist alles Gold, was glänzt. Dubai ist das zweitgrößte der sieben arabischen Emirate. Auf 4000 km^2 leben 850 000 Menschen. Hier gibt es 80 Prozent Gastarbeiter und 100 Prozent Beschäftigung. Jeder Mensch in Dubai hat, was er braucht. Arbeit. Eine Wohnung. Medizinische Versorgung. Schulbildung. Alles wird von der Shaikh-Familie bezahlt. Die weise vorausplante. Sie wussten, Quellen können versiegen. Heute lebt man nicht mehr so sehr vom Öl, sondern von Handel, Industrie und Tourismus.

Tapp, tapp, tapp geht's am Strand entlang, ein Stück vor, ein Stück zurück, um das Vergnügen zu strecken. Ich rufe ganz laut »Alhamdulillah«. Das heißt soviel wie »Gott sei's gelobt«.

Und wird hier immer gesagt, wenn einem etwas Gutes passiert. Ein Sandkorn brennt im Auge. Wäre ich doch nur ein Kamel. Es hat die treuesten Augen, die man sich vorstellen kann, und klappt im Wüstensturm einfach sein durchsichtiges Lid runter. Es kann die Nüstern schließen und 100 Liter Wasser in zehn Minuten trinken. Es kommt 14 Tage ohne Wasser aus – und rennt 35 Kilometer pro Stunde. So schnell wie ein frisiertes Mofa, etwa doppelt so schnell wie ich. Und es trägt sein Fett einfach huckepack im Höcker. Hat keine Probleme mit einem dicken Bauch. Hier gibt es immer noch viele Kamele – und die haben Vorfahrt. Überall stehen dreieckige rote Warnschilder mit einem Kamel drauf. Das Schiff der Wüste ist der teuerste Besitz eines Beduinen. Vor allem, wenn es ein Rennkamel ist. Der 10-Millionen-Mark-Kamerad wird mit strengen Trainings-und Ernährungsplänen fit gemacht. Es läuft sogar auf dem Laufband. Ich stell' mir vor, in einem deutschen Fitness-Studio …

Und es bekommt Honig, Alfalfagras, Gerste, Eier, Milch und viele Datteln – eben die ideale Läuferkost. Zwölfjährige Jockeys mit rotem, gelbem oder blauem Helm trainieren es, sie winken einem stolz und fröhlich zu. Und wenn sie auf der 10-Kilometer-Rennbahn in Dubai ein Rennen gewinnen, bekommt der Kamelbesitzer ein Auto vom Scheich. Das Wetten erlaubt der Islam nicht, trotzdem sind die Rennen gut besucht.

Teurer Turm und teurer Falke…

In meine Gedanken schiebt sich ein Ungetüm, auf das ich zulaufe. Das ist er also, der Burj Al Arab 11 . Das teuerste Hotel der Welt. Mit 321 Metern größer als der Eiffelturm. Es sieht aus wie eine Raumstation auf dem Mars aus einem Science-Fiction-Film. Wie ein futuristisch stilisiertes Segelboot. Die Segelspanntücher – aus deutscher Produktion – werden nachts in wechselnden Farben angestrahlt. Und am 2. Dezember, Dubais Nationalfeiertag, prangen dort die Köpfe der vier Scheich-Brüder. Hinter den Segeltüchern verbirgt sich das, was man vermutet: orientalische Üppigkeit eines Walt-Disney-Aladin-Films.

Futuristischer Burj Al Arab, Straßen über das Meer, Palmen, Jachten. So sieht das Paradies im 21. Jahrhundert aus.

Das Foyer ist 182 Meter hoch. Jede der 202 Suiten enthält ein Kilo Blattgold. Der Butler füllt die Badewanne mit gewünschter Temperatur, die Pralinen leuchten in der Zimmerfarbe. Die kleinste Suite ist 169 Quadratmeter groß – die größte 780. Man hat zwei Präsidenten- und zwei Royal-Suiten – damit Bush und Putin, Abdallah und Hussein sich nicht etwa benachteiligt fühlen, wenn sie gleichzeitig anreisen. Das billigste Zimmer kostet in der Nebensaison ab Mai 1671 Mark pro Nacht – ohne Frühstück.

Beim Näherkommen sieht man, das irreale Hotel ist auf Wasser gebaut. Es birgt 24 Restaurants und Bars – der schnellste Aufzug der Welt bringt einen sieben Meter pro Sekunde nach oben. Und in die Tiefe stößt man mit einem U-Boot-Simulator. Ins »Al Maha-ra«, ein 40 Meter breites Aquarium-Restaurant mit importierten Fischen aus dem australischen Barrier Reef.

Die Träume von 1001 Nacht bremst die Mauer des Scheichpalastes. Nun ja. Umdrehen. Der Arabische Golf liegt rechts. Seit 1000 Jahren holen hier die Menschen Perlen aus dem Meer. Vor Einzug von Hightech und Luxus machten sie in der prallen Sonne 50 Tauchgänge am Tag. Mit einem Seil um die Fessel in weißen Baumwollanzügen, einer Klammer auf der Nase, die Finger mit Lederhäubchen geschützt, holten die Perlentaucher für drei Minuten tief Luft. Ein Fünfkilo-Stein zog sie in die Tiefe. Und sie sammelten die Muscheln

GLOBERUNNER-TIPPS

Beste Globerunner-Zeit:
Von Oktober bis April ist es noch nicht so heiß.

Fitness-Frühstück:
Die Buffets der Hotels bieten alle Früchte dieser Welt an. Ein Traum für das fitte Läufer-Herz.

Dubai-Sitten:
Bitte in diesem Land außer am Strand nicht mit Shorts und engen ärmellosen T-Shirts laufen. Das gehört sich nicht. Tragen Sie weite lockere Kleidung. Vor allem Frauen sollten Oberarme und Beine bedecken.

Hallo, Hitze:
Wer hier Mittags läuft, ist verrückt oder heißt Strunz. Ich liebe es je heißer desto best. Da ich aber Arzt bin, weiß ich mir bei einem Hitzschlag oder Sonnenstich schnell zu helfen. Kopf- und Sonnenschutz nicht vergessen! Also, am besten früh morgens laufen, um 6 oder 7 Uhr.

Trinker-Regel:
Sie sind kein Kamel, das Tage ohne Wasser auskommt. In dieser Hitze geht es Ihnen schon nach wenigen Stunden ohne Flüssigkeit ziemlich schlecht. Trinken Sie alle halbe Stunde ein großes Glas Wasser. Vor allem, wenn Sie in der Wüste sind.

Lauf-Kontakt:
Über www.runtheplanet.com .
Dubai eingeben, E-Mail senden, und ein potenzieller Laufpartner schreibt zurück.

Nimmt man dem Falken das Hütchen ab, mutiert er zum Raubvogel. Kein Problem, solange der Falkner Futter im Handschuh hat.

in einem Seilkörbchen. Sand massiert die Seele ... Die rote Fahne steht immer noch auf »Sturm«. Der Strand füllt sich langsam. Alle ein bis zwei Jahre findet in Dubai ein Wüsten-Marathon statt. Für die ganz zähen Läufer. 50 Grad Hitze – und ein Boden, der Muskelfasern beansprucht, die kaum ein Mensch kennt. Wüste. Davon hat es hier genug. Touristen können mit dem Sand-Board die Dünen runter düsen. Oder mit dem Jeep eine Wüstenfahrt machen. Düne rauf und runter. Im Sand stecken bleiben. Und dann warten, bis einen die Touri-Agentur rettet. Hoffentlich bevor es Nacht wird – und bitterkalt. Wüstensand speichert keine Wärme. Dort in der Wüste – etwa 30 Minuten östlich von Dubai-Stadt – bin ich bei einem kleinen Laufausflug (wollte einmal testen, wie sich das anfühlt im Wüstensand) David Stead begegnet. Nein, keinem Läufer. Einem Südafrikaner, der seit 10 Jahren mit Falken arbeitet, seit drei Jahren in Dubai. Er hatte drei Falken dabei. Sie sitzen still auf einem mit Gold und Leder verzierten Holzpflock im Wüstensand. Neben dem Kamel ist der **Falke** das Lieblingshaustier eines Beduinen. Mit 200 km/h das schnellste Tier der Welt, geht er für sie auf die Jagd. Auf die **Beizvogeljagd**.

Seit dem 5. Jahrhundert. Früher, um die Schüsseln zu füllen. Heute für Spaß oder Geld. In Dubai hat jeder, der Gold hat, einen Falken und meist auch einen Falkner angestellt. Wie David Stead. Man sieht diese Raubvögel auch auf dem Beifahrersitz im Rolls-Royce, im Hotel. Überall darf man sie mitnehmen. Sie haben immer einen Hut auf.

Nach der Jagdsaison im März – dem berühmt-berüchtigten Shopping-Festival in Dubai, wo auf der hiesigen »Fifth«, also der Za'abeel Road, Kreditkarten glühen auf der Schnäppchenjagd nach Gold, Gucci, Donna Karan, Chanel, Vuitton, Breitling & Co. – erreicht die Beizjagdsaison ihren Gipfel: mit der April-Wüstenhuhn-Jagd. Danach fliegen die Falken, die extra für dieses Ereignis trainiert werden, weg. Endgültig.

»Im Sommer können wir diese Falken hier nicht halten. Zu heiß. Im nächsten Jahr gewinnen die nichts mehr. Für diese Jagd werden jeden Winter neue Falken ausgebildet.« Welche Verschwendung, wenn man bedenkt, dass so ein Tier mitunter 20 000 Dollar wert ist. »Und warum haben die alle einen Helm auf?« »Ein Tranquilizer. Sie sehen nichts. Dann werden sie ruhig. Wenn ich vier Falken ohne Häubchen im Jeep habe, habe ich bald nur noch einen ganz fetten Falken. Man kann sie nicht zähmen.« Ich bitte ihn, das Häubchen draufzulassen. »Der tut nix. Einfach still halten. Er jagt nur, was sich bewegt.« Ja, ja, Läufer. Ich kann mich nicht stillhalten. Und schon nimmt er das rote Häubchen ab. Der Falke namens Lola – ein Weibchen, sie sind größer und stärker als Männchen und besser für die Jagd geeignet – guckt im Kreis. Sie plustert sich auf, schüttelt sich und steigt in die Lüfte. »Weg!« hoff' ich. »Man weiß nie, ob sie wiederkommen«, sagt David. »Oje, 20 000 Dollar futsch«, denk' ich. Und er schleudert ein Seil, an dem ein Köder hängt. Zack, da schießt Lola runter. Daneben. Und wieder hoch in die Lüfte, bis sie ein stecknadelkopfgroßer Falke ist – und mir äußerst lieb. David erzählt: »Nachdem wir sie gefangen haben, werden sie zwei Wochen lang an

Dhaus schunkeln auf dem Creek vor der Skyline Dubais. Nachts füllt man ihren hölzernen Bauch mit orientalischem Reichtum.

den Menschen gewöhnt. Sie tragen ständig das Häubchen, sind überall dabei. Man muss mit ihnen sprechen, sie füttern. Sie lernen, dass der Mensch für sie so etwas Ähnliches ist, wie für eine Katze – der Dosenöffner. Nur hat der Falkner halt Futter im Handschuh.« Nach dieser Zeit, erfahre ich, sind sie ziemlich mager – vom vielen Herumsitzen und Nixtun. Alle Muskeln weg. Ich sag' ja: Use it or lose it. Der wichtigste Satz der Physiologie. Das gilt für Falken und Menschen. David: »Dann hat man weitere vier Wochen, um sie hier in der Wüste für die Apriljagd zu trainieren. Sie müssen Muskeln anlegen, die Beute erlegen – und wiederkommen.« Lola schießt herunter, packt den Köder zwischen ihre Klauen. Ein künstlicher Köder, der sie an das April-Wüstenhuhn gewöhnen soll. Und sie reißt April-Wüstenhuhn-Federn vom Fleisch. David läßt sie futtern. Dann geht er hin, packt sie am Bändchen, das von ihren Läufen hängt, und sie steigt auf den Arm, pickt den zweiten Köder aus dem Handschuh.
Ich guck' weg, mach' die Augen zu, das beruhigt …
David setzt ihr das Häubchen, die *burqa*, auf.
Nach zweimal hin und her, sechs Kilometern, habe ich Durst. Strandlauf gilt doppelt, weil super-anstrengend: Also zwölf. An der Theke am Strand gibt's frische Fruchtsäfte. Ich freu' mich auf den giftgrünen, süßen Kiwi-Saft mit Vitamin C ohne Ende. Setz' mich aber erst zu meinen Laufschuhen auf die Treppe und mach' mit den Terpentin-Sticks das schwarze Gold von den Füßen weg. Dabei kaue ich an einem Satz für dieses Buch, Kamel, Kamel, Kamel … aha: »Laufen ist das Nadelöhr in die Welt.«
»Halloooo! Sie sind ja auch da!« reißt mich ein joggender blonder Schopf aus dem Philosophieren. Hätt' ich mir denken können. Wer so herzlich lacht, muss Läufer sein.

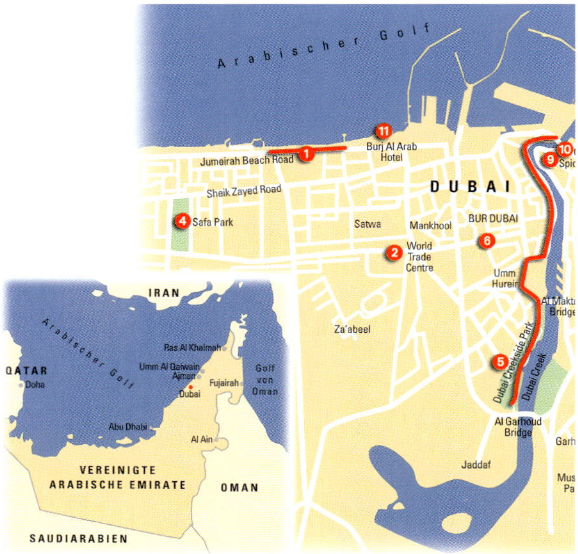

Laufstrecken in Dubai

CREEKSIDE PARK ❶:

Start: Parkeingang an der Almaktoum Bridge
Länge der Strecke: 6 Kilometer – oder länger

Der Creekside Park lädt zum Morgen- oder Abendlauf mit einem weitläufigen Wegenetz und viel Botanik. 2,5 Kilometer Länge zwischen der Al-Maktoum- und der Al-Garhound-Brücke.
Täglich geöffnet von 8 bis 23 Uhr. Mittwochs nur für Frauen und Kinder. Wer will, kann auch einfach weiterlaufen, immer den Creek entlang in die Stadt Dubai zum Golf.

MUSHRIF PARK ❷:

Start: Parkeingang Mushrif Park / Länge der Strecke: 10 Kilometer kein Problem

Der Mushrif Park ist ideal für einsamere Läufe, denn er liegt außerhalb der Stadt, an der Airport Road in Richtung Al-Awir. Bekannt für seine »World Villages«. Miniaturbauten verschiedener Gebäude der Welt. Nach dem Lauf kann man sich im Swimmingpool erfrischen. Täglich geöffnet von 8 bis 23 Uhr.

SAFA PARK ❸:

Start: Parkeingang / Länge der Strecke: Der Park ist etwa 3,2 Kilometer lang

Der Safa Park ist der Jogger-Park in Dubai. Grün und schattig. Er liegt im Stadtteil Al-Wasl, zwischen der Al-Wasl Road und dem Shaikh Zayed Highway.
Täglich geöffnet von 8 bis 23 Uhr. Dienstags nur für Frauen und Kinder.

Hotels

Burj al-Arab
P. O. Box 74147
Telefon: 00971/3 01 77 77
Fax: 00971/3 01 70 70
www.jumeirah-beach.com

Ab 1600 Mark pro Nacht.

Nur etwas für reiche Läufer: Das gigantische Wahrzeichen Dubais, das neue Hotel Burj al-Arab, der Turm Arabiens. 7 Sterne.

Royal Mirage
Jumeira Beach
P. O. Box 37252
Telefon: 00971/3 99 99 99
Fax: 00971/2 99 99 98
www.royalmiragedubai.com

Preis: EZ ca. ab 680 Mark
DZ ca. ab 780 Mark

Das Royal Mirage lockt mit 1001-Nacht-Flair, und seiner berühmten Diskothek »Kasbar«. Liegt in Al-Soufouh beim Mina al-Siyahi südlich von Jumeira.

Restaurants/ Entertainment

Al-Dawaar
Deira Corniche Rd.
Telefon: 00971/3 22 12 34

Einen atemberaubenden Blick über Dubai genießt man im Drehrestaurant Al-Dawaar – im Hyatt Regency Hotel im 25. Stock – bei köstlichem orientalisch-europäischem Buffet.

Aquarium
Dubai Creek
Golf & Yacht-Club
Telefon: 00971/3 82 57 77

Ein Wahrzeichen Dubais. Das Seafood-Restaurant vom Dubai Creek Golf & Yacht Club streckt drei Segel in den blauen Himmel und verwöhnt mit futuristischem Design und ausgezeichnetem Essen.

Running Shops

Al-Ghurair Center
(Einkaufszentrum)
Umer ibn al-Khattab Rd.,
Ecke Al-Rigga Rd.
Telefon: 00971/2 23 23 33
www.alghuraircentre.com

Jumeira Centre
Jumeira Beach Rd.
Telefon: 00971/3 49 97 02

Ho
PLAY
HARD

gkong

Lass uns laufen gehen, sagt mein Freund Hubert. Ich frage: Wo? Er sagt: In Hongkong. Ich: Auf der berühmten 800-Meter-Rolltreppe? Und er lacht: Spaßvogel. In Hongkong trainieren die schnellsten Läufer der Welt auf den vielleicht außergewöhnlichsten Strecken der Welt. Ich spontan: Lass uns buchen.

Langsam deckt die Nacht Hongkong zu und knipst den Himmel an, mit dem *Lichterspiel* von 200 Meter hohen verspiegelten Bürohäusern und Apartments. Die Skyline sieht aus wie aus Gold geschmiedet – auf schwarzem Samt. Welch eine Kulisse für einen abendlichen Lauf nach einem hektischen Tag. Ein Schritt durch die Glastür bringt einen in eine andere Welt: Vom Meer weht eine Brise die Hitze des Tages davon. Ein Pfad windet sich durch einen kunstvoll angelegten chinesischen Garten. Pagoden und Bambussträucher säumen den Weg, Grillen zirpen, und Wasserspiele über Teichen schmeicheln sich rauschend in gestresste Nerven. An dieser Strecke ist nur eines zu bemängeln: Eine Runde ist nach fünfhundert Metern, knapp drei Minuten, zu Ende. Und nach der 17. Runde kriegt man einen Wolkenkratzerkoller.

Zauberhaftes Lichterspiel: Die nächtliche Skyline Hongkongs. Man kann sie sich im Hotelgarten im elften Stock erlaufen.

Aber das ist nun mal so in einer Sieben-Millionen-Metropole, in der statistisch gesehen mehr als 6 000 Einwohner auf einen Quadratkilometer gepfercht sind. Und wo sonst auf der Welt kann man durch einen chinesischen Garten laufen, der auf Höhe des elften Stocks zwei Hoteltürme verbindet und direkt auf dem Dach des vornehmen »Hongkong Convention Center« mündet? Am 1. Juli 1997 ging hier eine Epoche zu Ende. Das Britische Empire verlor seine letzte Gewinn bringende Kolonie. An diesem erhabenen Ort am Südchinesischen Meer besiegelte Prinz Charles mit den Herrschern der Volksrepublik China und Prominenz aus aller Welt die Übergabe Hongkongs. Bye-bye Britannia.

Hongkong: Die Stadt der Banker und Moneymaker, der Fälscher und Piraten, wo es an jeder Straßenecke ein Gucci-Täschchen oder eine Rolex-Uhr für zehn Mark gibt und erst kürzlich 110 ehrbare Einzelhändler einen »Schwur gegen Plagiate« ablegten.

Hongkong: Die Stadt, deren Skyline New York ernsthafte Konkurrenz macht und ein Nachtleben bietet, das selbst in Asien seinesgleichen sucht.

Hongkong: Die Stadt, die Fernost-Exotik paart mit Hightech-Kultur. Vom Central Market führt eine 800 Meter lange Rolltreppenstraße in die Hänge der Stadt, damit eilige Angestellte schneller ins Büro kommen. Einen Fußmarsch entfernt schaukeln Marktstände und Hausboote der exotischen Dschunkenstadt Aberdeen auf dem Wasser. Auf denen auch Hühner und Schweine leben.

Hongkong: Die Stadt, wo man am Nachtmarkt in der Temple Street aus einer Plastikschüssel mit Stäbchen isst – wo Hühnerfüße köstlich schmecken, Schwalbennester und Fischmäuler auf der Speisekarte stehen. Und am nächsten Tag kehrt man im Lai Ching Heen ein. Freut sich über das Gedeck in Jade und Silber, genießt das Hafenpanorama – und die beste (allerdings auch teuerste) kantonesische Küche der Welt.

Hongkong Island: Ein Ort, auf dem nur ein Drittel der Grundfläche bewohnbar ist, weil der Rest der Insel zu steil und bergig ist, um darauf Häuser zu bauen. Auch zu steil zum Laufen? Let's see!

Der Besuch eines Nachtmarktes in Hongkong lohnt sich für die Seele, für die Augen, für die Nase – und natürlich für den Gaumen.

Hongkong

Ja, wo laufen sie denn?

Der Hongkong Park 1 taugt eher zum gemütlichen Spaziergang. Er ist zwar das angeblich größte städtische Grün, aber die Wege, auf denen man sich durch Schulklassen oder Hochzeitsgesellschaften schlängeln muss, sind viel zu schmal und zu kurz. Verlangt der Jetlag am ersten Tag nach einer einfachen Runde Bewegung, tut es der Victoria Park 2. Ein schmuckloser, im Stil der Volksrepublik China angelegter Grünflecken neben dem größten Shopping Center der Stadt. Man läuft einfach 12 Runden auf der vierhundert Meter langen Asphaltpiste um den Park. Und riskiert bedauernde Blicke: In Hongkong gehen nur Arme zu Fuß. Und Verrückte laufen.

Der Hongkong-Park – eine der grünen Lungen der rastlosen Metropole. Unten: Anhänger des Tai Ji Quan bewegen sich morgens im Victoria Park in ein längeres gesünderes Leben.

Zwischen sechs und acht Uhr morgens vollziehen hier Hunderte von Anhängern des Tai Ji Quan ihre Leibesübungen, seltsam langsame, teilweise mit Schwertern vorgetragene Bewegungen. Nach der Lehre von Yin und Yang stellen sie die Harmonie im Körper her, lassen Energien fließen, fördern die Gesundheit und ein langes Leben. Eben wie das Laufen auch.

Die Peak Tram 3 führt zum Peak. Der ist ein Läufermuss: mit 552 Meter der höchste von fünf Gipfeln auf Hongkong Island. Rund herum führt ein Drei-Kilometer-Rundkurs auf der East Lugard Road, die wiederum einen Panoramablick über die halbe Stadt bietet. Ein absolutes Muss für den laufenden Hongkong-Besucher. Zum Einprägen. Fürs Innenfoto. Zum Nachträumen zu Hause. Seitdem die ersten Engländer den Fuß auf die Insel setzten, gilt der Peak als Nobel-

adresse. Seit 1885 führt dort die steile Bergschienenbahn Peak Tram hin. Erst wer von hier oben auf die Stadt geblickt hat, heißt es, hat Hongkong wirklich gesehen.

Das Paradies der Läufer liegt woanders, sagt Roberto vom Laufclub »Athletic Veterans of Hongkong«. Man muss nur etwas höher, zur *Bowen Road* ❹, gehen. Und besonders paradiesisch ist es, wenn man mit den beiden Clubläufern Dave und Gill läuft. Sie ist in Hongkong geboren und gehört mit einer Zeit von 2:14 Stunden für die olympische Triathlondistanz zu den Top Five Asiens. Tja, ich neige meine Knie. Meet the best.

Hongkong

Der Start: am »Happy Valley Sports Ground«, eine Pferderennbahn ❺. Finden keine Rennen statt, können Athleten auf der 1400 Meter langen Bahn auslaufen. Es sei denn, die Smog-Detektoren an den Hochhäusern rings um das Stadion melden gesundheitsgefährdende Werte. »Die schlechte Luft weht von den Fabriken in China rüber«, sagt Dave. »Aber es kommt höchstens zweimal im Jahr so dick, dass wir unser Training aussetzen müssen.«

Ausblick vom Grand Hyatt Hotel. Die futuristische, moderne Seite Hongkongs.

Gill fächelt sich beim steilen Berglauf zur Bowen Road mit der Hand frische Luft zu, die umso besser wird, je höher man kommt. 200 Meter über dem Meer der Bowen Road ist sie frisch und rein.
»Die meisten laufen hier, weil sie keine anderen Strecken kennen. Aber allein dieser *fantastische Ausblick* lohnt den Aufstieg«, sagt Dave, während er sich auf die vier Kilometer lange, vollkommen ebene Strecke macht. Steil unten dschungelartiger Wald. Rechts Hochhäuser, Hunderte von Metern entfernt und scheinbar zum Greifen nah. Manche in altchinesischer Technik mit Bambusrohr eingerüstet, an denen in schwindelnder Höhe Reinigungstrupps hängen und quadratkilometerweise die Fenster putzen.
Auf der Bowen Road läuft man die gesamte Skyline von Hongkong Island ab. Schmale Schlitze zwischen den Hochhäusern erlauben immer wieder kurze Blicke auf den Hafen. Vorn das »Central Plaza« mit 78 Stockwerken, bis vor kurzem das höchste Gebäude Hongkongs. Dann die 74 Stockwerke der Bank of China. Der dreieckige Bau sieht aus wie eine riesige Toblerone-Packung. Wie bei allen Neubauten zog man auch bei diesem Projekt einen Feng-Shui-Experten zu Rate. *Feng Shui* ist die Lehre von der guten Energie, die durch ein Gebäude fließen soll, damit die Bewohner gesund und glücklich sind – und reich werden. Sozusagen eine fernöstliche Alternative zum täglichen 30-Minuten-Lauf. Ein Feng-Shui-Berater arbeitet mit Wün-

schelruten und einem komplizierten Kompass und bestimmt die ideale Lage und Ausrichtung des Gebäudes. Nutzte in diesem Fall wohl nichts. Bis heute heißt es, die Bank verhieße den umliegenden Gebäuden wegen ihres schlechten »Feng Shui« nichts Gutes. Vor allem nicht der Hongkong & Shanghai Bank, die gleich daneben in den Himmel ragt.

Buddhistische Gebetsstätte an der Bowen Road. Die mystische, religiöse Seite Hongkongs.

An der Bowen Road kann ein Haus heute schon mal an die 30 Millionen Mark kosten, so knapp ist Grund und Boden in dieser Lage. Dennoch wird überall und alles zubetoniert, sogar der Berghang oberhalb der Straße ist mit Spraybeton zugekleistert. Man hat nur Löcher für die Bäume gelassen, deren mächtige Wurzeln kunstvolle Schlingen am Wegesrand bilden. Daneben haben gläubige Hongkong-Chinesen *kleine Buddha-Statuen* und Heiligenbildchen aufgestellt und zünden Räucherstäbchen an, um die Götter günstig zu stimmen. Es heißt, oben an der Bowen Road hätten sie ihre Bittsteller am besten im Blick, ein Ort mit gutem Feng Shui, mit guten Schwingungen.

Zur guten Küche und ausgezeichnetem Blick lädt das Cafe Peak auf dem Hausberg Hongkongs.

Irgendwas muss dran sein. Hier oben beginnt man zu verstehen, warum Hongkong als einer der am besten gehüteten Geheimtipps in der Laufwelt gilt. Steile Treppen führen auf die *Wan Chai Gap* 6, einen fünf Kilometer langen Rundkurs durchs Grüne, den man locker mit dem drei Kilometer langen Traumpfad *Black's Link* verbinden kann. Er führt durch dichtes Grün und gewährt immer wieder Aussicht auf beide Seiten der Insel und den *Victoria Peak* – den bekanntesten Hausberg von Hongkong Island. Und erst wer hier oben gelaufen ist, ahnt, was Laufen in Hongkong bedeutet. Diese Strecke ist nur eine von vielen durch absolut autofreie Natur. Auch der 50 Kilometer lange Hongkong-Trail vom »Peak« bis nach »Shek O« an der Ostküste von Hongkong Island bietet faszinierende Läufererlebnisse auf verschlungenen Pfaden.

Schnupper-Kurs: Hongkong-Trail

»Mit diesen Trails gehört Hongkong zu den aufregendsten Laufstädten der Welt«, sagt Roberto am nächsten Morgen bei seinem Freund Clive. Er wohnt oben am *Park View* mit Blick auf Deep Water Bay und die 240 Inseln von Hongkong im Südchinesischen Meer. Beide sitzen über der Karte und suchen eine Tour für heute aus. Die Qual der Wahl führt schließlich einfach aus der Tür, vorbei an dem palastartigen Haus von Stanley Ho, dem König des Glücksspielparadieses Macau. Der Milliardär verschanzt sich hinter meterhohen Zäunen und einem vergoldeten Eisentor. Für den Querfeldeinlauf braucht man weder Geld noch Gold, sondern nur eine *Wasserflasche*. Roberto warnt seine Mitläufer: »Wenn du bei diesem Klima nicht trinkst, bekommst du ernsthafte Probleme.« Bei langen Läufen im Sommer verliert er, selbst wenn er viel trinkt, manchmal drei Kilo. Ja, das kenne ich. Ich habe selbst mal 11 Kilo in 25 Stunden verloren. Seither trinke ich alle 30 Minuten. Aus jedem Bach, Teich, Fluss – wie übrigens jedes Reh. Uns verschluckt der Bambuswald unterhalb des

Violet Mountain. Ein schmaler betonierter Weg führt an einem betonierten Becken entlang. »Es scheint ein Gesetz zu geben, dass man alles zubetonieren muss«, ulkt Roberto. Betonieren. Das kann nur der sitzende Mensch. Ein Läufer sucht Natur. Wenn alle Stadträte Läufer wären – so träume ich häufig –, würden überall nicht neue Straßen, sondern neue Parks angelegt – und Straßen weggerissen. Noch träume ich davon … aber wartet nur. Endlich lädt ein natürlicher Pfad zum Hüpfen ein. Weich und wild. Äste liegen quer, dazwischen knollige Steine. »Denk einfach, du wärst ein Springbock«, sagt Roberto. Und ein Pfadfinder. Manchmal schließt sich der Wildwuchs so dicht um den Pfad, dass man kaum einen Meter weit sieht und Zweige mit den Händen aus dem Weg räumen muss. Eine himmlische grüne Hölle, die an ein Dampfbad erinnert. Die Trikots sind *klatschnass*. Meine Welt. Das ist Hawaii, mein Himmel. Ich liebe es zu schwitzen. Das ist natürlich. Das ist gut. Wie muss das erst im Sommer sein? Dann fällt das Thermometer selten unter 30 Grad, die Luftfeuchtigkeit selten unter 80 Prozent. Und dann können nur Ironmen laufen. Den Rest der Welt trifft der Hitzschlag.

GLOBERUNNER-TIPPS

Prost Gesundheit:

Tee ist das Forever-Young-Elixier der Chinesen, er entgiftet, spült die Niere durch und ist gut für die Augen. Und dass der unfermentierte Grüne Tee (hier Lü Cha) Krebs vorbeugt, hat sich auch bei uns im Westen schon rumgesprochen. In Hongkong trinkt man Tee immer und überall. Er ist das beste Mittel, sich gesund durch den heißen Läuferalltag zu schlürfen. Zugegeben, die fingerhutgroßen Becherchen sind etwas gewöhnungsbedürftig. Und für den Nach-dem-Lauf-Durst schlichtweg untauglich. Da muss die Wasserflasche ran.

Clive absolvierte am vergangenen Sonntag in den »New Territories« im Umland Hongkongs einen 100-Kilometer-Lauf. Dort muss sich der Läufer nicht vor Hunden fürchten, dafür gibt es *Affen*, die ab und zu Menschen angreifen. Auf unserem Pfad soll's zum Glück nur Schlangen geben. Vor allem im Sommer, wenn die Sonne hoch steht, kriechen sie aus dem Dickicht, um sich auf dem Weg zu wärmen. Clive ist schon mal einer Python begegnet, hin und wieder auch Kobras. Da fällt mir eine Passage aus dem Buch »Die letzten ihrer Art« ein. Dort rät ein Spezialist für giftige Schlangen, der die Fragen der Leute satt hat, was sie gegen Schlangenbiss tun können: »Sich grundsätzlich nicht beißen lassen.« Ich finde, das ist ein weiser Rat. Gilt auch für Haie, z. B. beim Triathlon in Hawaii.

Die Märkte lassen Läuferherzen höher schlagen: frisches Gemüse und Obst in allen Farben, Größen, Formen.

In den Restaurants der City gibt's Schlangen-Suppe. Kobra soll ein wenig wie Schweinefleisch schmecken und Menschen mit kaltem Blut Gesundheit und Kraft verleihen. Gegen heißes Temperament soll dagegen Schildkrötenfleisch helfen. Lauftrainer Ma hat seinen Spitzenathleten sogar Schildkrötenblut verabreicht und ihnen damit zu Weltklasseleistungen verholfen. Es heißt allerdings, er habe mit den Zaubermitteln chinesischer Heilkunst lediglich stinknormales – aber zugegeben gekonntes – Doping verschleiert. Der intelligente Läufer braucht das nicht. Der erreicht gleiche Höchstleistungen durch optimale Ernährung – durch *Bluttuning*, wie ich das nenne. Eiweiß, Mineralien, Vitamine und Hormone im Blut messen lassen. Dann gezielt auffüllen: mit Obst und Gemüse und Nahrungsergänzung.

Hier pusht der Blick auf den Traumstrand der Repulse Bay, bevor man wieder in die Wildnis eintaucht. Rechts und links führen steile Pfade auf grüne Gipfel. Clive aber fliegt hinab bis zum »Tai Tam Reservoir«. Sieht aus wie ein Alpensee, ist aber ein Becken, das mit Trinkwasser aus China gespeist wird.

Der steile, drei Kilometer lange Anstieg auf den Mount Butler, treibt den Schweiß aus den Poren, fordert die Wadenmuskeln heraus. Das ideale Laufen: Langsam, ohne Belastung der Bandscheiben, eher hüpfend, sich abdrückend – ein Steigungslauf eben. Es ist Teil des Hongkong-Trail, auf dem uns große Gruppen von Wanderern begegnen. »Siu Sum«, ruft Robert, um sich einen Weg durch die Menge zu bahnen. »Vorsicht!« Und: »Mgoi«, das heißt »Danke«. »Du könntest auch Bananensplit oder Camembert rufen«, sagt er. »Funktioniert immer, wenn du's nur laut genug rufst.« Ausprobieren. Stimmt. Nur ein Rothaariger mit Sommersprossen zeigt den Vogel. Muss ein Landsmann sein.
Oben angelangt, sagt keiner ein Wort. Die Aussicht auf Hongkongs Skyline brennt sich tief in die Gehirnschublade, wo draufsteht: Nie vergessen. Dann einige hundert Meter fast freier Fall, so steil geht's hinab. Und dann rauf, rauf, rauf, immer noch eine Biegung, und plötzlich blickt man auf Hongkongs Yachthafen, hinter dem die Star Ferry von Hongkong Island zum Festland schippert.

Die Skyline von Hongkong genießen Sie am besten im Winter – von Oktober bis Februar. Im Sommer (März bis September) sind in Hongkong bis zu 97 Prozent Luftfeuchtigkeit – da kann ein normaler Mensch kaum gegen anschwitzen. Schon gar nicht beim Laufen.

Nach zwei Stunden bremst Asphalt unter den Sohlen und der Blick auf den Palast von Kasino-König Ho vor uns, der sich auch mit seinen Milliarden nicht das Läuferglück kaufen kann. Wirklich nicht. Auch der müsste für seine Endorphine laufen. Das tröstet so schön. Die Dusche danach ist ein Traum. Unübertreffliche Genüsse aber spendet Ka, eine liebenswerte Frau mit spitzbübischem Lächeln und goldfarbenem Kittel, unten im Zentrum. Anderthalb Stunden lang nimmt sie Läuferfüße in ihre kräftigen, flinken Hände und beginnt zu kneten und ziehen, zu tätscheln und zu drücken. Die Krönung des Laufabenteuers Hongkong. Außer … Erst mal sehen, was heute Abend in der Schüssel dampft. Kobra? Warum nicht. Eine weniger, lieber Leser, die Sie grundsätzlich nicht beißt. Was tut man nicht alles als Arzt.

ZUM ENTSPANNEN

FOOT REFLEXOLOGY

G/F., 14 Yik Kam Street
Happy Valley
VRC- Hongkong
Telefon: 00852 / 28 38 53 38, 25 73 82 02

Fußreflexzonen-Massage.
Unbedingt vorher Termin machen.

Lauf über der City. Auf der Bowen Road tänzelt man acht Kilometer lang die Skyline Hongkongs ab.

Hongkong

Laufstrecken in Hongkong

BOWEN ROAD ❶:

Start: Magazine Gap Road oder Stubbs Road / Länge der Laufstrecke: 8 km hin und zurück

Die beliebteste Strecke Hongkongs ist hin und zurück 8 Kilometer flaches Terrain, fast ohne Autos und über der City gelegen. Die immensen Wolkenkratzer scheinen zum Greifen nahe, die Skyline ist einzigartig. Die Bowen Road ist so citynah, dass man den Weg bis zum Start mit in den Lauf einbeziehen kann. Aber Vorsicht, es geht irrsinnig steil bergauf.

VICTORIA PEAK ❷:

Start: Peak Café / Länge der Laufstrecke: 4 km

Wer nicht auf dem Victoria Peak war, hat Hongkong nicht gesehen, heißt es. Wer die knapp 4-Kilometer-Runde um den Peak nicht gelaufen ist, hat keine Ahnung, wie toll Joggen in Hongkong sein kann – 180-Grad-Rundblick über den Hafen, über Kowloon und über das Südchinesische Meer.

BLACK'S LINK, WAN CHAI GAP ❸:

Start: Spielplatz am Wan Chai Gap /
Länge der Laufstrecke: bis Wong Nai Chung Gap und wieder zurück 7 km

Es ist ein malerischer, verkehrsfreier Pfad, der teils durch wilde, dschungelartige Wälder führt. Für Ortsfremde ist es nicht einfach, sich zurechtzufinden, aber trotzdem ist er immer einen Anlauf wert. In Begleitung Einheimischer lassen sich von hier aus abenteuerliche Dschungel-Jogs beliebiger Länge starten. Achtung, die Luftfeuchtigkeit ist extrem, nie ohne Wasserflasche losgehen.

Hotels

Grand Hyatt Hong Kong
1 Harbour Road
VRC-WanChai-Hong Kong
Telefon: 00852/25 88 12 34
Fax: 00852/28 02 06 77
E-Mail:
info@grandhyatt.com.hk
website: www.hyatt.com

Preise:
DZ: ab 3 800 HK-Dollar
EZ: ab 3 200 HK-Dollar

In der 11. Etage gibt es einen »Jogging trail« – außerdem befinden sich dort auch der Garten und der Pool. Hier kann man rund um die Uhr in Ruhe joggen und gleichzeitig den atemberaubenden Blick über Hongkong genießen.

Marriott Hong Kong
One Pacific Place, 88
Queensway
VRC-Hong Kong Central
Telefon: 00852/28 10 83 66
Fax: 00852/28 45 07 37

Preise:
DZ: ab 3 200 HK-Dollar
EZ: ab 2 700 HK-Dollar

Ein gut funktionierendes First Class Hotel mit dem Vorteil für Läufer, dass man von hier aus zu Fuß in die Bowen Road, Hongkongs Laufpiste Nummer 1, gehen kann. Betonung liegt auf gehen, die Anstiege sind steil.

Restaurants/ Entertainment

Thai BASIL
Shop 005.LG. Pacific Place
88 Queensway
VRC-Hong Kong Central
Telefon: 00852/25 37 46 82
Fax: 00852/29 18 94 18

Trendladen in der City mit europäisch angehauchter Thai-Küche.

PEAK CAFE
121 Peak Road
The Peak
VRC-Hong Kong
Telefon: 00852/28 49 78 68
Fax: 00852/28 49 84 32
E-Mail:
peakcafe@peakcafe.com
website:
www.peakcafe.com

Zwar stark touristisch frequentiert, aber auch Einheimische gehen hier oft hin, weil der Blick und die Atmosphäre einzigartig sind. Gute Küche.

Running Shops

10K Sports Shop
G35 Ground Floor
New Century Plaza
151–163 Wanchai Road
VRC-Hong Kong
Telefon: 00852/28 93 79 90

Nike
Shop A,
UG/F Century Square
1–13 D/Aguilar Street
VRC-Hong Kong Central
Telefon: 00852/25 26 76 20
Website: www.nike.com.hk

Kap

stadt

Die Trendmetropole Kapstadt bietet einen der schönsten Laufstege der Welt: glitzernder City-Chic, umgeben von atemraubender Natur. Wer dem grauen Alltag und dem europäischen Winter entflieht, landet in bunter Gastfreundschaft im südafrikanischen Sommer.

Ein Afrikaner läuft der aufgehenden Sonne entgegen, die den Tafelberg am Kopf der alabasterweißen Stadt zum Glitzern bringt. Nein, falsch! Er läuft nicht, er federt ab und schwebt. Seine Muskeln arbeiten nicht, sie spielen. Dieser Läufer straft das Gravitationsgesetz Lügen. Er entflieht der Schwerkraft. Das ist Laufen. Dieser Anblick gewöhnt einem sofort den Schleppschleifschlurfschlappschritt ab. Das, was viele Europäer tun, wenn sie durch den Wald trotten und denken: Hoffentlich ist's bald vorbei.

Greenpoint Lighthouse. Der gestreifte Leuchtturm ist ein idealer Treffpunkt zum Start in den Morgenlauf.

Mandela sei Dank, diese Stadt ist nicht mehr ganz in hellhäutiger Hand. In Kapstadt laufen viele Schwarze – und glauben Sie mir, es gibt kaum etwas Schöneres, als ihnen dabei zuzusehen.

Laufend philosophiert Chet Sainsbury vor sich hin. Über das Gefühl, wie nach und nach die Kraftwerke im Körper hochfahren, wie jede Zelle erwacht und damit die Sinne erweckt werden. Wie sich der Körper mit Sauerstoff voll pumpt – mit 10- bis 20-mal mehr Sauerstoff als im Sitzen, sich die Nase mit dem Salzduft des Meers oder der Würze der südafrikanischen Weinberge vollsaugt, wie die Augen Bilder und Eindrücke einfangen, die die Seele erfüllen und Kraft für den ganzen Tag geben. »Ein Morgenlauf ist wie ein Zaubertrunk. Es ist, als ob eine Fee mit einem Stab wedelt und mit dir etwas Geheimnisvolles passiert«, sagt Chet.

Der Zauber bekommt ihm offenbar recht gut. Der 58-jährige Versicherungsmanager misst 1,80 Meter, wiegt 80 Kilo, hat kein Fett auf den Rippen und fast immer ein Lächeln im Gesicht. »Mit 34 war ich als ehemaliger Rugby-Spieler ein körperliches Wrack, vor allem mein Rücken war kaputt«, sagt er. »Ich fing an zu joggen und habe mich langsam wieder gesund gelaufen. Erst recht meinen Rücken!«

Junge, denke ich wehmütig – das bringst du einem deutschen Orthopäden nie und nimmer bei… »Heute bin ich fitter als mit 34.« Meine Rede: Wer läuft, kann mit 70 noch körperlich fit und geistig aktiv sein wie ein 25-Jähriger.

Seit über zwei Jahrzehnten ist Chet Renndirektor des »Two-Oceans-Marathon« und ein äußerst erfahrener Langstreckler. Nur einer ist besser, sein Landsmann namens Vogel Strauß. Der Struthio camelus bringt es auf eine Höchstgeschwindigkeit von 85 km/h. Und die kann er drei Stunden durchhalten. Das schafft Chet noch nicht. Aber wer weiß? Seine Disziplin: Er nimmt auf seine vielen Reisen immer seine Laufschuhe mit. Sein Glück: Er wohnt in Kapstadt.

Strandlauf ohne Grenzen

5.30 Uhr. Die Sonne schiebt sich rötlich hinter den Hottentott's Mountains gen Himmel. Die ersten Strahlen wärmen den Tafelberg, der tausend Meter hoch über der 2,5-Millionen-Stadt thront. Er ist von überall zu sehen.

Den Strandlauf startet man am besten beim rot-weiß getünchten *Greenpoint Lighthouse* ❶, dem ältesten Leuchtturm des Landes, seit 1824 in Betrieb. Wellen knallen an die Uferbefestigung. Das vom Sturmwind gepeitschte Wasser wusch tiefe Löcher ins Pflaster. Hohe Brecher schleuderten Algen und Palmwedel an Land. Nicht immer herrscht Windstille wie jetzt, die Luft ist lau, es riecht nach Salz. Das Klima in Südafrika ist ideal für Läufer. Die Temperaturen steigen im Sommer nie über 26 Grad. Die *Seapoint Promenade* ❷ entlang läuft man nach Süden, Richtung Kap der Guten Hoffnung.

Rechts tost der Atlantik, links schlafen noch die Villen, die hohen Apartmentgebäude und schmucken viktorianischen Häuser. Morgens gehört Kapstadts begehrte Vergnügungsmeile mit Hotels, Restaurants und Nachtclubs noch den Läufern.

An der Drei-Kilometer-Promenade begegnet man Dutzenden von Gleichgesinnten. Alle grüßen einander. »Laufen ist *Volkssport* Nummer 1 in Südafrika. Wir sind mit Sicherheit das laufverrückteste Land der Erde«, sagt Chet. In keinem anderen Land der Welt gibt es so viele Laufclubs wie hier. Nirgendwo sonst werden mehr Rennen veranstaltet als im Mutterland des Ultralaufs. Das scheint in der Geschichte der jahrzehntelangen Isolation begründet, als südafrikanische Sportler im Ausland nicht willkommen waren. »Wir hatten ja keine andere Chance, als gegen uns selbst anzutreten«, sagt Chet. »Und wo sonst gibt es schon solche Auslaufmöglichkeiten?«

Alles *Traumreviere*. Egal ob hier am Meer, oben am Signal Hill, im Pflanzenparadies des Kirstenbosch National Botanical Gardens, oder am *Lions Head*, einem Felsmassiv, das einem Löwenkopf ähnelt, an dem sich mit mäßiger Steigung ein Pfad gen Himmel schraubt. Alles in kürzester Zeit erreichbar. Jedes mit seinem eigenen Charme.

200 Meter trabt man steil nach oben, federt mit radgestählten Waden über die Seacliff Road in die von Palmen gesäumte Victoria Road. Die kurvige Straße, die sich durch das Felsmassiv windet, wird auch die *Kap-Riviera* genannt. Hier thronen prachtvolle Häuser in der Wand, direkt über dem Meer und den Stränden von Clifton Beach 3 .

So sieht es aus, wenn man auf dem Signal Hill steht und auf den Lions Head blickt – schlicht unvergesslich!

»Der schönste Platz der Welt«, sagen viele. Und einer der teuersten: Manche Bewohner ziehen in der Hochsaison aus, um Platz für Touristen zu machen, die bis zu 3 000 Mark pro Tag für die Ferienbleibe zahlen.

Im weißen Sand räkeln sich Tangagirls und knackige Jungs. Wenn der Tag sich neigt, kommen die Modefotografen, die diese Traumkulisse für ihre Aufnahmen nutzen. Handys klingeln dann im Minutentakt. Terminbörse für den nahenden Abend. Die Strandszene erinnert mich an Hawaii. Jeden Oktober treffen sich da die Traumkörper dieser Welt – knackig, glatt, strahlend. Auch mal 50, 60, ja 75 Jahre alt – zu einem etwas ausgedehnten Badeurlaub mit abschließendem Läufchen – dem Ironman. Die Turnschuhe baumeln um den Hals, und der Sand massiert die Füße und die Seele.

SPEZIAL-TIPP

Man kann es den einheimischen Läufern abschauen. Die stellen sich nach dem Training in die meist sehr kalte Brandung. Insbesondere nach langen Läufen wirkt das Wunder in den Muskelzellen und dient zur schnellen Regeneration. Muskelkater? Fehlanzeige!

Links vor uns tauchen die zwölf Berge hinter dem Tafelberg auf, die Zwölf Apostel genannt. Rechts stehen Läufer bis zum Po im nur 12 Grad kalten Wasser, um ihre Beinmuskulatur zu kühlen. Das macht sie genauso locker wie die täglich nötigen 600 mg Magnesium – übrigens Minimumzufuhr. Meine leicht vorgealterten Zellen brauchen täglich 1800 mg. So viel zum Unterschied zwischen Praxis (ich messe im Blut, was mir fehlt) und Schulmedizin. Lässt mich immer wieder innerlich lächeln, wenn ich den klugen Dipl. oec. troph.s zuhöre.

Wir schweben über weißen Sand. Träumen sprachlos. Im Geist tauchen Bilder von Kapstadt auf: Die Long Street mit ihren fliegenden Händlern und Straßenkindern, mit ihren schmiedeeisernen Säulen und Balkonen, den hippen Bars und Kaffeehäusern. Die bonbonfarbenen Bauten des Bo-Kaap-Viertels, in dem die Nachkommen jener Sklaven leben,

Auch so kann man in das berühmte Cape Grace Hotel anreisen: mit der Luxus-Jacht.

die im 17. Jahrhundert aus Asien kamen. Das quirlige Leben an der »Victoria & Alfred Waterfront«, der Shopping Mall am alten Hafen. Das heruntergekommene *Hafenviertel* wurde in den 90-er Jahren in einem Mammutprojekt zu einem Vergnügungszentrum saniert. Mit Musikkneipen, Pubs, Restaurants und Theater. Ein Lagerhaus avancierte zum Luxushotel, ein Gefängnis zur Business School der Kapstädter Universität. Die Verlockung ist groß, einfach weiterzuträumen. Genau dies ist ja das Geheimnis der gleichmäßigen Bewegung. Der *Flow*. Lernt man in Biel. Nachts beim 100-km-Lauf. In völliger Dunkelheit. Hinter unserem Leben – so wird einem dort klar – gibt es ein anderes Leben, das des Traumes, der Leichtigkeit, des Fliegens. Schauen Sie einem Marathonläufer mal in die Augen ... der weiß das. Also weiter träumen nach Hout Bay, bis hoch zum Chapman's Peak. Der Fels erhebt sich Hunderte von Metern über das Meer. Oben bricht der Weg tunnelartig durch den Fels. Unverhofft blickt man bis zum Kap der Guten Hoffnung, wo Atlantik und Indischer Ozean aufeinander treffen. 75 Kilometer sind es noch zum Kap. Und der Wunsch krabbelt hoch: *Let's go*. Nur: Chet ruft der Alltag.

In Gedanken kurz baden im Aquamarinblau, Türkis und Smaragdgrün des Atlantik, mit Bedauern in *Camps Bay* 4 umdrehen und weglaufen vom Kap der Guten Hoffnung –

auf die Gefangenen-Insel *Robben Island* zu. Sie liegt neun Kilometer weit nördlich im kalten Atlantik. Nelson Mandela war hier 26 Jahre seines Lebens inhaftiert. Diese Insel, eine Touristenattraktion, zum Weltkulturerbe erhoben, ist »heute ein Symbol für den Sieg des menschlichen Geistes über politische Unterdrückung«, sagt Mandela. Seine Freilassung brachte eine Wende für die Politik Südafrikas – und für den Laufsport. Die Zahl der Laufclubs verdoppelte sich. Am Ende der Apartheid kamen zu den vierzig weißen Clubs vierzig schwarze hinzu. »Jetzt laufen wir alle zusammen«, sagt Chet und: »Laufen hilft uns, soziale und politische Herausforderungen zu überwinden, weil Laufen kein Elite-Sport ist. Es bringt Menschen ungeachtet ihrer Hautfarbe, ihres Geschlechts oder ihrer Religion zusammen.« Genau: Und auch ganz praktisch. Ihren Bankdirektor und Sie. Morgens im Stadtpark. Und wenn es dann wieder um die leidige zweite Hypothek geht … ahnen Sie? Das Gespräch verläuft anders zwischen Menschen, die sich morgens schweißperlend einen Gruß zujapsen.

Ein Farbrausch, der so fröhlich stimmen kann, wie eine Stunde im dritten Gang am Meer: afrikanische Kunst.

Vor lauter Stolz auf den neuen südafrikanischen Staat trägt Chet eine Laufhose in den Farben der Nationalflagge. Als Sponsor organisiert er Rennen, an denen Läufer aller Rassen teilnehmen. Meist gewinnen Schwarze, manche Sieger laufen barfuß. Also normal. Also natürlich. Also mit den Schuhen, mit denen wir geboren wurden. Nachdenken! Auch Nelson Mandela hat die vereinigende Kraft des Laufens erkannt. Er beehrt öfter mal den 90 Kilometer langen *Comrades Marathon*. Dieser ist in Südafrika so populär, dass das Foto des Siegers tags drauf in fast allen Schaufenstern des Landes hängt. Es gibt sogar Firmen, die es zum Einstellungskriterium erheben, ob man diesen Ultra-Lauf durchgestanden hat oder nicht. Eine Idee, die auch Steilmann praktiziert, der größte deutsche Textilfabrikant. Aus gutem Grund.

Abends lasse ich mich, wie der Reiseführer rät, von einem Taxi im Hotel abholen. Mit dem Sonnenuntergang erwacht die Kriminalität. Dann sollte man auch – ein wichtiger Tipp – die Joggingschuhe im Schrank lassen. Der fröhlich grinsende Fahrer bringt mich ins »Vilamoura«, ein Edelrestauraunt in der Victoria Road im Broadway-Center. Strauß essen. Mal gucken, ob ich mir seine Laufpower einverleiben kann. Sein fett- und (fast) cholesterinfreies Fleisch ist Poesie für den Gaumen und steht in Form von Carpaccio, Salami, Steak auf den meisten afrikanischen Speisekarten. Mageres Eiweiß. Glück pur. Ein Straußensteak enthält alle essenziellen Aminosäuren – die Bausteine des Lebens. Sie stärken jede einzelne Körperzelle, wecken Lust und Kreativität, feien gegen Stress, locken Psychohormone, die fröhlich machen, und geben uns die erträumte Leichtigkeit des Seins. Bausteine, die aus einem angestrengten erfolgreichen Arzt einen fröhlichen Menschen gemacht haben.

FITNESS–TIPP

Warum ein Straußensteak glücklich macht?

Aus Eiweiß – ohne Fett – bildet Ihr Körper Hormone. Die Botenstoffe der Euphorie. Zum Beispiel Serotonin. Das Chefhormon, das fröhlich macht und Überblick verschafft. Ihr Körper bildet Serotonin, sobald Sie Fisch oder Geflügel essen. Denn darin steckt der Eiweißbaustein Tryptophan. Wenn Sie eine Stunde später etwas Süßes essen, zum Beispiel einen Obstsalat, ein Früchtesorbet, flutet Tryptophan ins Gehirn, und daraus entsteht Serotonin.
Darum kann ein Straußensteak glücklich machen.

Tafelberg: Über den Dächern von Kapstadt

Für den nächsten Morgen steht die Tafelberg Road ❺ auf dem Programm. Punkt 5.30 trifft Chet ein. Und es geht los: sieben Kilometer stets bergauf. Also auf dem Vorfuß, also federnd. Langsam flieht die Müdigkeit aus den Gliedern. Steife Muskeln werden weich.

Rechts oben die Wand aus Sedimentgestein, das sich vor über 450 Millionen Jahren ablagerte. Links der Traumblick über die Dächer von Kapstadt auf den Atlantik. Er wird leider bald getrübt, durch das *Tafeltuch*. Der Nebel zieht sich wie ein Teppich aus weicher Watte über die Stadt und steigt immer weiter nach oben. Still ist es hier, bis auf das Singen der Rotflügel-Stare. Die Büsche rechts und links verbreiten einen Duft wie ein Kräuterladen. Rohstoff für Heilmittel. Goldminen für Pharmakonzerne. Noch etwas für Botanikerherzen: Die Silberbaumsträucher wachsen nur hier auf der Kap-Halbinsel. Wer allerdings Afrikas *Tierwelt* erleben will, muss in den Krüger Nationalpark. Am Kap gibt's nur Paviane. Fastfood-süchtig. Auf der Suche nach Hamburgern & Co springen sie schon mal auf den Restauranttisch, steigen in Häuser ein. Das Füttern ist bei Strafe verboten. Ich drücke mein Powergel schnell selbst in den Mund. Süß. Herrlich. Hole dabei Luft und spüre, wie der schnelle Zuckeranteil dieser meiner Langlauf-Energiequelle direkt durch die Mundschleimhaut ins Blut strömt ... Und dann visualisiere ich den Rest der Packung, der soeben in den Magen rutscht und mich die nächste halbe Stunde fit und dynamisch mit Kohlenhydraten versorgt. So übt man Wettkampftrostgefühl für Notzeiten auf Hawaii.

Rechts führt ein Pfad, der Platteklip Gorge, auf das *Plateau des Tafelbergs*, hinter dem immer noch die Armut wohnt – der schwarze Schatten der weißen reichen Metropole. Wie so vieles in Afrika ist auch der Tafelberg ein trügerisches Monument der Harmonie.

Im Hotel liegt eine Jogging-Route aus für Bergläufer: 35 Kilometer

GLOBERUNNER-TIPPS

Beste Reisezeit:
Im Winter ist dort Sommer. Mittelmeerklima mit feuchten, milden Wintern von Mai bis August. Selten Nachtfrost. Sommer von November bis März.

Sind Sie sicher?
Ja, wenn Sie das Geld im Hotelsafe lassen. Einen kleinen Notschein in der Hosentasche aufbewahren und im Dunklen nicht zu Fuß rausgehen – weder schnell noch langsam.

Lust auf Marathon?
Dann surfen Sie doch zu Two Oceans Marathon (56 Kilometer!) www.twooceansmarathon.org.za.

rund um den Tafelberg. Sie warnt vor heftigen Wetterumschwüngen mit Nebel, Wind und Regen. Wir bleiben wegen des Tafeltuches auf unserem Traumpfad. Tanken Lebensenergie aus einer Quelle. Glasklares Wasser.

Nebelschwaden wabern in Zeitlupe hoch bis zu den Knöcheln, zu den Knien. Es ist wie ein Eintauchen in eine andere Welt. Lautlos, geheimnisvoll. Langsam hüllt der Nebel einen vollkommen ein – besser umkehren. Bei Kilometer sieben geht's abwärts. »Die 35 macht man einfach nächstes Jahr«, sagt Chet. Einverstanden. Geankert. Neuer Traum. Für viele Abende im schneekalten Deutschland.

Wer seine Muskeln liebt, der dehnt: bestimmt, aber sanft, regelmäßig, vor und nach dem Lauf – und überall auf der Welt.

Chet wird ins Büro stürmen und fröhlich guten Morgen rufen. Und jeden Tag werden seine Kollegen fragen, warum er so gut gelaunt ist. – Kennen Sie das auch? – »Weil ich beim Laufen war«, wird er sagen. Und nie fehlt die Frage, wann er aufgestanden ist. Chet antwortet immer: fünf Uhr. Er spürt, dass sich bei den Kollegen Neid und Mitleid mischen. »Aber das macht mir nichts«, lächelt er breit. »Für den Rest des Tages bin ich on top of the world.« Das täglich, das ganze Leben. Das ganze zweite Leben, das beginnt, wenn wir das Laufen beginnen. Immer. Überall. Rund um die Welt.

Laufstrecken in Kapstadt

TAFELBERG-ROAD ❶:

Start: Talstation der Tafelberg-Gondel / Länge der Laufstrecke: 7 km

Start ist an der Talstation der sich drehenden Tafelberg-Gondel. Von unten sieht es eben aus, dabei geht dieser zauberhafte Weg oft kräftig bergan, vorbei an Brunnen mit erfrischendem Quellwasser. Der Tafelberg macht diese Strecke zu einem magischen Ort. Der Blick auf Kapstadt ist gigantisch, wenn nicht gerade dichter Nebel die Sicht nimmt. Das kann hier oben sehr schnell gehen. Bei Kilometer 7 ist der übliche Wendepunkt. Insider wissen, man kann auch rund um den Tafelberg laufen (35 Kilometer).

STRAND-LAUF ❷:

Start: am Leuchtturm bei Green Point / Länge der Laufstrecke: unbegrenzt

Hier trifft man die meisten Jogger, oft schon frühmorgens. Vor allem im Sommer ist das die beste Zeit für einen Lauf. Start ist am Leuchtturm bei Green Point, und es geht immer in Richtung Süden. Rechts schlagen mächtige Wellen an die Ufermauer, links stehen noble Strandhäuser. Dann geht es nach Clifton über eine kurvige Straße, die sich durch ein Felsmassiv windet, auch Kap-Riviera genannt. Eine großartige Strecke. Am liebsten würde man bis zum Kap der Guten Hoffnung weiterlaufen – rein theoretisch kein Problem.

SIGNAL HILL ROUTE ❸:

Start: Fuß des Tafelberges / Länge der Laufstrecke: 8 km

Jeden Mittag um 12 Uhr wird aus Traditionspflege auf dem Signal Hill ein Kanonenschuss abgefeuert. Hier ist die Wendemarke der acht Kilometer langen Strecke, die am Fuße des Tafelbergs beginnt und wie keine andere einen Blick auf Stadt, Meer und Tafelberg auf einmal bietet. Von hier aus kann man weiter zum Kurs rund um den Lion's Head joggen.

Hotels

The Ambassador
34 Victoria Road, Bantry Bay
ZA-8005 Kapstadt
Telefon: 0027/21/4 39 61 70
Fax: 0027/21/4 39 63 36
E-Mail:
marketing@ambassador.co.za
Website:
www.ambassador.co.za

Preise:
DZ: ab 725 Rand
EZ: ab 400 Rand

Kleines, schönes Haus an der Kap-Riviera. Toll auf dem Kliff über dem Strand gelegen. Hier steigen Werbefilmer und auch deren Models ab.

Holiday Inn
1 Lower Buitengragt
ZA-8001 Kapstadt
Telefon: 0027/21/4 09 40 00
Fax: 0027/21/4 09 44 44

Preise:
DZ: ab 800 Rand
EZ: ab 538 Rand

Neu und praktisch. Im Zimmer erwartet jeden Gast eine »Jogger's Map« mit sehr guten Lauf-Routen. Man kann vom Haus aus loslaufen.

Hotel CAPE GRACE
West Quay,
Victoria & Alfred
Waterfront
ZA-8002 Waterfront-Kapstadt
Telefon: 0027/21/4 10 71 00
Fax: 0027/21/4 19 76 22
E-Mail:
reservations@capegrace.com
website:
www. capegrace.com

Preise:
DZ/EZ: ab 2 190 Rand

Absolutes Top-Hotel, das schon einige Preise gewann. Inmitten der neu angelegten Waterfront. Wer es sich leisten kann: Nichts wie hin.

Running Shops

TOTALSPORTS 844
Shop No. 127, Victoria Wharf
Victoria & Alfred
Waterfront
ZA-8001 Kapstadt
Telefon: 0027/21/4 18 55 28

TOTALSPORTS
Adderley Street
ZA-8001 Kapstadt
Telefon: 0027/21/4 26 03 48

Restaurants/ Entertainment

Vilamoura
The Promenade
Broadway Center
Victoria Road
ZA-8001 Camps Bay-Kapstadt
Telefon: 0027/21/4 38 18 50/1
Fax: 0027/21/4 38 18 77
website:
www.vilamoura.co.za

Hochpreisiger Trend-Laden mit guter Küche. Reservierung empfohlen.

BLUES
The Promenade
Victoria Road
ZA-8001 Camps Bay-Kapstadt
Telefon: 0027/21/4 38 20 40
Fax: 0027/21/4 38 32 38
website: www.blues.co.za

In-Restaurant in Camps Bay zu moderaten Preisen. Und direkt an der Strandstraße gelegen. Hier trifft man sich und isst obendrein wirklich gut.

Kapstadt

ndon

»Komm mit nach London.« »Wozu?« fragt die beste Ehefrau der Welt. (Nein, nicht die von Ephraim Kishon. Meine. Die Allerbeste.) »Zum Laufen.« »Gute Idee«, sagt Petra. Sie ist die einzige Frau der Welt, die man nicht mit »Shopping« nach London lockt – in die Welthauptstadt des Geldes, in der rund 470 Milliarden Dollar täglich den Besitzer wechseln, in der man in Clubs läuft, und selbstverständlich: mit Clubsekretär. Das ist Stil. Very British.

Die Läufer vom »Serpentine Running Club« machen keine großen Worte. Nicht mal an der *Speakers' Corner* 1 im Hyde Park, die Bühne exzentrischer Redner, die sich dort jeden Samstag Morgen um halb zehn treffen: Seit 1872 darf man dort alles sagen – nur nichts, was die Royals beleidigt. Wie zum Beispiel, dass das Forever-Young-Elixier von Queen Mum Gin sei, der sie konserviert. Ich glaube übrigens eher: Es ist ihr britischer Humor. Ganz früher durfte man dort wirklich alles sagen – denn der, der was sagte, hatte nichts mehr zu verlieren. Dort standen mehrere Jahrhunderte lang die Galgen von Tyburn. Die Verurteilten sprachen hier ihre letzten Worte. Heute lohnt sich das Zuhören nicht mehr: Dort labern fanatische Eiferer und religiöse Spinner. Glauben Sie mir, es ist spannender, gleich loszulaufen.

Good morning, London, I love you ...

Es gibt nichts Schöneres, als London im roten Doppel-Decker zu entdecken. Doch lieben lernt man die Stadt per pedes.

Amen, der Trainer, (... schon der Name!) begrüßt den Pulk Laufwilliger kurz mit einem freundlichen »Good morning everybody«, und schon traben rund sechzig Menschen hinter ihm durch Londons berühmtesten Park, wo sich früher Gentlemen duellierten. »Das ist unser *social run*. Nur eine Meile, aber wichtige Tradition«, schnaubt David, der Club-Sekretär, der durch eine längere Verletzungspause einige mittlere Ringe, ein bißchen Hüftgold, zulegte. »Es geht nicht nur ums Aufwärmen. Die Leute sollen sich unterhalten und gegenseitig vorstellen, sofern sie sich noch nicht kennen.« Nach gemeinsamen

Dehnübungen sagt jeder reihum seinen Namen. 60 Stück. Ich merke mir übrigens leider immer nur den von meiner Frau. Klappt gerade noch. Meinen Bub habe ich bewusst Ulrich getauft …
Ein göttlicher Morgen. Die Luft ist frisch und rein nach dem nächtlichen Londoner Regenguss, der Himmel blau, und die Morgensonne verwandelt feuchte Grashalme in Strassschmuck der Natur. Wie von Zauberhand geführt, formen sich die Läufer zu Gruppen. Vorneweg fliegende Super-Athleten, die am nächsten Tag beim 54-Meilen-Lauf von London nach Brighton antreten werden – mit einem Sieger-Selenspiegel von 200 Mikrogramm/Liter versteht sich. Und dahinter Novizen, die noch nie Laufschuhe anhatten. Und wahrscheinlich bei einem Selenspiegel von 70 Mikrogramm/Liter dahindümpeln. Und noch nie was von der unerträglichen Leichtigkeit gehört haben, die das Spurenelement Selen einem verleiht, sobald der Arzt einen tiefnormalen Spiegel auf WHO-Niveau anhebt. Eigentlich müsste ein hoher Selenspiegel Aufnahmekriterium für den Club sein.
In den typisch englischen Gentlemen's-Club (ja, sie sind nicht ausgestorben) wird auch nur aufgenommen, wer den richtigen Stammbaum und die entsprechenden Umgangsformen hat. Bei den Serpentine Runners, einem der besten, größten und kosmopolitischsten Lauf-Clubs Englands, dürfen alle laufen: französische Küchenchefs, australische Lehrer, amerikanische Filmproduzenten und Analysten aus Äthiopien – und Doktoren aus Deutschland mit ihrer allerbesten Ehefrau der Welt. »Auch Gäste auf der Durchreise sind willkommen«, sagt David. »Wir alle wissen, wie wir uns eine gute Zeit machen können.«

Laufen schärft den Blick für das Detail – und hält die Erinnerung als körpereigenes Dia fest: Diese Statue steht vor dem Buckingham Palace.

Achtung, fertig, los … – die Three-Parks-Runde

Mit von der Laufpartie: die brünette Ann (hieß sie wirklich so?). Sie betreibt ein Eheanbahnungsinstitut für Leute mit Geld und wenig Zeit. Manchen Kunden vermittelt sie bei Bedarf vier verschiedene Kandidaten an einem Abend. Ich überlege, ob ich ihr mein Rezept für natürliches Viagra aufschreiben soll: Sauerstoff + Arginin = Stickoxid. Das Molekül, das die Blutgefäße weit sprengt. Das Geheimnis der blauen Rhombe. Sie sorgt dafür, dass in der Körpermitte genügend Stickoxid die Blutgefäße weit stellt. Die Natur kann das besser, länger – wenn mann kann: ständig. Laufen erhöht den Sauerstoffgehalt im Körper. Und wenn man dann noch Lebensmittel mit dem Eiweißbaustein Arginin isst, wie Haferflocken, Hüttenkäse, Lachs, Garnelen, Nüsse, kann getrost auf chemische Mittel wie Viagra verzichtet werden. Müsste mal einer den Pub-Wirten hier erzählen, dann ärgert sich keiner mehr, wenn sie um 22.30 schließen …

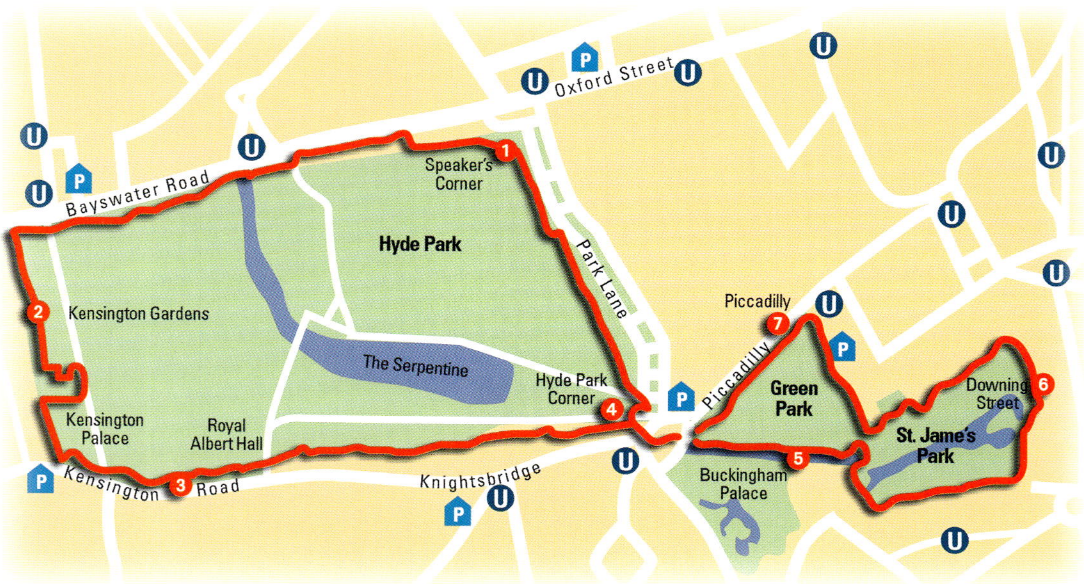

Oben: Gartenanlage bei Richmond. Unten: Möwen im Hyde Park. Was ist schöner: sitzen und ausruhen oder laufen und fliegen?

Irgendjemand hat einmal gesagt: »London ist ein antiquarischer Steinhaufen. Eine zwei Jahrtausende alte Metropole, die sich von Generation zu Generation neu entwirft: Wir leben im kulturellen Zentrum Europas. London ist **Trendsetter** in Mode, Musik, Design und Kunst.« Gut, dass sich Petra alles merkt. Langsam trabt die Gruppe durch die majestätische Weite des Parks, in dem vor einem halben Jahrhundert Henry VIII. Hirsche jagte. Links der See »The Serpentine«, rechts galoppieren langmähnige Mädchen auf Rotfüchsen vorbei. Vom Hyde Park geht's direkt in die **Kensington Gardens** 2. London prunkt nicht nur mit alten Steinen wie Westminster Palace, The Tower, St. Paul's Cathedral und und und, sondern auch mit Blattkultur fürs Läuferherz: 80 Quadratkilometer der Themse-Metropole sind grün. 60 LäuferInnen traben vorbei am Kinderspielplatz mit dem riesigen, begehbaren Dreimaster, zum Andenken an **Lady Diana** aufgebaut. Ihr zu Ehren hat man auch die Bronzeplatten in den Weg eingelassen, die einen auf einem Großteil der Three-Parks-Runde begleiten. Inschrift: »Diana, Princess of Wales Memorial Walk«. Der Gedächtnis-Pfad führt direkt zum Kensington Palace, ihrem letzten Wohnsitz, heute Wallfahrtsort der Diana-Fans. An jedem Todestag verwandeln sie den Rasen vor dem Palast in ein Blumenmeer – bunte Traumprojektionen vieler menschlicher Seelen –, Anrührung und Nachdenken zugleich.
Hundert Männer vom Homosexuellen-Laufclub »Front-Runners« kreuzen den Weg. Lächelnd, scherzend. Gay heißt nicht umsonst fröhlich!

Leider kein Promi in Sicht. Hier läuft Madonna, die hinterm Kensington Palace ein Haus besitzt. Oder Liam Neeson, der Hauptdarsteller aus »Schindlers Liste«. Die Promis laufen meistens sehr früh morgens, um ungestört zu sein. Mike Tyson drehte sogar nachts um drei einsame Runden, um vor seinem letzten Kampf in London Kraft und Ausdauer zu tanken. Auch der wusste was vom richtigen Puls.

Rechts die *Royal Albert Hall* ❸. In dem roten Rundbau, respektlos »Suppenschüssel« genannt, finden nicht nur Konzerte statt, da wird auch Tennis gespielt und geboxt. Links das fünfundfünzig Meter hohe neogotische *Albert Memorial*. Königin Viktoria ließ das Denkmal mit 200 Steinfiguren 1876 errichten, untröstlich über den frühen Tod ihres Prinzen Albert von Sachsen-Coburg. Er starb an Typhus. Eine bunte Schlange trabt durch den Fußgängertunnel unter der *Hyde Park Corner* ❹ in den *Green Park* ❺, von dem es heißt, man könne an ruhigen Tagen sogar den unterirdisch dahinplätschernden Fluss Tyburn hören. Ruhig? Hier rast das Herz der lauten Stadt: vor dem *Buckingham Palace* – den so mancher Marathonläufer auf den letzten Metern verflucht. Denn von dessen Balkon aus wollte Prinz Edward VIII. kurz nach der Jahrhundertwende den ersten Marathon durch London verfolgen. Um seiner Majestät Wunsch zu erfüllen, mussten die Läufer eine Extra-Schleife laufen, wodurch die Strecke auf 42,195 Kilometer verlängert wurde. Ein Maß, das bis heute gilt. Jeder Läufer weiß, was die letzten 200 Meter bedeuten. 42 Kilometer geht ja noch.
Aber 42,2 …

MANPOWER-TIPP

Ins Cow zum Austernessen

In The Cow, 89 Westbourn Park Road, trifft man sich zum Schlürfen irischer Austern und einem Glas Guiness oder Champagner. 100 Gramm Austern liefern 60 Milligramm Zink, gemeinsam mit dem Eiweiß ein Aphrodisiakum pur. Denn wem Zink mangelt, der produziert nicht ausreichend Testosteron. Und es bleibt beim Träumen von dem, was Männer wünschen. Studien zeigen: Impotente Männer wurden erfreulich rasch wieder sexuell aktiv, nachdem sie Zink bekamen. Und Mangan … aber das Geheimnis heben wir uns für eine andere Metropole auf.

Wir laufen nur zwölf Kilometer. Das heißt: Petra läuft 24. Ein Stück vor – und zurück, vor und zurück. Hüpfend, springend. Mein Reh. Sie hat als passionierte Läuferin sowieso viel vom Powerhormon Testosteron. Und da drauf hat sie gestern auch noch Austern gegessen – die genialen Zink-Eiweiß-Päckchen, aus denen der Körper das Siegerhormon bastelt. Es heißt zwar, man gewöhnt hier die englischen Kinder von klein auf an möglichst geschmacksneutrales Essen. Damit das Klischee der Englischen Küche nicht ausstirbt. Doch längst gibt es hier so viele Sterneköche wie in Paris. Wir haben uns in den letzten Tagen durch die ganzen Merian-Tipps geschlemmt, waren im »Mash« auf einen Teller Rotbarbe und Gemüse aus dem Holzofen, im »Teatro«, im »Moro« und natürlich im »Pharmacy« in Notting Hill Gate – dem Designer-Restaurant, das wie eine Apotheke aussieht, aber statt Testosteronpflaster Muscheln serviert. Leider guckte der Kellner »not amused«, als ich statt Scheckkarte meinen Rezeptblock zückte.

Genug geträumt. Endspurt: Vorbei am Regierungsviertel, an *Downing Street* 6 , seit 1732 Wohnsitz der britischen Premierminister, rein in *The Mall*, Paradestrecke für Staatsempfänge und Zielgerade beim London-Marathon. Weiter entlang am *Piccadilly* 7 wieder in den Hyde Park, wo Dave dann an dem Laternenpfahl an der »Speakers' Corner« die Runde abklatscht.

Alle fallen endorphindurchtränkt in die Liegestühle mitten auf der Wiese, gucken den Brokern beim Relaxen zu und tauschen Laufstrecken-Tipps aus. Vom idyllischen *Regent's Park* und der *Hampstead Heath* ist die Rede, dem Lieblingspark Mike Grattons, Gewinner des London-Marathons von 1983: »Mitten in der Stadt kannst du Cross-Training machen«, schwärmt er. »Hier fühlst du dich wie auf dem Land.«

Da muss man sich erst mal die Augen reiben: Marilyn Monroe und Janet Jackson? Nein: Drag Queens am Piccadilly Circus.

Schöne Wäldchen und Hügel, Teiche und Seen, Asphaltstraßen und gleich darauf Wege, auf denen man bis zum Knöchel im Matsch versinkt. Ein wunderbares Auf und Ab inmitten der berühmten Parliament Hills, die britische Filmregisseure häufig als Szenerie wählen, wann immer sich Spione bei konspirativen Treffs beschnüffeln. John le Carré – unvergesslich. Von einem der Hügel aus liegt ganz London zu Füßen. Und wo läuft man morgen? »Die Rundstrecke an der Themse ist die schönste von London. Ihr müsst sie laufen. Aber lauft sie früh.«

Der Themse Path

Das Wetter bricht schon wieder ein Klischee: Die Sonne schiebt sich gemütlich über die Themse. Touristen zieht es um diese Zeit noch nicht auf den »Themse Path«. Man startet an der *Waterloo Station* ❶ , von der aus man im »Eurostar« durch den Kanaltunnel in nur drei Stunden nach Paris reist. Weiter traben zu »Ausgang 6, South Bank«, zum *Jubilee Garden* ❷ , direkt unter dem größten Riesenrad der Welt, von dem man einen Traumblick über die Stadt genießt. Ich genieße ihn lieber von unten: Seit »Der dritte Mann« kann ich kein Riesenrad mehr ... Die Muskeln werden warm. Die Gedanken fliegen. Es geht unter uralten Brücken durch, vorbei an verkommenen Lagerhallen aus der Zeit der Industrialisierung, in die nach und nach Trendsetter aus der Film- und Kunst-Szene einziehen und dem Viertel neues Leben einhauchen. Laufend macht man Window-Shopping an den Auslagen extravaganter Designer-Läden, passiert *Tate Bank Side* ❸ , ein zum Museum umgewandeltes Kraftwerk, das sich zum Mekka für Liebhaber zeitgenössischer Kunst entwickelt hat, und kreuzt vor *Shakespeare Globe* ❹ auf, wo sommers zahlreiche Openair-Veranstaltungen stattfinden.

»London eye« heißt die Kabine des größten Riesenrades der Welt. Bei Nacht blickt man über ein Lichtermärchen.

Dann wieder taucht man in Gässchen ein, aus denen ein Hauch der

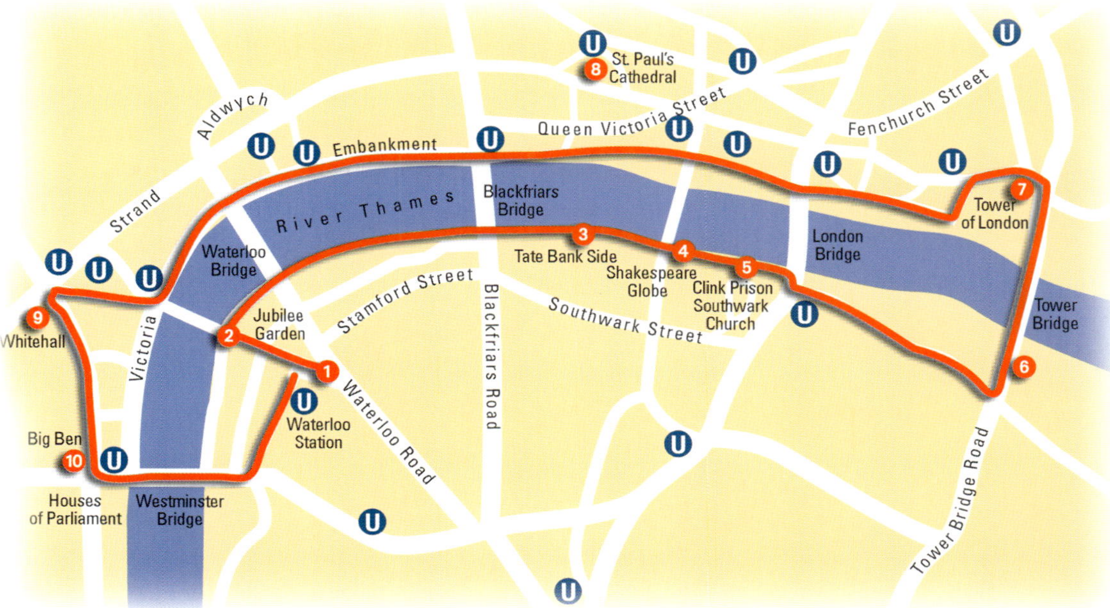

bösen alten Zeit weht: Rechts *Clink Prison* 5 , das Gefängnis-Museum an historischer Stätte. Fackeln brennen neben einem Skelett in einem engen Eisenkäfig. Im finsteren Inneren erinnern Folterinstrumente an das Grausen der Vergangenheit, als hier vor allem Prostituierte, aber auch ihre Kinder eingekerkert wurden. Dann passiert man den Nachbau des Schiffes, auf dem Sir Francis Drake die Welt eroberte. Kinder toben als Piraten verkleidet über Deck des »Living Museums«, erleben spielend die Vergangenheit. Wie laufend. Die Themse-Runde ist ein lebendes Museum.

Fast schwerelos geht es über die Stufen, die auf eine der Brücken führen. Hüpfend, scherzend, im spielerischen Wettkampf. Oben ist der Blick frei auf das Wahrzeichen der Stadt, die *Tower Bridge* 6 mit ihren klobigen und gleichzeitig verspielten Türmen.

GLOBERUNNER-TIPPS

Globerunner-Klima:
Ende Mai, Anfang Juni und früher Herbst sind die besten Laufzeiten.
Sind Sie sicher?
Nicht, wenn Sie nachts durch die Parks tappen.
Lust auf Marathon?
Dann surfen Sie zu www.london-marathon.co.uk

Es heißt, am schönsten ist es, London in drei Metern Höhe zu entdecken, oben in der ersten Reihe in einem der roten Doppeldeckerbusse. Glauben Sie mir: Zu Fuß – schwerelos dahingleitend – ist es schöner. Die Themse mit ihren Lastkähnen und Ausflugsdampfern wird überquert. Aus der Themse würde ich sogar trinken – ich habe ein mit allen Wassern dieser Welt trainiertes Immunsystem. Nach mehr als 20 Jahren Reinigung gibt's hier wieder Fische. Kormorane und Reiher schnappen den menschlichen Fischern täglich ihr Kilo Fisch weg – pro Vogel. Die Themse spuckt einen am *Tower of London* 7 aus, den sich König Edward III. vor fast einem Jahrtausend als Residenz erbauen ließ. Mit einem Privattor zum Fluss, an dem er seine Spaziergänge machte. Dieser Ort bildete das historische Zentrum der Stadt, an dem sich jedoch recht bald die gehobenen Stände Richtung Osten absetzten, weil hier auch schon vor neunhundert Jahren der nasse Westwind gegen die Mauern peitschte.

Uns scheint die Sonne, anders als denen, die sich den Zorn des Monarchen zuzogen, in dunklen Verliesen gefoltert wurden und nur in den seltensten Fällen lebend wieder ans Tageslicht kamen. Harte Zeiten, von denen zum Glück nur die *Beefeaters* geblieben sind, königliche Leibgardisten in schwarz-roten Uniform-Roben, die heute noch den Tower bewachen. Als Härtefall geblieben ist allerdings auch das Kopfsteinpflaster von einst, über das man nun wieder flussaufwärts läuft oder besser tanzt, vorbei an der »City«, Londons Finanzzentrum.

Rechts taucht die *St. Paul's Cathedral* 8 auf. Eine überirdisch große Glocke, eine Glocke, in der meine kleine Seele sich jedesmal unwirklich geborgen fühlt. Das gleiche Prinzip wie beim St. Peter in Rom. Ein Lauf wie im Rausch, Stufen runter und plötzlich ist Schluss – ein Bootsanleger …

Also wieder hoch zur Uferstraße. Dort läuft heute auch Kevin aus Bombay: 53, athletischer Körper, Läufer. Am liebsten tut er es hier und nicht in Bombay, wo er mit Höllenhitze, mörderischem Verkehr und knietiefen Schlaglöchern kämpft. »Das ist Londons schönste Laufstrecke!«, ruft er immer wieder. »Kommt mit, ich zeig' euch was.« Er zieht rechts rüber und führt mitten rein in das Zentrum geistlicher und weltlicher Macht. *»Whitehall* 9*, Houses of Parliament, Big Ben* 10*, Westminster Abbey«*, ruft er. »Aber wartet, bis wir auf der Brücke sind: Der Blick zurück ist unvergesslich.« Und der Brückenlauf rückwärts ebenfalls.

Am Mittwoch lasse ich es mir nicht nehmen, bei John Lobb in der St. James's Street ein paar Schuhe zu bestellen. Maßanfertigung. Es heißt: Sie halten ein halbes Leben. Das hab' ich noch vor mir. 60 Jahre. Dann sind 1200 Pfund gut angelegt. Abends läuft man noch mal mit dem Serpentine Running Club wieder die »Three-Parks-Round«. Allerdings im Lichtermeer der charmanten Metropole. Nach dem gemeinsamen Lauf gehen die Serpentine Runners gemeinsam essen. Ins thailändische Restaurant »Bla Bla«. Spätestens dann werden die meisten der Serpentine Runners sehr gesprächig, mit der Folge, dass einige im Club laufend ihren Partner fürs Leben gefunden haben. Nur eben nicht die beste Ehefrau der Welt. Die ist einmalig.

SPECIAL-TIPP

Serpentine Running Club

Ros Young
127 Torriano Avenue
UK- London NW5 2RX
Telefon: 0044 / 20 / 726 746 86
E-Mail: ros@serpentine.org.uk
E-Mail: davidlipscomb@serpentine.org.uk

Über die Internet-Adressen des Clubs gibt es hervorragende Routenkarten und Wegbeschreibungen mit Geschichte.

Laufstrecken in London

HYDE PARK/KENSINGTON GARDENS ❶:

Start: beliebig, z. B. Speakers' Corner / Länge der Laufstrecke: 10 km

Das ist der beliebteste Lauf im Herzen der Themse-Metropole mit zahlreichen Wegen durch die majestätischen Parkanlagen, in denen einst Prinzessin Diana joggte. Eine Runde, die schön über den Green Park und St. James's Park ausgeweitet werden kann, führt am Kensington- und Buckingham-Palast vorbei sowie an Downing Street Nr. 10. Der Sightseeing-Faktor auf wunderbaren 10 Kilometern ist hoch. Leider werden die Parks bei Dunkelheit geschlossen.

THEMSE ❷:

Start: Westminster Bridge / Länge der Laufstrecke: 10 km

Inzwischen hat die Londoner Stadtregierung entlang der Themse einen Spazierweg angelegt, der sich als Laufstrecke geradezu aufdrängt. Die Standardrunde verläuft zwischen Westminster Bridge und Tower Bridge. Unvergessliche 10 Kilometer, können leider während der Hauptreisezeit und an den Wochenenden sehr besucht sein. Also, früh starten.

HAMPSTEAD HEATH ❸:

Start und Ziel: am Spielplatz in Heath South / Länge der Laufstrecke: große Runde 5,5 km

Der Lieblingspark des einstigen London-Marathon-Siegers Mike Gratton: eine Natur-Oase mit weichen Erdwegen und traumhaftem Blick über die ganze Stadt. Das Gelände ist sehr abwechslungsreich mit viel Auf und Ab.

Hotels

The Park Lane Hotel
Piccadilly
UK-London W1Y 8BX
Telefon: 0044 / 20 / 74 99 63 21
Fax: 0044 / 20 / 74 99 19 65
website:
www.sheraton.com

Preise:
DZ: ab 315 Pfund
EZ: ab 295 Pfund

Grandhotel mit herrlichem Blick über den Piccadilly, mitten in Mayfair, nur einen Steinwurf vom Hyde Park. Museen, Theater, Restaurants und Boutiquen in unmittelbarer Nähe. Fitness-Studio im Hotel.

Thistle Hyde Park
Hyde Park, Lancaster Gate
UK-London W2 3NR
Telefon: 0044 / 20 / 72 62 27 11
Fax: 0044 / 20 / 72 62 21 47
E-Mail:
HydePark @Thistle.co.uk
website:
www.thistlehotels.com

Preise:
DZ: ab 256 Pfund
EZ: ab 211 Pfund

Traumhafte Lage am Hyde Park. Nur wenige Gehminuten von den eleganten Geschäften der Oxford Street und den berühmten Theatern des West End entfernt.

Hilton London Hyde Park
Bayswater Road
UK-London W2 4RJ
Telefon: 0044 / 20 / 72 21 22 17
Fax: 0044 / 20 / 72 29 05 57
website:
www.hilton.com/hydepark

Preise:
DZ: ab 158 Pfund
EZ: ab 140 Pfund

Running Shops

Run and Become Become and Run
42 Palmer Street
UK-London SW1H 0PH
Telefon: 0044 / 20 / 72 22 13 14
Fax: 0044 / 20 / 79 76 80 69

Runners Need
34 Parkway
UK-London NW1
Telefon: 0044 / 20 / 72 67 75 25

Restaurants/ Entertainment

Le Pont de la Tour
36 Shad Thames,
Butlers Wharf
UK-London SE1 1YE
Telefon: 0044 / 20 / 74 03 84 03
Fax: 0044 / 20 / 74 03 02 67

Dort, wo früher die ältesten Riverside-Pubs waren, steht heute eines der begehrtesten Restaurants Londons. Hier führte Englands Premier Tony Blair den deutschen Kanzler Gerhard Schröder zum Essen aus. Reservierung wird dringend empfohlen.

wagamama noodle bars
10a Lexington Street
UK-London W1R 3HS
Telefon: 0044 / 20 / 72 92 09 90
und
26 Kensington High Street
UK-London W8 4PF
Telefon: 0044 / 20 / 73 76 17 17
website:
www.wagamama.com

M

llorca

Sonntag morgens um acht leuchtet die Kathedrale La Seu, als wolle sie die Sonne des Mittelmeers sein. Ihre bunten Glasfenster liefern den Regenbogen gleich mit dazu. Am Passeig Maritim schaut ein steinerner Greis auf fünf senkrecht gestellte knallrote Buchstaben: PALMA.

Palmeria, die »Siegespalme« tauften die Römer die Stadt, die sie 122 vor Christus in dieser geschützten Bucht anlegten. La Ciutat – die Stadt: So nennen die Mallorquiner ihre Perle des Mittelmeers. Der Sonntagmorgen flirtet mit mir, ihre Postkartenschönheit zu erlaufen. Der Passeig Maritim, offiziell Avinguda Gabriel Roca, ist Palmas klassische Laufstrecke – nach links oder nach rechts kann man kilometerlang am Meer entlangjoggen, ohne sich zu verlaufen. Das ist der Vorteil. Der Nachteil: Autogestank von sechs Spuren parfümiert die Meeresbrise.

Der Sonntagmorgen erwartet Läufer. Die beste Zeit, die Postkartenschönheit der Altstadt von Palma zu erlaufen.

Ein Stadtlauf: Kunst, Kirchen, Karpern

Die Kathedrale 1 im Rücken, links rühren die Masten der Segel- und Motorjachten zart den Himmel um, so tripple ich den Passeig auf der Altstadtseite entlang, vorbei an der Llotja 2. Die Ausstellung in der gotischen Börse aus dem 15. Jahrhundert bleibt noch ein paar Stunden verschont vom kunstsinnigen Ah und Oh. Tauben flattern vor dem Laufschuh auf. Die gemütlichen Cafés und Tapas-Bars an dem kleinen Platz machen noch keine Peseta. Die Fensterläden der Jugendstilhäuser sind geschlossen.

Nach den Phöniziern und Römern, den Vandalen, Mauren und Katalanen fielen die Touristen über diesen Traum von einer Insel her. Statt verspielter Jugendstilbauten, trutziger Adelspaläste und himmelstrebender Gotteshäuser baute man ihnen Billigunterkünfte und Schnitzelkneipen, Golfplätze und Yachthäfen. Trotzdem hat Mallorca kaum etwas von seinem Charme eingebüßt – abgesehen vom Zentrum der Sangria-Seligkeit, dem

Ballermann. Die Insel ist und bleibt ein perfekter Akt der Schöpfung: schroffe Küstenlandschaft, romantische Bergdörfer, weiße Sandstrände, Palmen, Windmühlen, Schafherden, Ölbaumhaine, zauberhafte Märkte und freundliche Menschen.

La Ciutat. Zu meiner Rechten ragt sie auf in einer wehrhaften Mauer und endet nach zweihundert Metern am *Torrent de sa Riera* ❸, jenem trockenen Bachbett, das das alte vom neuen Palma scheidet und in dem bei Regen das kostbarste Gut der Insel nutzlos wütend aus den Bergen ins Meer hinunterschäumt. Mich treibt es rechts hinein ins Innere der Perle Palma. 100 Meter sanftes Bergauf – jedes kraftvolle Abstoßen mit den Zehenspitzen ist ein Geschenk Gottes.

Eine Möwe kreischt »help, help, help«. Die Brücke rechts führt in das Gassengewirr mit seinen Stadtpalästen, Jugendstilfassaden, grünen Patios und Kirchen. An der *Plaza Porta de Santa Catalina* ❹ hat sich eine Modellkirche mit der Spitze in den Asphalt gebohrt. Palma liefert an jeder Ecke eine Überraschung – manchmal halt auch etwas »gewollte« Kunst.

Zwischen himmelstrebenden Gotteshäusern bohrt sich eine Modellkirche mit der Spitze in den Asphalt.

Ich halte mich links, biege in eine kleine Gasse. Über mir baumelt Wäsche am Balkon. Man hört die Sohlen auf das Kopfsteinpflaster klatschen. Eine Gemeinheit schleicht sich in den Nüchternlauf: An der Ecke Sta. Protectora/Sant Felin tauche ich durch eine Schwade Frühstückslust. Die Ensaimada-Bäckerei »Forn d'es Reco« wird von vielen für die beste der Stadt gehalten. Sogar die mallorquinische Hefeschnecke kann Überraschungen bereit halten: Mancher Bäcker lässt unter ihrer Puderzuckerschicht scheibchenweise Sobrasada verschwinden, die kellergetrocknete, paprikagewürzte Wurst der Insel.

Läufer-Falle 1 in Palma: Konditoreien. Die Mallorquiner lieben Süßes. Daran einfach vorbeizulaufen kostet ziemlich viel Energie.

Weiter geht's im Serotonin-Trab die Calle Sant Felin hinunter auf den Passeig des Born 5 zu. Die platanengesäumte Flaniermeile erhebt den harmlosesten Spaziergänger innerlich zum fürstlichen Flaneur. Die Sonne schiebt sich über den Stadtpalästen in den Himmel. Links liegt Zara, das Geschäft, das Frauenherzen höher schlagen und Kreditkarten heiß laufen lässt. Rechts bepackt der Zeitungshändler die Stände seines internationalen Kiosks. Ich trabe zwischen den steinernen Sphinxen hindurch, am Obelisk 6 vorbei – vier Schildkröten tragen ihn, auf seiner Spitze spreizt eine Fledermaus ihre Flügel. Dann verschluckt mich der Spalt zwischen C&A und der blauen Apotheke, das Gässchen Carrer Sant Jaume. Ich winke dem Pagen meines Hotels Barn 7 . Tapp, tapp, tapp hallen die Schritte über die gepflasterte Straße, über dem Kopf ein Balkonwald aus Terracotta-Töpfen, wuchernd von exotischen Pflanzen. Am Ende der Straße wartet wieder eines der vielen unvermuteten Plätzchen und Kirchlein der Stadt. Die steinerne Santa Magdalena 8 hält einen Totenkopf in der Hand.

Palma streift den Schlaf aus den Augen. Sonntagmorgen um acht ist die Zeit der Stadtstreicher. Sie stehen in Grüppchen beisammen, schütteln die Nacht aus den Gliedern. Eine kurze Links-Rechts-Biege,

vorsichtig über die Rambla-Allee, hinein in die Fußgängerstraße mit dem seltsamen Namen Oms, ein halber Kilometer Steigung bis zur *Plaza Espanya* ❾. Runtergelassene orange und braune Jalousien verstecken, wo sich wochentags der Kaufrausch abspielt. Auf den Parkbänken rund ums Standbild sitzen Pärchen mit in Alufolie verpacktem Frühstück, tanken die ersten Sonnenstrahlen, klauben den Serranoschinken vom Bocadillo und füttern den Tauben die warme Semmel.

Jenseits des Platzes hockt der Terminus, der gemütliche Kopfbahnhof der modernen Zugstrecke nach Inca. Ich aber biege zweimal rechts um die Ecke in den Convento des Caputxins. Die nüchterne Tiefgaragenabfahrt verschweigt das Schlaraffenland, das wochentags an der *Plaza Olivar* ⑩ öffnet in Gestalt eines Marktes. Kapern, sage ich nur! Hingehen und die köstlichen dicken Kapern am Stiel kaufen, kiloweise mit nach Hause nehmen. Konserviertes Mallorca-Feeling.
Halbrechts weiche ich roten und weißen Plastiksäcken aus, gefüllt mit Mauerbrocken – die Bauschuttcontainer der ständig im Umbau begriffenen Stadt –, und nehme die Carrer Sant Miquel hinunter zur *Plaza Mayor* ⑪. Den Hauptplatz säumen gelbe Fassaden mit grünen Fensterläden. Im Cafe La Bionde decken Kellner die Tische für den sonntäglichen Touristentrubel. Die Arkaden locken zu einer Ehrenrunde, vorbei an zwei Zigarre rauchenden Alten, die auf dem Tapeziertisch ihre Briefmarkensammlung aufgebaut haben. Einer ruft: Com va? – wie geht's? Gràcias, i vosté? müsste ich stilgerecht antworten, winke aber nur und grinse breit.

Läufer-Falle 2 in Palma: Architektur. Die Jugendstil-Schönheiten machen zum Hans-Guck-in-die-Luft.

Einer Kindergruppe in orangen Signalanoraks folge ich runter von der Placa Major – und mir stockt der Fuß: Rechterhand laden zwei Gebäude die Augen zur Fassadenkletterei. Über dem Schuhgeschäft L' Aguila und der Buchhandlung Llibres schmückt atemberaubender Jugendstil die Zahnklinik Frey. Das Autosträßchen, das sich so gerade anbietet, lasse ich links liegen und nehme halbrechts den *Carrer de Jaume II* ⑫. Belohnt wird der Abstecher hundert Meter weiter von der Fassade der Bank Sa Nostra – prächtiger Modernismo in maurisierender Manier stiehlt sogar dem Rathaus auf der *Plaza Cort* ⑬ die Schau. So viel Schönheit lässt mir das Herz bis zum Halse schlagen.
Tief atmend, damit ich ruhiger werde und mein Calciumspiegel wieder steigt, tief atmend also gehe ich an dem ältesten Olivenbaum Mallorcas vorbei. Der 600 Jahre alte Knorren trägt immer noch Früchte – die Forever-young-Früchte, aus denen der Mittelmeer-

Anrainer sein Lebenselixier gewinnt. Hier schmiert man keine Butter aufs Brot, sondern träufelt goldenes Öl auf das *Pa amb oli* und isst es mit Tomatenscheiben. Ein Gedicht. Die besten Oliven und Tapas bekommt man hier übrigens in »La Boveda«. Gestern hab' ich mir zehn verschiedene kleine Portionen bestellt und mich durch die Aromenwelt Mallorcas geschlemmt: Austernpilze, Serrano-Schinken, Caracoles, frittierte Sardinen, Kutteln, Tumbet – ein Kartoffelauflauf.

Sehen Sie auch den Kobold im Olivenbaum?

Ich trabe einmal um den Baum herum. Und werde irgendwie das Gefühl nicht los, dass sich in seinem Stamm ein paar Dimonis bonets niedergelassen haben. Die kleinen Kobolde leben eigentlich am Fuße des *Puigpunyent*, des Zauberbergs Mallorcas. Und verrücken dort Möbel, lassen Hunde frei und klauen alles, was dem Menschen dann so im täglichen Leben fehlt. Mir hexen sie wohl zur Unzeit Appetit ins Hirn … Das Klapp-klapp-klapp eines Fiakers bringt mich in den Sonntagmorgen zurück. Das Pferd schnaubt mich an und zieht zwei Touristen im geräderten Korbgeflecht durch die Stadt. Ob die so viel sehen wie ich?

Kutscher wartet auf sein Sonntagsgeschäft

GLOBERUNNER-TIPPS

Sind Sie sicher?

Ja, wenn Sie bei den Nelkenverkäuferinnen sehr, sehr vorsichtig sind.

Beste Globerunner-Zeit: Auf Mallorca können Sie das ganze Jahr über laufen.

Grünes Gold:

Nehmen Sie doch die Gewohnheit der Mallorquiner, Olivenöl aufs Brot zu träufeln, mit nach Hause. Das grüne Gold des Mittelmeers beugt Krebs vor, enthält den Aderschutzstoff Vitamin E und einen hohen Anteil an Herzschützern, den einfach ungesättigten Fettsäuren. Sie sind essenziell – das heißt, so wichtig wie Vitamine.

Ich nehme wieder Fahrt auf Richtung Plaza Santa Eulalia 14. Vor der Kirche stehen Radfahrer. Die grellen Klamotten und Helme wetteifern mit der historischen Aura, die diese Kirche ausstrahlt. Links hinter dem Gotteshaus, vor der Bar Tony, husche ich in die Gasse Carrer del san Christ. Über mir grinsen wasserspeiende Fratzen wie im Glöckner von Notre Dame. Ich tauche in die zweite Gasse rechts, Carrer de San Carella, der zweihundert Meter lange Canyon aus Rosa spült mich auf die freundliche Plaza Josep Maria Quadrado 15: Platanen, Palmen, verwinkelte Kirche. Geträumt wird ein andermal: scharf rechts, längs der Kirchenflanke, streife ich den Platz Sant Francesc, als wolle ich die Mauer gegenüber rammen. Aber einen Sprung nach rechts öffnet sich der Spalt des Carrer de Pere Nadal. Die Straße fällt mir unter den Füßen weg, das Schweben wird fast zum Fliegen, drunten treibt mich der Schwung hinauf auf die Stadtmauer, das offene Meer, gleißendes Licht, Arme ausbreiten, laufen, lächeln, ein Tanz ist das – na ja, und die Spaziergänger denken sich ihren Teil …

Laufsatt? Dann setzt man sich in ein Café unter Palmen. Isst eine süße Ensaimada oder ein herzhaftes Pa amb oli.

Endspurt vorbei an der Kathedrale 1 mit ihrem außen liegenden Tragwerk. Sie ist ein Produkt der Seekrankheit: Als König Jaume I. im Herbst 1229 mit zwanzigtausend Mann auf Schiffen nach Mallorca zog, um es von den heidnischen Mauren zu befreien, machte ein Sturm ihnen dreieinhalb Tage zu schaffen. Jaume legte ein Gelübde ab: Wenn er die Mauren schlagen könne, solle Gott eine Kathedrale bekommen, die auf der Welt ihresgleichen nicht findet. Sein Sieg legte den Grundstein für vierhundert Jahre Arbeit. Die 120 Meter lange Ode aus Stein hat nur einen klitzekleinen Fehler: Sie steht auf dem Sockel einer Moschee. Jaume hatte nicht bedacht: Beugt sich ein Christ zum Altar hin, verneigt er sich automatisch gen Mekka – und nicht nach Jerusalem.

»Wenn du das Paradies ertragen kannst, komm nach Mallorca!«, schrieb die US-Schriftstellerin Gertrude Stein. Da kann man nur zufügen: Und lauf los.

Auf der Treppe unter dem Torbogen sitzt ein Akkordeonspieler. Ich laufe lächelnd und händewedelnd durch ein Heer von Zigeunerinnen, die mir rote Nelken aufschwatzen wollen. Biege rechts ab, noch mal den Passeig des Born hoch. Verschwitzt ins Café Bosch. Der frisch gepresste Orangensaft schickt mich auf einen Ausflug durch Orangenhaine und Schafherden.

Ein Land-Lauf: Klatschmohn, Fincas, Caracoles

Wenn ich mich in Flughafennähe so richtig auslaufen will, fahre ich nach Llucmajor, dem Städtchen mit der viel zu großen Kirche, in das sich vor wenigen Jahren der Fernseh-Autor Heinrich Breloer für »Ein Jahr auf Mallorca« (ein hübsches Buch) verirrt hat. Ich stelle das Auto irgendwo stadtauswärts an der alten Straße nach Cala Pi ab. Und laufe in Richtung Meer.

Land in der Stadt: Hinter Torbögen verbergen sich idyllische Patios mit Topfpflanzen-Urwald.

Mallorquiner flicken die roten Steinmauern, schlagen Mandeln von den Bäumen, ernten Orangen und Zitronen oder sammeln Caracoles, Schnecken, in Plastikeimern. Natürlich nehmen sie sich die Zeit, auf mein »Buenos dias!« ein freundliches »Bom di« zu brummen. Das Glockenspiel der Schafherden treibt die Füße an. Bougainvilleen in Lila und Rot flammen die Mauern herrschaftlicher Fincas hinauf und lassen kleine Bauernhäuschen über sich selbst hinauswachsen. Schwarze Schweine, groß wie Kälber, reiben sich an den knotigen Stämmen der Olivenbäume. Haushohe Kakteen recken ihre Elefantenohren in den Horizont, geblümt von roten Früchten. Klatschmohn löst die Wattebauschschönheit der Mandelblüte ab und webt in die Wiesen Teppiche von Frühlingsrot. Es riecht nach Pinien – und irgendwann nach zehn, fünfzehn oder zwanzig Kilometern nach Meer, je nachdem, wo ich den Wagen abgestellt habe.

»Ich finde all meine Themen auf den Feldern oder an der Küste«, schrieb Joan Miró einmal, der sich 1956 in einem Atelierbau in der Nähe von Palma niederließ und die Zeichen der Insel in seine organische Formensprache übersetzte.

Und ich finde dort meine Themen: Frieden, Ruhe, Glückseligkeit.

Und noch Bellver – schöne Aussicht

Der Orangensaft ist leer, die halbe Stunde Stadtlauf war noch nicht genug. Ich will *La Ciutat* noch von oben sehen. Durch das Touristengewimmel schlängle ich mich wieder runter ans Meer. Am Hafen nach rechts führt ein Fahrrad- und Fußgängerweg entlang des Passeig Marítim Richtung Westen. Im Schnellgang geht's vorbei am Club Nàutico mit seinen Luxusjachten aus aller Welt. Ab und an überhole ich trietschelnde Radfahrer auf dem grün markierten Asphaltweg. Wie ein Heer Zahnstocher stechen die Masten der Segelboote in den Horizont. Die Boote haben lustige Namen wie »Tasty Tart«, »Schneeflöckchen«. Manchmal zeigt ein leuchtendes »Se vende«-Schild: Zu verkaufen – der Besitzer träumt wohl schon eine Nummer größer. Ein Jogger nach dem anderen kommt mir entgegen, fröhlich grüßend.

Nach zwanzig Minuten, das *Auditorium* habe ich schon passiert, überquere ich die Stadtautobahn. Zeitungsverkäufer und unerbetene Scheiben-Wischer nehmen für eine Ampelphase die Autofahrer als Geiseln. Wegezoll: 100 Peseten. Ich will mich bergwärts ins städtische Dickicht schlagen: *El Terreno*, das Viertel zwischen der Burg Bellver und der Küste, gehört heute dem verrückten Nachtleben Palmas.

Burg Bellver. Sie thront 113 Meter über Palma und hält das, was ihr Name verspricht: schöne Aussicht.

Hinter dem Restaurante Mediterraneo klappere ich die Stahltreppe hoch, überquere das Plätzchen nach rechts, überquere die Avinguda Joan Miró und traue mich, wo die Gegend am wenigsten vertrauenerweckend scheint, in die Calle Bellver nach oben. Trab, trab, trab, ein weißes schmiedeeisernes Tor grüßt droben an der Wegegabel. Ich wähle den rechten Weg, fege hinauf in den hügeligen Pinienwald. Hier kann man über Palma auf angelegten Wegen im Grünen Kilometer abspulen. Das will ich heute nicht mehr. Nur noch schauen.

Das Innere des kreisrunden Castell Bellver. Ein lichter Hof mit Topfpflanzen, Rundbögen und Steinfiguren.

Bellver – schöne Aussicht, das zweite Monument, das Jaume dem Sieg der Christen über die Mauren setzte. Er erlebte sein ehrgeiziges Werk nicht mehr, seit 1309 thront die Burg 113 Meter über Palma. Außen unbezwingbar, innen ein Quell der Schönheit und Verzweiflung. Das Innere der kreisrunden Burg mit den drei Haupttürmen strahlt vor Harmonie, ein lichter Hof mit Steinfiguren, Rundbögen zu ebener Erde und Spitzbögen im Obergeschoss. Und lässt vergessen, dass das Castell Bellver ein Kerker war. Der Schriftsteller und liberale Politiker Gaspar Melchior de Jovellanos verbrachte sieben Jahre im vierten Turm, einer »Gruft für Lebendige«. Es folgten französische Kriegsgefangene, während des Bürgerkriegs sperrten die Falangisten dort Republikaner ein.

Oben auf dem Wehrgang bläst mir Freiheit pur durchs Haar. Ich schaue kilometerweit übers Meer, hinüber nach Arenal und Cala Blava, hinauf zum Gebirge und ins flache Landesinnere. Palma liegt wie ein Legoland greifbar nah. Das Kind regt sich in mir: Mal die Kathedrale nehmen und schauen, ob sie woanders nicht besser steht …

Mallorca

Laufstrecken auf Mallorca

Stadt-Lauf ❶:

Start: Avinguda d'Antoni Maura / Länge der Strecke: etwa 5 Kilometer

Ein Stück am Hafen entlang und dann rechts in die Innenstadt. Die Route ist so angelegt, dass man unterwegs viel Kunst und Lebensfreude genießt. Adelspaläste, Gassen der Altstadt, Kirchen und Parks.

Aussichts-Lauf ❷:

Start: Hafen, Avinguda Gabriel Roca / Länge der Strecke: 6 Kilometer, einfach

Es geht auf Fußgänger-/Radfahrwegen etwa 2,5 Kilometer am Hafen entlang. Dann schlägt man sich rechts durch das Stadtviertel El Terro hinauf zum Castell Bellver. Dort kann man zwischen Pinien auch ein paar Kilometer im Grünen laufen. Und oben auf dem Castell die Aussicht auf Palma genießen.

Land-Lauf ❸:

Start: Wenige Kilometer hinter Llucmajor, auf der Straße nach Cala Pi
Länge der Strecke: Unbegrenzt. Von Llucmajor zum Meer sind es etwa 25 km.

Ich steige häufig im Marriott ab. Das liegt 25 Minuten südöstlich von Palma. Kurz vor Llucmajor. Meine Lieblingslaufstrecke liegt auf der alten Straße nach Cala Pi. Dort sieht man noch das ursprüngliche Mallorca – und es erinnert mich ein bisschen an Afrika.

Hotels

Born
Sant Jaume, 3
E-07013 Palma de Mallorca
Telefon: 0034 / 9 71 71 29 42
Fax: 0034 / 9 71 71 86 18

Preis: DZ ab 170 Mark

Das Stadtpalais aus dem 18. Jahrhundert liegt ruhig in einer Seitengasse, so zentral, dass alle Prachtstätten der Innenstadt erlaufen werden können.

Valparaíso Palace
Francisco Vidal Sureda, 23
E-07015 Palma de Mallorca
Telefon: 0034 / 9 71 40 59 00
Fax: 0034 / 9 71 40 59 04

Das radelnde Team Telekom erholt sich gerne in diesem modernen Hotel über der Stadt mit Blick auf den Hafen. Mit Sport- und Wellnessbereich und Außenpool.

Restaurants/ Entertainment

Koldo Royo
Ingeniero Gabriel Roca 3
E-07014 Palma de Mallorca
Telefon: 0034 / 9 71 73 24 35
Fax: 0034 / 9 71 73 86 47

Vom Feinschmecker mit drei »F« gekrönt. Für köstlichen Seehecht und zartes Milchlamm und deftige Sobrasada.

Es Parlament
Conquistador 11
E-07002 Palma de Mallorca
Telefon: 0034 / 9 71 72 60 26

Das Restaurant mit guter mallorquinischer Küche liegt neben dem Balearen-Parlament und ist bekannt für seine »blinde« Paella. Ohne Fummeln essbar, keine Knochen, keine Muschelschalen.

Running Shops

Tot Sports
Plaza Weyler 5
E-07014 Palma de Mallorca
Telefon: 0034 / 9 71 24 60 12

De Portes Leo
Calle Aragon 135
E-07012 Palma de Mallorca
Telefon: 0034 / 9 71 24 60 12

oskau

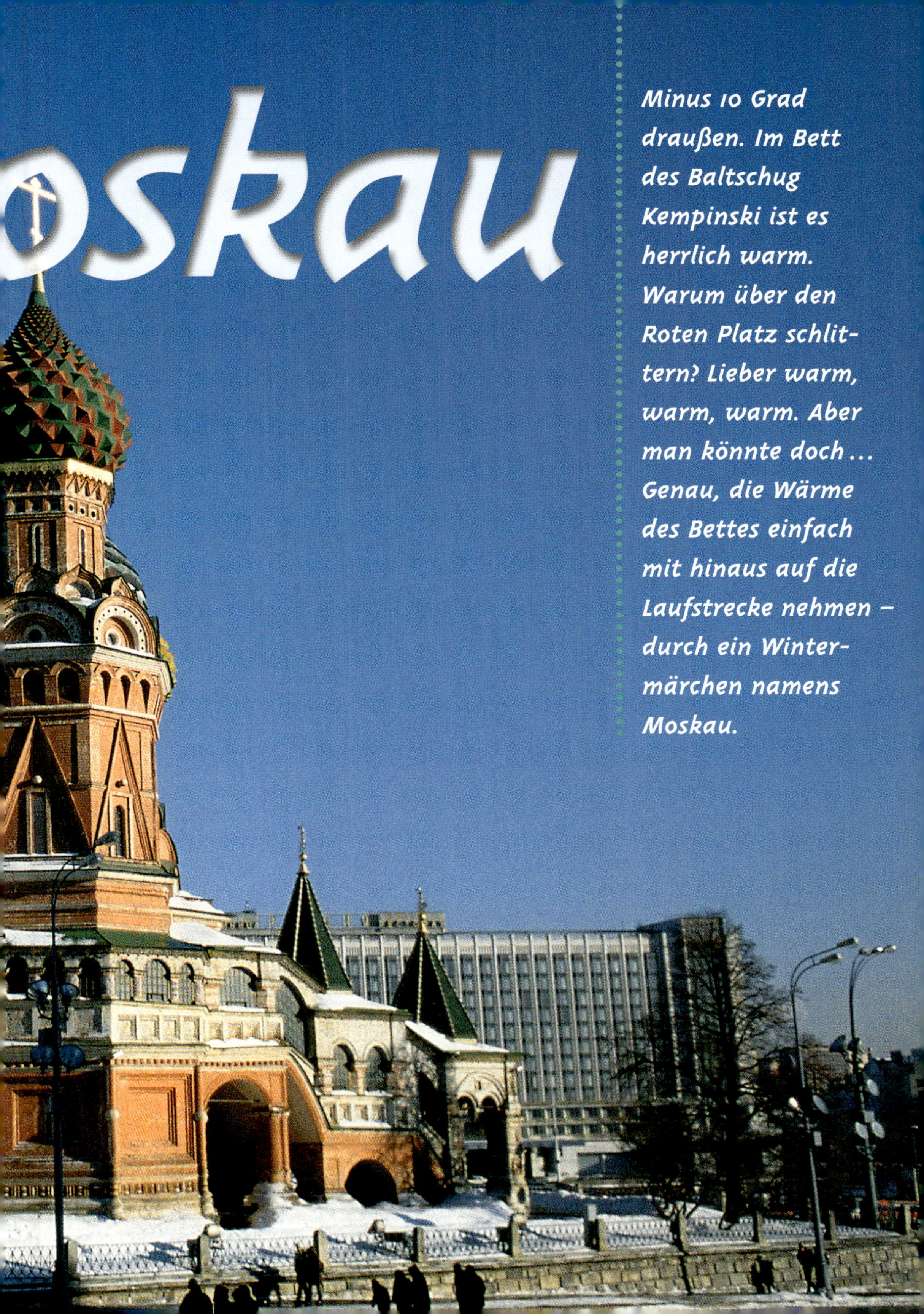

Minus 10 Grad draußen. Im Bett des Baltschug Kempinski ist es herrlich warm. Warum über den Roten Platz schlittern? Lieber warm, warm, warm. Aber man könnte doch … Genau, die Wärme des Bettes einfach mit hinaus auf die Laufstrecke nehmen – durch ein Wintermärchen namens Moskau.

Die wohlige Wärme des Bettes, das Glücksgefühl, die Entspannung speichern – und mit einhüllen. Prinzip Matrjoschka. Die Puppe in der Puppe in der Puppe. Vier dünne Jacken aus Goretex. Vier Lagen. Zwei lange Stretchhosen, tights. Und dazu eine Zipfelmütze und Handschuhe. Lebenslustig, also farbenfroh. Nicht grau in grau. Innerlich glühen und Lebensfreude ausstrahlen. Ab geht's aus dem warmen Bett in das kalte Moskau.

Roter Platz, Gorki-Park und weiter…

»Sdráwstwujtje«, begrüßen mich im Hotelfoyer 95 Kilo verpackt in grünlila Ballonseide, ungeduldig mit den Füßen die Kälte aus den Gliedern stapfend. Andrej, mein Freund, der Theaterregisseur. Wir düsen los. Zünden in unseren 70 Billionen Körperzellen kleine Feuer an. Unter unseren Füßen der legendäre *Rote Platz* ❶. Vor uns an der Kreml-Mauer das *Lenin-Mausoleum* ❷ mit der Gruft des einbalsamierten sowjetischen Staatsgründers. Flankiert von Ehrentribünen.

Glanz & Gloria-Architektur: Nichts ist über Moskau als der Kreml, und über dem Kreml ist nichts als der Himmel.

Im Rücken die Gräber anderer herausragender Persönlichkeiten der UdSSR. »Schau, das ist der *Kreml* ❸«, zeigt Andrej auf die Mauer mit Senats- und Erlöser-Torturm. »Hätt' ich nicht gedacht«, lache ich zurück.

Hier auf einem Hügel, 40 Meter über dem Ufer der Moskwa, steht auf 28 Hektar das Bollwerk an Glanz und Gloria. Paläste und Kathedralen mit goldenen Kuppeln, umgeben von einer 19 Meter hohen Mauer.

Das Herz Moskaus. Der Baedeker braucht 30 Seiten für die Beschreibung all der Türme, Museen, Paläste, Regierungsgebäude, Kathedralen, von Glockenturm, Lustschloss und Geschichte: 1156 eine Festung aus Holz. 1238 von den Tartaren niedergebrannt. 1367 von Dmitrij in Stein errichtet und wieder durch einen Großbrand zerstört. Iwan der Große machte von 1474 bis 1530 aus dem Kreml in etwa das, was er jetzt ist: der Repräsentativbau der stärksten Macht Osteuropas. Der Kreml überlebte die Zaren, den Kommunismus und seine Diktatoren und fügt sich in das Diktat des neu entdeckten Kapitalismus, der heute die Stadt regiert. Immer noch sagen die Russen: »Nichts ist über Moskau als der Kreml, und über dem Kreml ist nichts als der Himmel.« Im Kreml laufen nach wie vor die Machtfäden zusammen, die das riesige Land verbinden. Moskau ist nach wie vor das geistige, kulturelle und ökonomische Zentrum Russlands.

Der Blick geht nach rechts: das Historische Museum – wie alles hier sehr beeindruckend.

Die Basilius-Kathedrale 4, rechts am Roten Platz, treibt mir Tränen in die Augen, Gänsehaut über den ganzen Körper. Das hat bisher vielleicht nur das Taj Mahal in Indien geschafft. Das Wahrzeichen Moskaus, dieses Tausendundeine-Nacht-Märchen, dieses Architekturwunder, können Worte nicht beschreiben. Es hätte gereicht nur seinetwegen, für einen 30-Sekun-den-Blick hierher zu reisen. Iwan der Schreckliche ließ die Kathedrale 1555 bis 1561 bauen. Napoleon stellte erst seine Pferde unter die bunten zwölf Tropfen- und Zwiebeltürmchen. Und ordnete dann ihre Sprengung an. Gott sei Dank widersetzten sich die Soldaten dem Befehl. Im straffen Schritt, der Kälte trotzend, laufen wir runter an die Moskwa und

Die Andrejewskij-Brücke verwandelt Fußgänger und Läufer in Zwerge.

an ihrem Ufer drei Kilometer Richtung Südwesten. Bis wir zur Fußgängerbrücke gelangen, die an der Frunsenskaja Uferstrasse den Fluss überquert.
Die Konstruktion aus Glas und Metall überspannt wie ein gleißender Regenbogen den Fluss. Wir trippeln die Treppen rauf, und Andrej doziert über seine Lieblingsbrücke. Sie trägt seinen Namen: »Die *Andrejewskij-Brücke* 5 wurde Anfang des 20. Jahrhunderts als Eisenbahnbrücke gebaut. Sie war eine der vielen Lebensadern, die Moskau mit dem riesigen Reich verbinden. Man hat sie erst vor kurzem etwa in die Mitte des *Gorki-Parks* 6 versetzt und zur Fußgängerbrücke umfunktioniert. Das gehört zum neuen Moskau. Man sucht die Zukunft in der Vergangenheit.« Den letzten Satz lass' ich mir noch mal, mit ein paar ACTH-Molekülen versetzt, durch den Kopf gehen. Er ist hübsch. Und in unserer Zeit sicher weise. Moskau boomt, zerfranst an den Rändern, an denen neue Stadtteile entstehen. Der Fokus liegt nach wie vor im Zentrum. Paläste und Kirchen werden rekonstruiert und auf Hochglanz gewienert, erwachen aus einem langen, düsteren Schlaf und feiern neue Triumphe. Moskaus rühriger Bürgermeister Luschkow hätte für die Andrejewskij-Brücke keinen besseren Platz finden können, für den Blick auf die Geschichte der russischen Hauptstadt. Das Wasser der Moskwa glitzert in der Morgensonne, dahinter erhebt sich die Skyline der Hochhäuser aus der Stalin-Ära. Läufer können Gedanken lesen. Meine fordern: Anhalten. Andrej bremst. Wir trippeln zwei Minuten auf der Stelle, um die Aussicht zu genießen. Andrejs Zeigefinger sticht nach Nord-Ost. »Da, schau, die Christi-Erlöser-Kathedrale. Die mit den goldenen Kuppeln.« Errichtet Mitte des 19. Jahrhunderts im Gedenken an den Sieg über Napoleon. Gesprengt 1931 von Stalin. Mit viel Aufwand und Geld ließ Bürgermeister Luschkow sie 1997 neu aufbauen.
Wir starten wieder durch und federn leichtfüßig die Treppe hinunter – zum Rande der grünen Lunge Moskaus. 50 Hektar Berg und Tal mit Pappeln, Linden, Birken, Eichen und Ahorn bepflanzt – der *Neskuschnyj Sad* 7, die südliche Hälfte des Gorki-Parks. Moskaus

schrill schillernden Gorki-Vergnügungspark lassen wir links liegen. Uns ist weder nach Riesenrädern, Bratwürsten noch nach lauter Unterhaltung zumute. Wir wollen Frischluft pur, und wenn einen »Kick«, dann nur durch Bewegung.

Das Naturwüchsige des Neskuschnyj Sad weckt die Frage, ob sich mitten in der Lungenhölle Moskau ökologisches Denken durchgesetzt hat? Mitnichten. Man ließ den Park einfach so, wie er im 18. Jahrhundert war, als er den Fürsten Trubezkoj, Golizyn und Demidow gehörte, die hier ihre Sommervillen bauten. Hier erholen sich heute die Metropolenbewohner nach Feierabend und an den Wochenenden. Mädchen mit dicken Pudelmützen, unter denen bunte Schleifen vorspitzen, hüpfen über die Wege, Babuschkas sitzen dick vermummt auf den Bänken, behandschuhte Finger bringen Stricknadeln zum Klappern, während kleine Rotnasen Schneemänner bauen. Die große Ruhe. Wir laufen direkt am Puschkin-Ufer entlang, unter der neuen Autostraße hindurch. Bevor der Fluss nach Westen biegt, liegt das Andrejewskij-Kloster 8 mit seiner kleinen Barock-Kirche aus dem 18. Jahrhundert. Das Kloster selbst wurde schon Mitte des 17. Jahrhunderts gegründet. An der Flussschleife ein idealer Ort für eine Einsiedelei. Bleiben. Eine Woche meditieren. Den Deutschlandrummel um Bücher und Talkshows in eine andere Dimension schicken.

Eher etwas für Moskaus Kinder als für Läufer: der Gorki-Vergnügungspark mit Karussell und Wurstbuden.

Wir kehren um und suchen uns auf dem Rückweg eine Speed-Route auf verschneiten Wegen durch den hügeligen Wald des Neskuschnyj-Parks.

Im Endorphingang geht's ins Hotel. Das Früchtefrühstücksbüffet wartet.

Sightseeing-Lauf über den Boulevard-Ring

Nachmittags habe ich Lust auf einen Alleine-Lauf. Lust auf einen Teil des Neun-Kilometer-Boulevard-Rings mit seinen zehn Boulevards, die immer wieder von Plätzen und Denkmälern durchbrochen werden. Die von zwei Straßen gesäumte grüne Zone Moskaus führt unweit des Hotels in einem Halbring um die Innenstadt. Start: *Gogolewskij Bulwar* 9 mit der jüngst wiederhergestellten Erlöserkirche. Ganz gemächlich, im Serotonin-Gang, schweben klassizistische Villen vorbei, Parkbänke, auf denen Tauben turteln und das *Denkmal des Schriftstellers Nikolaj Gogol* 10. Dick eingepackte freundliche

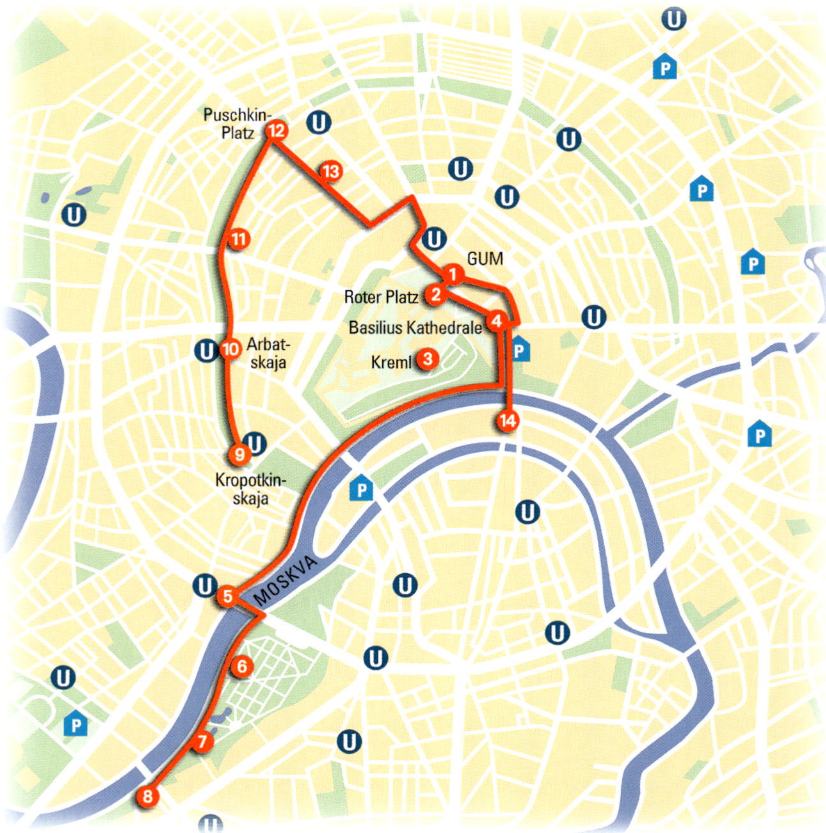

GLOBERUNNER-TIPPS

Frostschutzmittel:

Spielen Sie Zwiebel, wenn's kalt ist. Mehrere Kleidungsschichten übereinander isolieren wunderbar durch die dazwischen liegenden Luftschichten. Nur: Schweiß lässt den Körper zwanzigmal schneller auskühlen, als wenn Sie im Trockenen traben. Die unterste Schicht muss die Feuchtigkeit sofort an die darüber liegenden Schichten weiter geben. Das tut Baumwolle nicht. Sie brauchen funktionelle Sportunterwäsche. Hände mit einer leicht fettenden Handcreme dünn einschmieren. Darüber dünne Läuferhandschuhe aus schweißtransportierendem Material. Und dann in Fäustlinge schlüpfen. Im ausreichend großen Sportschuh (zu klein ist ein Risiko für Frostbeulen!) stecken am besten funktionale Sportsocken. Wolle reibt, Baumwolle lässt frieren.

Sind Sie sicher?

Nicht bei Zebrastreifen überqueren. Die werden in Moskau einfach ignoriert.

Lust auf einen Friedens-Marathon?

www.marafon.msk.ru

Menschen winken mir zu. Ich fühl' mich wohl. Passiere die hinter einer Fassade mit Weltkugel liegende Zentrale der Nachrichtenagentur »Itar Tass« und steuere zu auf einen der vielen reizvollen Plätze Moskaus: *Nikitskije Worota* ⓫, mit seiner Große-Himmelfahrtskirche. Eigentlich Puschkin-Kirche genannt, weil der Dichter dort seine Schönheit zum Altar führte. 1831 genau. An der Nase hängen die ersten Zapfen. Doch der Twerskoj Boulevard lenkt von der Kälte ab. Der schönste. Mit seinen klassizistischen Fassaden, verwitterten Palais, den vielen großen und kleinen Theatern, Parkbänken, uralten Bäumen und eingemummten Menschen, die am Kiosk der Kälte zum Trotz Eis essen. Nach diesem Boulevard meine ich, nicht noch mehr Kunst und Kultur ertragen zu können.

Ich schalte um in den Endorphin-Gang, irgendwie habe ich das Gefühl, noch mehr Pracht könnte mich verletzen. Vorbei am Restaurant »Puschkin«, einem nachgebauten Adelspalast und der gegenüberliegenden Literaturhochschule, in der Russlands Dichter gemacht werden, gelange ich zum Puschkin-Platz ⓬. In der Mitte thront Alexander Puschkin, der berühmteste russische Dichter. Ich umrunde ihn, bevor es über die Twerskajastraße ⓭ – Moskaus Einkaufsmeile – in Endspurtgeschwindigkeit zwischen mit Tüten bepackten Moskauern hindurch zurück zum Roten Platz und über die große Brücke ins Baltschug Kempinski Hotel ❶ geht. Ich lege mich aufs Bett, suche mir ein Stück weiße Wand zum Erholen.

Die Souvenirhändler auf den Sperlingsbergen bieten Matrjoschka-Puppen feil. Die Puppe in der Puppe in der Puppe …

Die Aussicht auf den Sperlingsbergen

Am nächsten Morgen wartet Andrej auf der Aussichtsplattform der Sperlingsberge, die in der Sowjetzeit Leninberge hießen. »Kennst du Bulgakow, einen unserer großen Dichter? Als die Sperlingsberge noch der einzige Aussichtspunkt der Stadt waren, hat er in seinem Roman ›Der Meister und Margarita‹ von hier aus den Teufel auf die Stadt blicken lassen. Einen letzten Blick, denn anschließend ist er davongeflogen.« Ich kontere mit Primuswissen: »Ist das nicht der Platz, über den Tschechow schrieb ›Wer Russland verstehen will, der muss hierher kommen und auf Moskau schauen?‹« Wir laufen auf der Plattform, um die Souvenirhändler herum, die mit ihren bunten Matrjoschka-Puppen und Lackdöschen auf Touristenbusse warten. Unser Blick schweift über ganz Moskau. Der Moskwa-Fluss zieht hier eine weite Schleife, an deren Ende ganz in der Ferne die Kuppeln der Kreml-Kirchen blitzen. Mit ins Bild rückt die Christi-Erlöser-Kathedrale, weiter vorn ragen die Türme des Neu-Jungfrauen-Klosters empor und rechts unten das Andrejewskij-Kloster, zu dem wir gestern gelaufen sind. Im Halbkreis

im Lomonossow-Park hat man die Universität immer im Blick. Unten: Plausch auf dem Roten Platz.

umgeben die Klöster von Osten über Süden nach Westen das Stadtzentrum. Im 16. Jahrhundert baute man sie zu Wehranlagen um. Nach der säkularisierenden sozialistischen Epoche füllen sie sich jetzt wieder mit religiösem Leben. Das Neu-Jungfrauen-Kloster ist das größte und schönste der Stadt. »Wir haben wegen dir schon drei Runden um die Plattform gedreht«, stöhnt Andrej, »lass' uns runter zum Fluss laufen, es sind nur 85 Meter Höhenunterschied.« Nur noch eine Runde über der Zehn-Millionen-Stadt: Glänzende Kirchenkuppeln, goldene Kreuze und Sterne ragen in den blauen Himmel und scheinen die Verbindung zum Göttlichen aufzunehmen. Vor der Revolution soll es hier über tausend Gotteshäuser gegeben haben. Andrej: »Schau, da unten, innerhalb der Flußschleife: Das ist der Sportkomplex Luschniki.« Ich denke an sowjetischen Trimm-Dich, an Drill und Knochenarbeit. Dazu passt die Anordnung der sieben stalinschen Hochhäuser im Zuckerbäckerstil, die architektonische Sprache der Gewalt. Die Sperlingsberge sind Moskaus beliebtester Sportplatz: Von den Sprungschanzen trainieren im Winter die Skispringer, auch Inlineskater sind unterwegs, und Andrej und ich strunzeln noch ein Stündchen durch den 7000 Quadratmeter großen Volkspark.

Abends im Hotel: Hinter dem Kreml geht die Sonne unter und knipst die Lichter am Roten Platz und am Kreml an. Der Himmel färbt sich violett-blau. Zeit für einen Imbiss im hoteleigenen Restaurant »Shogun«. Hier gibt es die besten Sushis und Sashimis. Leicht und eiweißhaltig. Dann ein Eis. Und im Kopf flirren die Serotonin-Moleküle. Bauen ein identisches Bild der Basilius-Kathedrale. Jeder Turm hat sich eingeprägt. Ich nehm' sie mit ins warme Bett und träume den Traum Moskau einfach weiter.

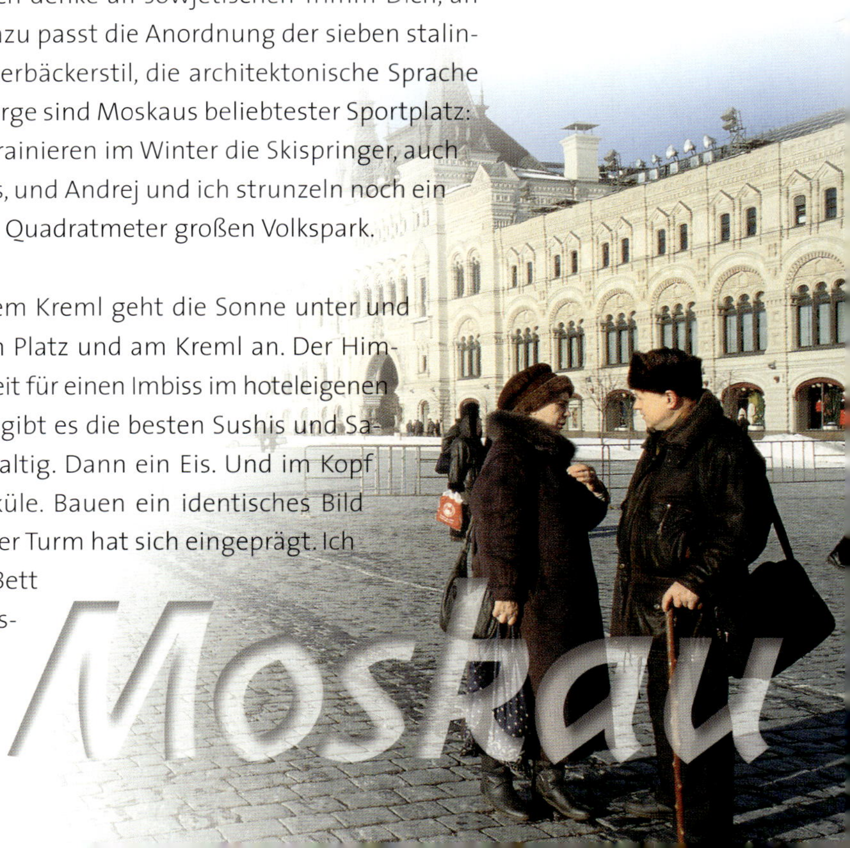

Laufstrecken in Moskau

SIGHTSEEING-TOUR 1:

Start: Roter Platz/ Länge der Laufstrecke: 6 km

Vom Roten Platz aus geht es an der Moskwa entlang. Dass man am Straßenrand entlang läuft, macht der Sightseeing-Faktor wett. Im Neskuschnyj Sad, der grünen Lunge Moskaus, wird man entschädigt: sehr abwechslungsreiches Gelände mit viel Auf und Ab auf dem Rückweg.

SPERLINGSBERGE 2:

Start: Aussichtsplattform auf den Sperlingsbergen
Länge der Strecke: 3 km Rundlauf, auslauffähig

Von der Plattform mit traumhaftem Blick über die Stadt geht es in den weitläufigen Lomonossow-Park, die Universität immer im Blick. Im Sommer schön schattig, weil hier viele hohe Bäume wachsen. Weiche Erdwege.

BOULEVARDRING 3:

Start: Christi-Erlöser-Kathedrale/ Länge der Laufstecke: 9 Kilometer

Entlang Moskaus grünem Boulevardring, unter hohen Bäumen auf weichen Erdwegen gleitet man ganz gemächlich an Villen und Palästen vorbei. Ab und an muss man eine lebhafte Kreuzung überwinden, bevor es wieder in die grüne Zone geht. Wer nicht den ganzen Ring ablaufen will, biegt in die Twerskaja, Moskaus Einkaufsmeile, zurück zum Roten Platz.

Hotels

Baltschug Kempinski
Uliza Baltschug 1
Moskau 113035
Telefon: 007/095/2 30 65 00
Fax: 007/095/2 30 65 11
Im Internet: www.kempinski-moscow.ru
E-Mail: hbkm.moscow@kempinski.com

DZ ab 350 $

Das Spitzenhotel in Moskau mit Blick auf den Kreml und die Basiliuskathedrale. Großzügige Zimmer und super Service. Pool und Fitnessräume.

National
Mokhovaja 15/1
Moskau 103009
Telefon: 007/095/2 58 70 00
Fax: 007/095/2 58 71 00
Im Internet: www.national.ru
E-mail: hotel@national.ru

DZ ab 340 US-$

Traditionshotel im Jugendstil mit Blick auf den Kreml. Im Pool unterm Dach schwimmt man zwischen den Wolken.

Restaurants/ Entertainment

Kafe Puschkin
Twerskoj Boulevard 26 a
Telefon: 007/095/2 29 55 90, 2 29 94 11
Täglich 24 Std. geöffnet
Metrostation: Puschkinskaja

Ob Business-Lunch, ein gemütliches Abendessen oder ein Tee zwischendurch. Das alles findet man auf zwei Etagen im Kafe Puschkin in einer Atmosphäre des 19. Jahrhunderts.

Le Gastronome
Kudrinskaja Ploschadj 1
Telefon: 007/095/2 55 44 33
Täglich 12–1 Uhr
Metrostation: Barrikadnaja

Pompöser Raum: Marmor, Kronleuchter und riesige Fenster. Gute Küche: Vegetarisches und Pasta-Vielfalt.

Running Shops

Adidas
Kamergerskij Pereulok 5/7
Telefon: 007/095/22 97 36

Reebok
Im Kaufhaus GUM, Roter Platz
Telefon: 007/095/9 29 34 43

Nike
Manege Platz (im unterirdischen Einkaufszentrum)
Telefon: 007/095/7 37 84 89

w York

Big Apple vibriert. Aus Tausenden von Kehlen dröhnt die Nationalhymne. Verstohlen wischen sich Menschen mit den großen Nummern auf dem Bauch die Augen. Dann fällt der Startschuss.

Weg ist die Nervosität. Nach drei Stunden fiebrigen Wartens in windiger Novemberkälte zählen nur die ersten Schritte von 42,2 Kilometern. Auf die Füße gucken. Die Gefahr zu stolpern ist groß im Gedränge. So weit das Auge reicht, Läufer, Läufer. Tausende von Läufern wälzen sich nach dem Startschuss in Staten Island über die Linie. Zäh erst setzt sich das von 100 Nationen beschickte Feld in Trab – die *Freiheitsstatue* im Rücken, vor sich die Freiheit im Kopf. Laufen, Laufen, Laufen. Über die Grenzen des Körpers hinweg. 60 000 Laufschuhsohlen klatschen auf den Beton der 3,2 Kilometer langen *Verrazano Narrows Bridge* 1, die rüber nach Brooklyn führt. Sie bebt unter dem Gewicht der Marathonis …

Tja, viel Raum zum Atmen bleibt einem da nicht, wenn 30 000 Läufer zum legendären New-York-Marathon antreten.

… und wieder einmal bin ich nicht dabei. Meine Freunde verstehen das nicht: 49 Marathons bist du schon gelaufen in aller Welt, du kennst die schönsten Strecken in New York – warum nicht der legendäre City Marathon? Ja, ich liebe New York. Ja, ich will meinen Freunden mein New York schildern. Damit sie ihres finden. Bei einem Kurztrip, bei einer Geschäftsreise.

Gewiss, mich packt eine Faszination bei dem Gedanken, wenn ich auf den Spuren des Marathons New York durchkreuze. Aber dreißigtausend Läufer, kann ich da noch atmen? Hawaii, der Ultra-Man: Da bin ich pures Adrenalin, da erwacht in jedem Teilnehmer der Killerinstinkt, da ist im Schäumen der Bucht, in sengender Hitze, auf

unmenschlichen Distanzen jeder Jäger und Gejagter – es kann nur einen geben. Der *New-York-City-Marathon*, mir ist das zu eng. Obwohl … Jedes Jahr, wenn ich weiß, die Anmeldung wäre reif, werde ich unruhig …
Okay, kommen Sie mit auf meinen Individual-Marathon quer durch den *Big Apple*. Auf geht's, ich zeig' Ihnen mein New York. Nehmen Sie es ganz oder in Etappen, ohne Wettkampf oder vielleicht mit – beim großen Marathon im November.

Der New-York-City-Marathon …

… ist das Highlight im Läuferleben. Er ist einer der größten der Welt. Mit Sicherheit der Beeindruckendste. 2,5 Millionen Zuschauer sind live dabei, so viel wie bei keinem anderen Sportereignis. Sie feuern enthusiastisch an: »Hey, you're looking good« schicken sie den Läufern von *Staten Island* bis zur *South Bronx* in die Seele. Kinder klatschen in die Hände. Dazu die einzigartige Kulisse. Für Marathonis gibt's nach dem Lauf durch die Straßenschluchten New Yorks kaum noch eine Steigerung. Doch während des Laufs hat niemand einen Blick für die Skyline Manhattans.
Hält die Brücke das aus? Viermal mehr Läufer hatten sich letztes Jahr angemeldet, auch das ein Weltrekord. Doch mehr wären für das zulässige Gesamtgewicht der Brücke kritisch geworden.

Dieser Marathon ist die größte Herausforderung, New York kennen zu lernen. Er verbindet alle Stadtteile miteinander, Staten Island und Brooklyn, Queens, Manhattan und die Bronx.

Die Füße laufen einfach, tragen einen glücklichen Geist nach *Brooklyn* ❷. New York hautnah erleben. Die aus jeder Pore quirliges Leben ausstrahlende, faszinierende, mächtige Stadt. Beifall gibt es nicht nur für Super-Athleten. Im Gegenteil. Diejenigen, die ihren Lauf gemächlich genießen, ernten am meisten Applaus. Die Leute hier sind auch unterm Jahr Langläufer gewohnt, die, so wie ich, einfach nur die Strecke ablaufen. Hin und wieder klatscht einer hinter mir her aus dem Alltagsgewühl. Und dieses Klatschen knipst in meinem Kopf das Marathon-Kino an.

Meile Drei: Hier steht am großen Tag der erste Wasser-Tisch. Der Andrang ist dann groß. Die Erfahrenen laufen einfach weiter. 1,5 Millionen Becher Wasser warten auf der Laufstrecke. Da wird für jeden einer dabei sein. Bizarr der ständige Szenenwechsel auf Brooklyns 4th Avenue, authentischer zu er-

leben ohne den großen Marathon-Rummel: Kleinstadtatmosphäre mit Natursteinkirchen und amerikanischen Flaggen in Vorgärten. Während des großen Laufs sorgen hier erst Italo-Amerikaner für Stimmung, dann die Iren. Sie johlen, wedeln mit Fähnchen und bieten Kartoffelsalat und Früchte an.

Um Läufer wie mich an einem x-beliebigen Tag kümmert sich keiner; ich hab' mein Powergel dabei, süße Energie. Salsa-Rhythmen aus offenen Fenstern und Autotüren kündigen die Hochburg der Latinos an. Die Trommeln lassen einen fliegen.

In der *Lafayette Avenue* ❸ sieht man vor allem schwarze Gesichter, fröhliches Lachen, blitzend weiße Zähne: »Hey man, you're looking good.« Beim großen Lauf tanzt alles zu Rap-Musik. In Feiertagsstimmung feuern mindestens dreißig Live-Bands auf der ganzen Strecke an. Ich kurve ohne großes Aufsehen an Grüppchen von Müßiggängern vorbei, versammelt um ein Kofferradio, die Neuhinzukommende mit großspurigen Ritualen begrüßen. Zwischen der zehnten und elften Meile in *Williamsburg* ❹ mischen sich orthodoxe Juden in den Film.

GLOBERUNNER-TIPPS

Wer nicht kommt zur rechten Zeit

Zum Marathon früh anmelden. Das Kontingent, das der ›New York Road Runners Club‹ (NYRRC) an Reiseveranstalter in der ganzen Welt verteilt, ist stets schon wenige Wochen nach Verkaufsbeginn vergeben. Infos: www.nyrrc.org oder www.nycmarathon.org

Fit nach dem Marathon

Ein Marathon ist Schwerstarbeit für die Muskeln. Pro 1500 Meter Wettkampf brauchen die Muskeln nun einen Tag Ruhe. Das heißt: 26 Tage lang keine Tempoläufe. Nur langsam, locker, lächelnd laufen.

Jede Zelle des Körpers braucht Ruhe – bis die erschöpften Energievorräte wieder aufgefüllt sind, die gerissenen Zellwände ausgeheilt, die angeschwollenen Mitochondrien (Kraftwerke in der Zelle) schlank und die Milchsäureabfälle beseitigt sind.

In ihren schwarzen, fast bodenlangen Mänteln und mit den unter den Hüten hervorbaumelnden Locken wirken sie wie aus einer anderen Zeit, einer anderen Welt. Sie können schon mit dem Marathon-Pulk wenig anfangen; mich betrachten sie wie jemanden von einem anderen Stern. Das ist die Stelle, von der meine Lauffreunde mir genüsslich erzählen: Jene Läufer, die beim Warten auf den Start Donuts gegessen und Kaffee getrunken haben, fallen einer nach dem anderen zurück und raus.

Egal ob auf der First Avenue oder im Central Park. Aufgewacht wird in New York in Laufschuhen.

Auf dem Boden mache ich Reste eines dicken blauen Striches aus. Dem folge ich. Die Autofahrer akzeptieren, dass ich mitten zwischen ihnen herumtanze. In New York sind sie von Läufern einiges gewöhnt. Überhaupt ist hier der Verkehr erstaunlich entspannt, die europäische Hektik kennt man hier nicht. Die berühmte blau gestrichelte Linie ließ Fred Lebow, ein Einwanderer aus Rumänien, im Jahre 1969 ziehen. Der damalige Präsident des New York Road Runners Club rief den New-York-Marathon ins Leben. Er starb 1994. Sein Lauf nicht. Jährlich bringt er der örtlichen Wirtschaft geschätzte 100 Millionen Dollar ein.

Meile 15: Über die *Queensboro Bridge* ❺ nähert sich die bunte bewegte Schlange in meinem Kopf-Fernsehen Manhattan. Man hat für sie einen Teppich ausgerollt. Unten an der *First Avenue* ❻ jubeln die Menschen in Zehner-Reihen. So müssen sich Fußballer beim Endspiel der Weltmeisterschaft fühlen, wenn sie ins Stadion einlaufen. Das ist gut so, denn die First Avenue kann unheimlich lang sein. Ich als Einzelläufer bin nicht in Gefahr, mich von der Schlange, die plötzlich einen Zahn zulegt, mitziehen zu lassen. Ich bin den Leuten gleichgültig, aber vor dem Publikum des Wettkampfes laufen viele schneller, haushalten nicht mit ihren Kräften. Das rächt sich spätestens bei der 98. Straße, wo die Zuschauer weniger werden, aber nicht die Steigungen. Vorher noch eine willkommene Abwechslung: Die »Poland Spring Hydration Zone«. Der künstliche Wald mit Unmengen Wasser, das einen flüssig weiterlaufen lässt.

Meile 18: Zeit für mein Powergel. Das nehme ich alle zwei bis drei Kilometer zu mir. Und ich trinke an jeder Wasserfontäne, die in Amerika zur öffentlichen Einrichtung gehören. Einen Wettkampf macht man mit Wasser und Zucker. Durch die extreme Anstrengung wird der Zucker sofort verbraucht. Süß explodiert es im Gaumen. Liefert Energie für die letzten Meilen. Doch »The Wall«, das weiß ich, wird kommen. Im Wettkampf unweigerlich, in meinem vergnügten Trab meistens auch. Gut vierzig Kilometer sind auch eine Strapaze, wenn man sie gelassen angeht. Vielleicht sogar, ohne das Hormonfeuerwerk des Wettkampfes, eine stärkere Herausforderung des Willens.

Im *Central Park* 7 treibt der Wind rostbraunes Laub aus den Ahornbäumen entgegen. Schicke Upper-East-Side-Ladies reichen den Marathonis Getränke am Wasserreservoir, wo der Rundkurs nach Jackie Kennedy-Onassis benannt ist, die hier oft ihre Runden drehte. Links liegt das *Metropolitan Museum of Art* 8, hier geht es kräftig bergauf. Weiter, weiter, weiter.

Und da ist es. Diesmal nur drei Kilometer vor dem Ziel. The Wall. Die Wand, die nur der Kopf besiegt. Die Glykogen-Vorräte sind leer. Die Beine werden zu Blei. Jeder Muskel schmerzt. Jede Faser des Körpers brüllt: Aufgeben! Doch der Kopf ist stärker.

Er weiß: Der Schmerz hält nicht ewig an – der Stolz schon. The power of mind, die Kraft, sich schöne Gedanken zu machen, die letzten Kilometer zu träumen, sich im Ziel zu sehen, trägt einen weiter. Central Park South ist nicht mehr fern. »If you hear my voice, you'll make it«, rufen die Mädchen von der VIP-Tribüne den Läufern zu. Und: »You did a good job.«

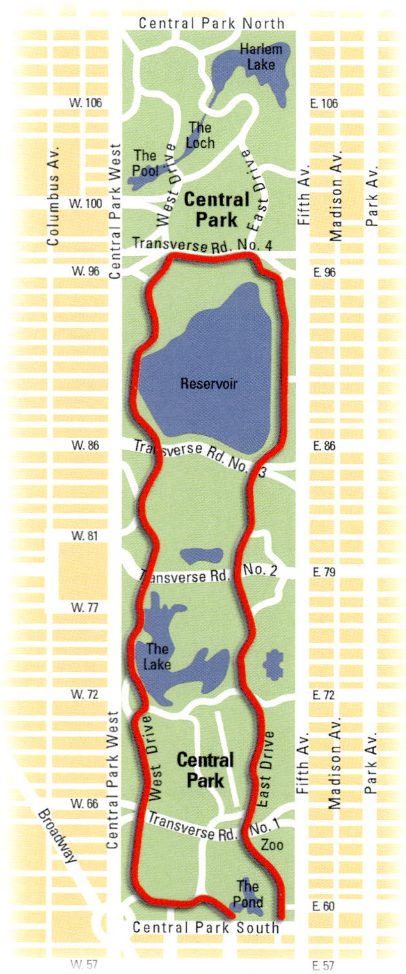

Als ich über meine selbstgesetzte Ziellinie fliege, bin ich froh, nicht ins Getümmel erschöpfter Läufer und aufgekratzter Zuschauer tauchen zu müssen. Eine warme Folie legt sich über meine Schulter. Petra, meine Frau, beginnt mir sofort die Waden zu massieren. Sie lächelt. Und ich lächle aus jeder Pore zurück. New York liebt mich auch alleine.

Erholungslauf im Central Park

Wenn Sie tatsächlich mitlaufen beim großen City-Marathon, verschreibe ich Ihnen hier das Survival-Rezept für den Tag danach (und wenn nicht, dann nehmen Sie es einfach als schöne Laufstrecke):

Abends im Bett ziehen die 42,2 Kilometer noch einmal im Geist vorbei. Auch Pasta-Party, Siegerehrung und Feuerwerk. Schlafen, träumen, glücklich sein. Am nächsten Morgen brauchen müde Muskeln einen kleinen Erholungslauf. Ab in den Central Park. Wer in *Manhattan* wohnt, läuft hier, auf dem bekanntesten urbanen Grünflecken der Welt. Zehn Kilometer misst eine große Runde, auf der man sich auch kaum verlaufen kann.

Läufer, Skater, Walker, Pantomimen, Fahrradfahrer, Spaziergänger, Musiker … , die quietschlebendige Atmosphäre im Central Park ist ansteckend. Heute kaum vorstellbar, dass es hier in der Mitte des 18. Jahrhunderts nur Steinbrüche, Sümpfe, Baracken und Schweine gab. Der Central Park ist im Vergleich zur 24-Stunden-Party-Manhattan eine grüne Oase der Ruhe, und im Sommer ist es dort immer einige Grad kühler als in den Straßenschluchten. Langsam, locker, lächelnd starte ich vom Hotel Plaza in den Süden des Parks. Links The Pond, wo Enten sich gemütlich das Gefieder putzen. Vorbei am Wollman Memorial Rink, wo bald wieder Eisläufer ihre Kufen wetzen. Rechts liegt der kleine Zoo, und ich freue mich im Serotonin-Gang den East Drive entlang.

Die Töne des Saxophon-Spielers im Central Park lassen mehr tänzeln als laufen – jeder Ton süßes Glück.

Am Engineer's Gate an der Fifth Avenue steht übrigens ein kleines grünes Häuschen, genannt Q & A Kiosk, an sieben Tagen der Woche besetzt mit einem Roadrunner, der nur dazu da ist, Fragen von Läufern zu beantworten. Ein Service des New York Road Runners Club. Ein einzigartiger Laufclub, der nur zwei Blocks entfernt von Central Park seine Zentrale (9 E. 89th St.) nebst eigener Bibliothek unterhält. Kein Laufclub hat so viele Mitglieder (33 000), keiner bietet mehr Service. Dutzende von Besuchern kommen täglich, holen sich Informationen, Empfehlungen, Laufpartner.

New York

GLOBERUNNER-TIPPS

Globerunner-Wetter:
Beste Monate Mai bis Mitte Juni, Mitte September bis Mitte Oktober. Im Sommer schwül und Temperaturen bis 35 Grad.

It's raining cats and dogs?
Dann laufen Sie doch drinnen. Im Trend in USA: Mall-Walking. Langsam durch die Einkaufszentren laufen. Da verbrennen Sie genauso viel Fett und tanken auch Fitness. Nur: Ganz so schön wie beim City-Run ist es halt nicht.

Laufkontakte :
Road Runners Club (Telefon 001-212-860 44 55) oder »Central Park Jogging Tours« (Telefon: 001-212-362 9525) vermitteln einen Lauf-Guide.

Ich genieße den Park, der gestern im Endorphin-Rausch vorbeiflitzte. Rechts das bekannte Metropolitan Museum of Art. Eine Woche reicht nicht aus, um all die Schätze des Kulturtempels zu sehen – und dieses Kapitel nicht, um mehr als den ägyptischen Tempel von Dendur im eigens angebauten Glastrakt zu erwähnen. Auf dem Great Lawn linker Hand fliegen bunte Frisbees durch die Luft. Im Sommer finden auf diesem größten Spielplatz Manhattans Konzerte statt. In Guggenheims Schnecke an der Fifth Avenue hängen Van Gogh, Kandinsky, Monet, Picasso & Co. Hinter dem großen Wasserreservoir biege ich links ab – meide den nördlichen Teil, meine Muskeln mögen heute keine Steigungen. *The Mount* und *The Great Hill* im Rücken, hüpfe ich den West Drive Richtung Süden: Im Kopf den Beatles-Song: »Strawberry-Fields forever ...« Yoko Ono legte hier in Höhe der 72. Staße den Erdbeer-Garten an, zum Gedenken an John Lennon, der ganz in der Nähe im berühmten Dakota Building wohnte. Vor dem er auch ermordet wurde. In dieser Edel-Festung drehte Roman Polanski seinen Schocker »Rosmaries Baby«. Ich fühl' kurz, ob mein Not-20-Dollarschein auch wirklich in der Jogginghose steckt, und mache eine Apfelschorlen-Pause in der »Tavern on the Green«. Genieße – warm gelaufen, der Kälte trotzend – den Blick auf Manhattans Skyline.

Und noch mehr Laufstrecken

Auf dem Weg zurück zum Plaza kommen mir Hunderte von Roadrunners entgegen. Und die Aufschrift mancher T-Shirts lädt zum Träumen ein: »Let your mind take your body where you want to go.« Wohin? Zum Beispiel noch weiter in den Norden von New York City. In den

Van Cortlandt Park, ab der 246sten Straße, tief in der Bronx. Der berühmte Acht-Kilometer-Kurs hat viele Fans. Der Höhepunkt der Runde, der *Vault Hill*, fordert Läuferwaden zu Höchstleistung heraus. Hier findet man abgelegene Pfade und viel Auf und Ab. Früher war dieses Stück Land einmal Jagdgrund der Mohikaner. Heute noch sieht man hier Hasen und früh morgens, mit Glück, auch mal einen Fuchs.

Sogar Waldläufer kommen in Manhattan auf ihre Kosten: im *Inwood Park*. Dreiviertel des 8000 Ar großen Parks an der 218ten Straße sind von Bäumen bedeckt. Hier findet man tolle Laufstrecken. Und der Berg räumt endgültig auf mit der Mär, der »Big Apple« sei so flach wie ein Pfannkuchen. Den Lauf hier kann man sehr gut mit der Runde im *Fort Tyrin Park* verbinden. Ich sage »Danke, Herr Rockefeller«. Er kaufte, als die Stadt dem Asphaltwahn verfiel, den ganzen Hügel auf –, um zu verhindern, dass er bebaut wird.

Inzwischen wird in New York renaturiert. So ist es bereits beschlossene Sache, dass der *Riverside Park* nach und nach Richtung Süden ausgebaut werden soll. Heute erstreckt sich der schmale Grünstreifen noch über die Länge zwischen 72ster und 120ster Straße. In ein paar Jahren soll man entlang des Hudson River bis zum World Trade Center durchlaufen können. Schon jetzt sind die Riverside-Park-Runs entlang des Hudson ein Erlebnis. Wenn sich die himmelstürmenden Gebäude der Manhattan-Skyline im Wasser spiegeln, geht die kopfeigene CD an:

»New York, New York … I wanna wake up in the city that doesn't sleep« – mit Sicherheit wieder im nächsten November beim City-Marathon.

Laufstrecken in New York

CENTRAL PARK 1:

Start: überall möglich / Länge der Laufstrecke: 10 km

Wer nicht in der Nähe wohnt, kann sich beim New York Road Runners Club in der 89. Straße East umziehen und sein Gepäck dort deponieren. Am Parkeingang Engineers's Gate, nur einen Block entfernt, unterhält der Club an allen sieben Tagen der Woche einen Kiosk, wo ein Road Runner nur dazu da ist, sämtliche Lauffragen zu beantworten. Bester Blick auf die Skyline? Balcony Bridge an der 77. Straße West! Bergtraining? Der Great Hill ganz oben im Norden! Wie viele Läufer täglich? Bis zu 20 000!

RIVERSIDE PARK 2:

Start: an der 72. Straße

Länge der Laufstrecke: 5 Kilometer nördlich und wieder zurück, 10 km

Der Beschluss der Stadtregierung steht fest: Der Riverside Park wird nach und nach erweitert. Schon bald kann man am Hudson Richtung Süden bis zum World Trade Center laufen. Aber bereits jetzt ist der schmale Grünstreifen zwischen 72. und 120. Straße West ein lohnendes Revier, oft zu Unrecht vernachlässigt. Die Skyline von hier ist grandios, vor allem beim Sonnenuntergang – aber dann bitte nur in Begleitung laufen.

VAN CORTLANDT PARK 3:

Start: Parkplatz an den Parade Grounds / Länge der Laufstrecke: 8 km

Das Läufer-Mekka der Bronx, hier waren früher die Jagdgründe der Mohikaner. Manchmal kann man auch heute noch einem Rotfuchs begegnen. Der Park bietet eine Fülle von Kombinationsmöglichkeiten. Beginn ist die 8-Kilometer-Runde um die Parade Grounds, wo Querfeldein-Wege und zwei Anstiege locken. Auch die zwei Runden nördlich vom Henry Hudson Parkway, wo man häufig Mountainbiker trifft, sind sehr lohnend, und wer die City vollkommen verlassen möchte, nimmt einfach das Croton-Aquädukt.

Hotels

Carlyle
35 East 76th Street
USA-New York, NY 10021
Telefon: 001/212/744 16 00
Fax: 001/212/717 46 82

Preise:
EZ/DZ: ab 495 US-$

Ein Grandhotel mit verhältnismäßig lockerer Atmosphäre. Für Läufer geradezu ideal. Nur einen Block östlich vom Central Park und hauseigenes Fitness-Center. An der Rezeption Laufkarten für den Park.

Peninsula New York
700 5th Avenue
USA-New York, NY 10019
Telefon: 001/212/2 47 22 00
Fax: 001/212/9 03 39 49

Preise:
EZ/DZ: ab 400 US-$

Der Blick auf Manhattan Skyline und den Central Park sucht seinesgleichen. Der Hotel-Fitnessclub ist wohl der beste der Stadt und erstreckt sich über drei Stockwerke. Wenn das Wetter es zulässt, werden die Hotelgäste dreimal in der Woche zu geführten Läufen in den Central Park mitgenommen.

Restaurants/ Entertainment

Tavern on the Green
1995 Broadway
New York NY 10021
Telefon: 001/212/8 73 01 47

Sicherlich ein Anlaufpunkt für viele Touristen. Aber der Ausblick auf den Central Park ist einfach erhebend, das Essen vorzüglich, Getränkeauswahl hervorragend. Bei schönem Wetter kann man im Garten sitzen.

Two Fish
1399 Madison Avenue
New York, NY 10019
Telefon: 001/212/3 69 56 77
Fax: 001/212/9 87 00 50

Hier gibt es guten Fisch, gute Pasta und gute vegetarische Gerichte. Die Portionen sind groß, die Preise niedrig. Dieses Restaurant ist das inoffizielle Wohnzimmer der Mitglieder des New York Road Runners Club.

Spezial-Tipp

New York Road Runners Club
9 East 89th Street
New York NY 10128
Telefon: 001/212/8 60 44 55
Fax: 001/212/8 60 97 54

Running Shops

Super Runners Shop - Eine Kette mit vier Läden

1337 Lexington Avenue
New York, NY 10028
(at 89th St.)
Telefon: 001/212/3 69 60 10
Fax: 001/212/2 89 74 27

360 Amsterdam Avenue
New York, NY 10024
(at 77th St.)
Telefon: 001/212/7 87 76 65
Fax: 001/212/7 69 35 16

1244 Third Avenue
New York, NY 10021
(at 72th St.)
Telefon: 001/212/2 49 21 33
Fax: 001/212/3 27 31 84

355 New York Avenue
Huntington, NY 11743
Telefon: 001/212/5 49 30 06
Fax: 001/212/51 65 49 33 36
website: www.superrunnersshop.com

Wer hier hergeht, wird von Spezialisten bedient. Der Chef der Kette ist der Gewinner des ersten New York Marathon.

Paris

Was lockt einen Läufer nach Paris? Die Liebe. Die schönste Zeit ist der Morgen. Wenn sich die Grande Dame für den Tag herausputzt, um jeden Tag aufs Neue die Liebe zu schüren, die man dieser charmanten, überraschenden und romantischen Stadt entgegenbringt.

Die Kioskbesitzer am Boulevard St. Michel fächern die Zeitungen in ihre Ständer. Rolläden der Restaurants scheppern nach oben, und Concierges schrubben die Portale aristokratischer Bauten. Dann erwacht auch das Leben im *Jardin du Luxembourg*. Die Guardians mit Trillerpfeifen, blauen Uniformen und zylindrischen Käppis im Stil der napoleonischen Ära schreiten über knirschenden Kies zur »Porte d'Orleans« und dann zur »Porte St. Michel«, schieben die schwarzen, mit Gold verzierten Eisentore auf, öffnen den beliebtesten Park von Paris und damit den Vorhang für ein wunderbares Schauspiel.

Im Jardin du Luxembourg, dem beliebtesten Park von Paris, läuten Kellner den Tag ein: mit Kaffee und Croissant …

Morgenlauf an der Seine zum Eiffelturm

Ein Gärtner klaubt mit einer langer Zange Papierfetzen. Ein anderer rückt die grünen, über den Park verteilten Stühle so akkurat zurecht, als sei ihre Position mit einem Lineal vorgezeichnet. Ein dritter Gärtner steht auf einer Leiter und trimmt mit einer Baumschere die Kastanienwipfel zu länglichen Rechtecken. Eine Kunst, die im 17. Jahrhundert entwickelt wurde, um wilden Wuchs zu Symmetrie und Harmonie, Glanz und Pracht zurechtzustutzen. Als Schüler durfte ich hier Französisch lernen, Verlaine lesen, mit Rimbaud träumen … und das erste Mädchen küssen.

In dem kleinen Gartenrestaurant gleich neben der Pagode, *Kiosque à musique* genannt, wischt der Kellner die grünen Tischchen ab und spannt leinene Sonnenschirme auf. Er schaut auf die Läuferkluft, lächelt freundlich und erzählt, dass er zwar kein Jogger sei, aber beim Jahresrennen der Kellner mitmache. Bei diesem laufen rund 10 000 Kollegen in weißem Hemd, schwarzer Hose, Weste und Schurz mit Tablett in der Hand zehn Kilometer durch die Stadt. Er guckt auf die zappelnden Beine, fragt, ob man nicht erst frühstücken wolle. »Non, merci!« Kein noch so warmes Croissant kommt zwischen den Nüchternlauf, der täglichen Fastenkur. Der Lauf auf leeren Magen setzt einen dynamischen Reinigungsprozess in Gang: Fett wird verbrannt, Zellmüll abtransportiert, Organe, Blut, Haut und Lunge putzen sich. Und der Geist wird kristallklar und hellwach.

Lostrippeln, entlang am schweren Eisengitter, das den Park vom quirligen Künstlerviertel Quartier Latin im Sechsten Arrondissement trennt. Und schon ist es da. Das Glück. Das tägliche Läuferglück. Das morgens mit den ersten Schritten kommt und einen den ganzen Tag begleitet. Es geht ein wenig bergab. 70 Billionen Körperzellen werden schwerelos. Einfach schweben, wie die Nymphen, die als Skulpturen die Fassade des Palais du Luxembourg 1 zieren, dem ich entgegen fliege. Maria von Medici, die Witwe von Henri IV., ließ ihn zur Erinnerung an ihre Heimat Florenz errichten. Er diente ihr bis zur Revolution als königliches Palais.

… und hübsche Mädchen rollen die Jeans hoch, damit die ersten Sonnenstrahlen Bronze auf die Waden zaubern.

Längst vorbei. Aber immer noch gelten die Gesetze, nach denen die Pflanzungen anzulegen sind, die bestimmen, wo die Gärtner Blumen einsetzen und wieder austauschen müssen, wo sie Palmen in Kübeln aufstellen und dann wieder durch Tulpen ersetzen. Und wie einst geben die Guardians jeweils nur eine Wiese zum Betreten frei. Verstößt ein Pudel gegen das Gesetz, zückt der Guardian seine Trillerpfeife.

Läufern gegenüber zeigen sie sich zuvorkommend. Einer antwortet schon, bevor man fragt: »Eine Runde hat zweikommazwei Kilometer«, sagt er, weil er jeden sofort als Fremden erkennt. Die hier regelmäßig laufen, kennt er alle.

Der Assistent von Roman Polanski und der Dirigent David Stern, Sohn des weltberühmten Geigers Isaac Stern, gehören dazu, ebenso die Schüler des Gymnasiums Louis le Grand, einer Kaderschule für Frankreichs künftige Elite. Sie pumpen sich hier voll Sauerstoff, der sie rüstet für die hohen Anforderungen ihres Lehrbetriebs. Sie lieben es, um die Wette zu rennen. Die schnellsten schaffen sieben Kilometer in 21 Minuten. Was wäre, wenn wir unseren Schulkindern das Laufen verordneten? Wir hätten viel mehr kleine Goethes und Einsteins mit genau soviel Bock auf Gewalt wie Dalai-Lama oder Mahatma Gandhi.

Auf den zweikommazwei Kilometern durch den Jardin du Luxembourg trifft man lebendige und steinerne Prominenz.

Hinter dem Palais läuft man über eine riesige Weltkarte, auf der man mit zwei Schritten von Rio de Janeiro nach Kapstadt hüpfen kann. Ich hüpfe weiter, rechts ums Eck, vorbei an Schattenboxern, zum Gewächshaus, Stammplatz der Sonnenanbeter, weil hier noch am Abend wärmende Strahlen einfallen. Während der Kopf »Karussell« rezitiert, ein Gedicht von Rilke, dass er in diesem Park verfasst hat: »Und auf dem Löwen reitet weiß ein Junge und hält sich mit der kleinen heißen Hand, dieweil der Löwe Zähne zeigt und Zunge. Und dann und wann ein weißer Elefant« und dann und wann ... und dann und wann ... mit Meditation pur, die mir Rilke schon vor 40 Jahren zugeflüstert hat, tragen einen die Füße an der Beethovenstatue vorbei dadada daaaaaah! auf den Platz der Boulespieler. Eine Horde roter athletischer Männer kommt entgegen. Aha, von der örtlichen Feuerwehr. Sogar jetzt beim Laufen haben sie ihre Funkgeräte dabei, falls ein Einsatz ruft.

Läufer sind wach. Läufer sind hell. Läufer sind neugierig. Die Neugierde zieht einen raus aus dem Park, mitten ins Herz von Paris.

Noch ist es früh, noch kann man sich zwischen den Passanten über den Boulevard St. Michel schlängeln. Rechts taucht das Panthéon auf, letzte Ruhestätte berühmter Franzosen wie Rousseau, Voltaire, Zola und des Erfinders der Blindenschrift Louis Braille, mit dem mich meine Mama verbindet. Sie war blind die letzten acht Jahre. Vorbei geht's an der Universität Sorbonne 2, an der einst in lateinischer Sprache doziert wurde, was dem Viertel den Namen Quartier Latin verschaffte. Wenig später taucht das grünliche Wasser der Seine auf, in der inzwischen sogar wieder Fische leben.

SPEZIAL-TIPP

Wer sonntags in der französischen Hauptstadt ist, sollte seinen Lauf unbedingt für diesen Tag aufsparen. Denn sonntags sind die Quais an den Seine-Ufern für den Autoverkehr gesperrt. Das macht diesen Jog, vor allem früh morgens, vollends zum Traum.

Langsam, locker, lächelnd geht es rüber auf die Ile Cité, die Insel, auf der das gesamte mittelalterliche Paris Platz hatte. Heute der Kilometer Null fast aller französischen Nationalstraßen. Der Start eines Laufes zum Träumen. Der Traumlauf von Paris. Er beginnt mit der Kathedrale Notre-Dame 3, dem Tempel der französischen Geschichte, der Mutterkirche der Nation. Der Glöckner Quasimodo winkt

Paris. An jeder Ecke Steine zum Lieben: mächtige Stadtpalais und wunderbare Statuen.

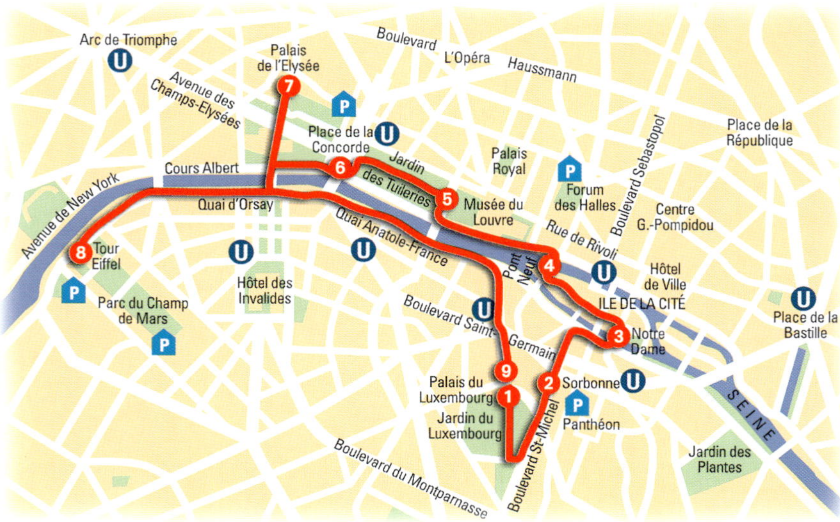

Erhitzt die Gemüter: die 700-Millionen-Mark-Glaspyramide, der neue Eingang zum Louvre.

vom rechten Turm, und die schöne Esmeralda tätschelt unweit von ihm den Kopf einer argwöhnisch blickenden Chimäre an der Balustrade der Notre-Dame. Freilich sehen das nur Läufer. Gemütlich im Serotonin-Sightseeing-Gang geht es runter an den Quai, wo sich Touristen mit dem Wahrzeichen im Hintergrund porträtieren lassen. Hinter der Brücke Pont Neuf 4 geht es plötzlich nicht weiter. Inselüblich. Also wieder zurück. Macht nichts. Fassen. Verstehen. Begreifen. Erlaufen.

Am anderen Seine-Ufer tragen einen die Beine zum Louvre 5, dem größten der 160 Museen in Paris. Man könnte sich wochenlang im Inneren aufhalten, ohne ein Bild doppelt zu sehen. Als Abiturient habe ich zwei volle Wochen darin »gewohnt« – Bilder und Gefühle verankert, die ich beim langen Meeresschwimmen in Hawaii hervorhole aus dem Labyrinth meiner Seele – und so die 4-Kilometer-Strecke verträume. Dort lächelt Mona Lisa – immer noch, eigentlich hat man sie schon totgeknipst. Draußen trifft einen nach ein paar Metern durch weiträumige Innenhöfe, der »Faustschlag ins Angesicht der

Geschichtsfassaden«. So bezeichnen Kritiker (übrigens ein merkwürdiger und bemerkenswerter Beruf – nein, ein seelischer Zustand) die haushohe *Glaspyramide* – den neuen Eingang zum Louvre. 700 Millionen Mark kostete das vom Staatspräsidenten gewünschte Bauwerk von Ieoh Ming Pei. Ums Putzen der schrägen Glasfenster hat sich keiner Gedanken gemacht. Aber das hat sich Ludwig II. im Schloss Neuschwanstein sicher auch nicht. Also für den Glasbau mussten Bergkletterer mit Seil und Haken engagiert werden. Hinter einem wuchtigen Torbogen liegt der symmetrisch angelegte *Jardin des Tuileries*. Auch hier paradiesische Bedingungen zum Laufen: Sanfte Sandwege, eine prächtige Kulisse mit dem bunten Riesenrad an der *Place de la Concorde* 6 . Südwestlich der Eiffelturm, der einen mit der Kraft eines Riesen-Magneten anzieht.

Aber nun doch erst mal wieder runter zum Seine-Quai, auf dem Gleichgesinnte entgegenkommen: Läufer mit glücklichen Gesichtern. Die Neugierde lässt noch mal einen 500-Meter-Abstecher nach rechts machen. Kurzes Sight-Seeing-Trippeln auf der Stelle – eine übrigens ausbaufähige Technik zur Stärkung der Wadenmuskulaur – am Elysée Palast 7 , Sitz des Präsidenten. Beim Laufen zurück zum Seine-Ufer fängt einen von weitem die Magie des Invalidendoms ein. Gebaut unter Ludwig XIV. als Obdach für Kriegsversehrte. Genau unter der goldenen Kuppel ruhen die Gebeine Napoleons. Geschützt von sieben Särgen, verpackt in einem Sarkophag. Eine britische Touristin schleicht sich in die morbiden Gedanken: »Joggen sie nach Hause? Hoffentlich ist es nicht weit.« Die Antwort: »Schon ein Stück. Mein Name ist Forrest Gump.«

Victor Hugos Roman »Der Glöckner von Notre-Dame« machte die Kathedrale weltberühmt.

Nun greift der Magnet Eiffelturm 8. Im Endorphin-Gang, schnell und zügig, geht's 1,5 Kilometer an der Seine entlang. Und dann steht man darunter. Sogar die Beine halten still. Er ist gigantisch. 300 Meter hoch, und im Sommer wächst er durch die Hitze nochmal um 15 Zentimeter. Man muss nicht mit dem Aufzug rauffahren, es wird einem schon so schwindelig. 2,5 Millionen Nieten halten diesen wahnsinnigen und zugleich unsinnigsten Bau der Welt zusammen. Gustav Eiffels Metallkonstrukt, fertiggestellt 1889 zur Weltausstellung, stellt im Grunde nichts dar, kein Denkmal, kein Gebäude, kein gar nichts. Maupassant verließ ein Jahr später Paris, ja Frankreich, weil das Original und seine zahlreichen Souvenir-Kopien für ihn ein »unentrinnbares, quälendes Albdrücken« darstellten. Das Wahrzeichen blieb nur vom Abriss verschont, weil man 1910 seine Spitze als

Antennenhalter entdeckte, der die erste drahtlose Telefonverbindung über den Ozean ermöglichte. Der atemberaubendste Antennenhalter dieser Welt.

Im Serotonin-Trab geht's an der Seine wieder zurück zum *Hôtel Luxembourg* 9, am Park, wo dieser Morgen in Paris begann.

Grüne Tipps: Erst Bois de Boulogne und dann Julian Green

Einem Läufer macht es nichts aus, wenn die Gewerkschaft wieder mal die Metro bestreikt. Es ist nicht weit zur *Porte de la Muette*, dem Tor zur grüner Lunge von Paris, Mitte des 19. Jahrhunderts im Auftrag Napoleons III. nach dem Vorbild des Londoner Hyde Parks angelegt. Eine Laufoase auf 865 Hektar mit mehr als 60 Kilometern, meist verschlungenen Wegen, auf denen sich die Pariser Langläufer austoben. Eine große Runde: zwölf Kilometer. Die kleine, wo die meisten Einheimischen laufen: 2,6 Kilometer rund um den See.

GLOBERUNNER-TIPPS

Neustart in Paris:

Die Topp-Küche lädt ein, mal über seinen Körper nachzudenken. Haben Sie über Jahre hinweg nährstoffarmen Müll in Ihren Körper gestopft? Fastfood, fette Wurst? Kein Problem. Fangen Sie einfach neu an. Ihr Körper ist herrlich gutmütig. Alle zwei Jahre baut sich der Mensch völlig neu auf. Bis auf drei Prozent: Das Gehirn. Kein einziges Molekül, kein Atom sitzt sonst mehr auf seinem Platz, alles ist neu. Alles ist frisch. Werfen Sie den alten Müll aus dem Körper. Schaffen Sie sich mit genußvollem Essen – und das lernt man in Paris – mit den richtigen Vitalstoffen ein neues Immunsystem, kräftige Muskeln, gesundes Blut, agile Glückshormone …, einen neuen Körper. In zwei Jahren sind Sie ein neuer Mensch. Guten Appetit!

Lust auf Marathon?

www.parismarathon.com

Den besuchen viele Pariser in ihrer Mittagspause, um auf den Booten ihren Stress abzuschütteln und den Kopf frei zu machen. Hier entläuft man dem Großstadtlärm, lauscht, statt dem Dröhnen der Motoren, Vogelgezwitscher und dem Rauschen des kleinen Wasserfalls. Schnuppert statt Smog das Aroma von Laub. Nur wenn es dämmert, dann ist es ratsam, den *Bois de Boulogne* zu meiden. Denn inmitten des Parks, an der »Allée de la Margüerite«, bieten sich Prostituierte und Transvestiten an. Und damit verliert der Bois de Boulogne seine Unschuld. Denn dieses Milieu zieht nicht nur Freier, sondern auch jede Menge Gesindel an.

Rastplatz im Bois de Boulogne: Le Chalet des Iles. Im Restaurant auf der kleinen Insel warten Nicht-Jogger auf Jogger.

Vor dem Einschlafen verstehe ich Julien Green, der schrieb: »Jeder von uns trägt das Paris seiner Kindheit, seiner Jugend und seiner Träume in sich, mit einer geheimen Vorliebe für das Paris, das er in seinem Gedächtnis verankert hat und das ihm schöner erscheint als das eines anderen.« Mein Paris ist das eines Läufers.

AN2000
Paris

Laufstrecken in Paris

JARDIN DU LUXEMBOURG 1 :

Start: Parkeingänge / Länge der Laufstrecke: 2,2 km

Ein Idyll mitten in der hektischen Weltstadt, die mit Grünflächen nicht gerade gesegnet ist. Die Runde hat nur 2,2 Kilometer, ist aber trotzdem sehr beliebt. Denn der kunstvoll angelegte Garten ist einzigartig. Zumindest sporadischen Besuchern wird es hier nicht langweilig – auch wenn man fünf Runden am Stück drehen muss, um auf seine Kosten zu kommen.

BOIS DE BOULOGNE 2 :

Start: beliebig / Länge der Laufstrecke: 12 km

50 Kilometer Wegenetz durchziehen die grüne Lunge der Stadt – das Lauf-Eldorado der Pariser. Die meisten beschränken sich auf die idyllische 2,8-Kilometer-Runde um den großen See. Die klassische Schleife durch den Bois hat zwölf Kilometer, doch für Ortsfremde ist Vorsicht geboten, die Orientierung kann schnell verloren gehen. Hier hat schon mancher Irrläufer unfreiwillig die Runde auf einen Halb-Marathon ausgedehnt. Nach Einbruch der Dunkelheit sollte man den Bois meiden.

SEINE 3 :

Start: Eiffelturm / Länge der Laufstrecke: 15 km

Rund 15 Kilometer misst die einzigartige Strecke entlang der Seine vom Eiffelturm bis zur Notre-Dame und zurück. Ein absolutes Muss, denn wer hier nicht läuft, verpasst ein Sightseeing der besonderen Art: Place de la Concorde, Louvre, Invalidendom … Was will man mehr.

Hotels

Hôtel Saint-Paul
43, rue Monsieur-le-Prince
F-75006 Paris
Telefon: 0033/1/43 26 98 64
Fax: 0033/1/46 34 58 60
E-Mail: hotel.saint.paul@wanadoo.fr

Preise:
DZ: ab 820 FF
EZ: ab 720 FF

Direkt im Quartier Latin gelegen zwischen Saint-Germain-des-Prés und der Sorbonne, Notre-Dame und dem Jardin du Luxembourg. Ein herrliches altes Gebäude aus dem 17. Jahrhundert, mit viel Liebe zum Detail renoviert.

Hôtel Luxembourg
4, rue de Vaugirard
F-75006 Paris
Telefon: 0033/1/43 25 35 90
Fax: 0033/1/43 26 60 84
E-Mail: luxhotel@luxembourg.grolier.fr
website: www.hotel-luxembourg.com

Preise:
DZ: ab 910 FF
EZ: ab 800 FF

Traumhafte Lage am Jardin du Luxembourg. Laufstrecken direkt vor der Tür. Kleines, sehr beliebtes Hotel, mindestens einen Monat vorher buchen.

Restaurants/ Entertainment

colette
213, rue Saint-Honoré
F-75001 Paris
Telefon: 0033/1/55 35 33 90
Fax: 0033/1/55 35 33 99
E-Mail:info@colette.tm.fr
website: www.colette.tm.fr

Eine Mischung aus Designer-Laden mit Ausstellungen und Szenelokal im Untergeschoss. Hier gibt es gesunde, aber wohlschmeckende Kost. Der Gast kann unter 100 verschiedenen Sorten Mineralwasser wählen.

Le Chalet des Iles
Lac du Bois de la Boulogne
F-75016 Paris
Telefon: 0033/1/42 88 04 69
Fax: 0033/1/45 25 41 57

Mitten in der »grünen Lunge«, auf einer kleinen Insel im Bois de la Boulogne gelegen. Hier können die Nicht-Jogger auf die Jogger warten und den wunderschönen Ausblick genießen. Auch mit einem winzigen Fährboot zu erreichen.

Running Shops

COURIR 133
104, Av. des Champs-Elysées
F-75008 Paris
Telefon: 0033/1/45 62 50 77
Fax: 0033/1/45 62 44 27

MARATHON
26, rue Léon Jost
F-75017 Paris
Telefon: 0033/1/42 27 48 18
Fax: 0033/1/44 40 25 55

Rio de

Janeiro

Zwischen Zuckerhut und Christus-Statue tobt das Leben. Nicht nur an Karneval. Rios Uferpromenade ist die größte Freiluft-Sportarena der Welt. Und der grüne Nationalpark Tijuca erobert im Flug jedes Globerunner-Herz. Eine laufende Liebeserklärung an mein Rio de Janeiro.

Rodrigos Weg zur Unsterblichkeit kommt dem *Paradies* recht nahe: rechts und links tropischer Regenwald, über dem Tukane kreisen und bunte, handgroße Schmetterlinge flattern. Ab und zu unterbrechen steile Felswände die grüne Wildnis, über die sich Wasserkaskaden mit mächtigem Rauschen herabstürzen. »Wenn du ein Jahr lang hierher zum Laufen kommst, lebst du zwei Jahre länger«, sagt Rodrigo fröhlich. »Frische Luft, kein Verkehr, null Stress und ein Blick auf Rio, wie er schöner nicht sein kann.«

Ein bisschen Postkarten-Idylle: die Christus-Statue auf dem Corcovado, gegenüber der Zuckerhut

Läuferglück im wilden Rio

Die Hektik der 12-Millionen-Metropole verblasst zu einer dumpfen Erinnerung. Der Blick von der knapp 700 Meter über dem Meer gelegenen Straße *Paineras* ❶ mitten im Tijuca-Nationalpark lässt das Läuferherz schneller schlagen. Links, auf dem *Corcovado* ❷, den man vom Tal mit der feuerroten Zahnradbahn in 30 Minuten erklimmt, breitet die weltberühmte 1145 Tonnen schwere Christus-Statue ihre Arme über Rio aus. Gegenüber erhebt sich der Zuckerhut in klassischer Postkartenpose über den Traumstränden Copacabana und Ipanema. Hier muss man Silvester stehen. Wenn die »Cariocas«, die Einwohner Rios, in afrikanischer Tradition Yemanjá ehren, die Göttin des Meeres. Zwei Millionen Menschen sammeln sich am *Strand von Copacabana*, weiß gekleidet, bauen kleine Altäre aus Früchten und Blumen und zünden Kerzen an. Dieses flackernde Lichtermeer brennt sich für ewig in die Seele.

»Hier oben ist das andere, das wilde Rio«, schwärmt Rodrigo und lässt den Blick über üppigen Regenwald schweifen, während er langsam die kurvige, aber ebene Bergstraße entlangläuft. Sein Körper ist noch etwas müde vom Ironman auf Hawaii. Dort tobten Windböen in Orkanstärke. »Da ging's nicht mehr um Bestzeiten, ich wollte nur noch durchkommen«, erinnert sich der Athlet, der, wie ich, zum Laufen eine philosophische Einstellung hat. »Es geht um weit mehr als nur um den Körper und Zeiten«, sagt er, »Laufen verändert Geist und Seele. Wer läuft, wird ein anderer Mensch.«

Fit in Rio: schwitzend auf dem Rad in der Academia de Praia oder laufend an der Copacabana

Rodrigo ist einer der enthusiastischsten Läufer der Welt. Selbst seinen geliebten Boxer taufte er nach dem kenianischen Weltklasseläufer Paul Tergat, der bisher als einziger Mensch der Welt den Halbmarathon unter einer Stunde schaffte. Rodrigo ist ein passionierter Lauftrainer und gibt als Designer das Triathlon-Magazin »Trisport« heraus. Motto: »Try sports for a better life«. Rio ist die fitteste Stadt der Welt: Hier gibt es 3000 Gymnastik-Clubs und Fitness-Center. »Diese Stadt verlangt nach Sport. Hier gehen alle zum Strand, da will keiner eine schlechte Figur abgeben«, sagt Rodrigo. Und da redet auch niemand verächtlich von »Körperkult«, so wie dicke deutsche Psychologen mit struppiger Bartwüste im Gesicht. Hier denkt die Bevölkerung rein und schön wie im humanistischen Griechenland.

Man sieht ihn jeden Morgen 6.30 Uhr am kleinen *See »Rodrigo de Freitas«* 3 auf dem Bootsanleger. Zwischen den Tretbooten picken weiße, langschnäbelige Vögel silbrige Fischchen aus dem Wasser. Rodrigo weist seine Laufschüler in Dehnübungen ein, bevor er sie zum Warmlaufen rund ums Wasser schickt. »Der beste Ort in Rio für das tägliche Workout«, schwärmt der Trainer. »Leicht erreichbar, gute Luft, nur selten Asphalt, meistens weiche, sandige Wege.« Dazu der wunderbare Blick auf Rios grüne Dschungelkulisse. Nicht umsonst hat sich das Viertel rund um den See zum Szene-Treff entwickelt, an dem immer neue Restaurants mit Spezialitäten aus aller Welt eröffnen und Kneipen mit Musik jeden Stils für unvergessliches Nachtleben sorgen.

An der Wasser-Oase Lagoa Rodrigo de Freitas stolzieren Reiher und drehen Läufer ihre 4-Kilometer-Morgenrunde.

Seit acht Monaten führt Rodrigo Angestellte der Supermarktkette »Pão de Açúcar« (zu deutsch: Zuckerhut) in die Geheimnisse des Laufens ein. So wie immer mehr Firmenchefs in Deutschland ist auch Firmenboss Adelberto Diniz ein begeisterter Marathonläufer und bietet seinen Mitarbeitern das Lauftraining im »Zuckerhut-Club« gratis an: »Laufen verändert das Bewusstsein. Du wirst nicht nur fitter, sondern auch gelassener, du findest neue Freunde, und ganz nebenbei wirst du auch besser im Job.«

Andrea, der Lagerist mit der verspiegelten Sonnenbrille und dem kahl geschorenen Kopf, träumt von seinem ersten Marathon. Rodrigo muss ihn stets mahnen, langsamer zu laufen. Evaldino, der Verwaltungsdirektor der Firma, bekam anfangs Herzrasen, als er nur einige hundert Meter zu Fuß ging. Inzwischen läuft er mühelos kleine Strecken. Mara, die 32-jährige Trainee aus der Abteilung für Reklamationen, hat in den ersten drei Monaten fünf Kilo Gewicht auf der Strecke gelassen. Sie schafft die 7,4 Kilometer der Lagunen-Runde spielend. Manchmal hängt sie die drei Kilometer im benachbarten *Botanischen Garten* dran, den Prinzregent João vor 200 Jahren

Parque Paris
Glória
Catete
Largo
do Machado
BAÍA DE
GUANABARA
Paineras
Flamengo
Botafogo
PÃO DE
AÇÚCAR
CORCOVADO
BOTAFOGO
PARQUE NACIONAL DA TIJUCA
Arcoverde
COPACABANA
Lagoa
Rodrigo
de Freitas
LEBLON
IPANEMA
OCEANO ATLANTICO

»Rio«

anlegen ließ. Mit 7000 Pflanzenarten aus aller Welt bietet er nicht nur Botanikern einen Rausch der Sinne. Auf Teichen schwimmen Victoria-Regia-Seerosen mit Blättern von über zwei Metern Durchmesser, die so stabil sind, dass sie zehnjährige Kinder tragen können.

GLOBERUNNER-TIPPS

Globerunner-Zeit:
Das ganze Jahr herrschen gleichbleibend hohe Temperaturen mit hoher Luftfeuchtigkeit. Tropisches Klima eben.

Sind Sie sicher?
Die Kriminalität ist nicht höher als in europäischen Metropolen. Nur: In Naturparks sollte man nicht alleine laufen.

Achtung, UV-Strahlung:
Mit Kappe und hohem Lichtschutzfaktor vor der Sonne schützen

Lust auf Marathon?
Surfen Sie einfach mal zu www.maratonario.com.br

Viel Trinken:
In diesem feuchtheißen Klima droht der Hitze-Kollaps. Nicht erst trinken, wenn der Durst kommt. Während des Laufens alle 15 bis 30 Minuten nachladen. Für alle, die ihr Immunsystem noch nicht mit Dreck geimpft haben, gilt: Wasser abkochen. Oder Mineralwasser sem oder com gás aus der Flasche wählen.

Einen halben Erdball entfernt von meiner Heimatstadt in Franken schärft Rodrigo seinen Schülern die gleichen Grundregeln für ein glückliches Leben ein: »Mindestens sieben Stunden Schlaf, regelmäßig laufen, nur weißes Fleisch essen, also Huhn oder Fisch, dazu viel Vitamine und Eiweiß.« Glück macht sich der Läufer nämlich selbst. Endorphine weiß er zu stimulieren – beim richtigen Puls. Und freilich hat er genügend Aminosäuren im Blut, die Eiweißbausteine, aus welchen die Endorphine gemacht werden. Eiweiß macht glücklich, jeder verschmitzt lächelnde Jaguar weiß das. Und wir Läufer.

»Es gibt zwei goldene Regeln. Erstens: gleichmäßige Geschwindigkeit halten. *Zweitens*: immer Energie für den nächsten Lauf bewahren«, rät Rodrigo. Besonders für Rio-Besucher heißt das: noch langsamer laufen.
Denn hier gibt es so viele wunderbare Strecken, für die man Energie sparen sollte. Nur 500 Meter von der Lagune entfernt warten Rios Strände.

Paradies der Strandläufer

Schon morgens um fünf Uhr, wenn die Sonne feuerrot aus dem Meer schlüpft, verwandeln Fitness-Jünger den längsten Stadtstrand der Welt in einen pittoresken Laufsteg: Jogger und Walker in knappen Badehosen, knallbunt gekleidete Mountainbiker und Inline-Skater frönen dem Fitnesskult, dazwischen stählen Bodybuilder an Reckstangen ihre Muskeln. Und produzieren dabei Powerhormone wie Testosteron, den Wachmacher, den inneren Antrieb, der auch noch abends nach gezielten Übungen am Schreibtisch weiterarbeiten lässt – mit Leichtigkeit.

Vergängliche Kunst: Sandburg an der Copacabana.

Start in *Leblon* ❹ , dem vornehmsten Strandabschnitt. Aparte Mütter spielen mit ihren Babys, der Verkäufer an der Kokosnuss-Bar dreht das Radio auf, schickt uns Bossa-Nova-Rhythmen auf den Weg.
Links die Hochhäuser mit ausladenden Luxus-Apartments, die sich nur Superreiche leisten können. Rechts kunstvoll nachvollzogene Kolonialgebäude im Kleinformat, die Lebenskünstler Nelson aus Sand gebaut hat. Mangels Bleibe und auch zum Schutz seiner Kunstwerke übernachtet er am Strand. Er freut sich über eine kleine – na ja, eher große – Spende und wünscht einen schönen Lauf. Vor acht Jahren legte die Stadt für Läufer und Radler einen eigenen Weg am Strand an, der sich inzwischen leider etwas seitlich absenkt, was auf Dauer den Knien zu schaffen machen könnte. Aber in diese Idylle passen keine negativen Gedanken.

Fitness-Jünger beim Beach-Volleyball am schönsten Strand der Welt.

Brasilien ist trotz erschreckender Armut das Land des Lachens, das Land des Tanzens. Ein Quell unbändiger Lebensfreude. Die Lebensphilosophie Brasiliens drückt ein Wort aus: *jeito*. Sempre da um jeito. Es gibt immer einen Ausweg. Brasilianer sind Meister im Improvisieren. Und entwickeln für schräge Lagen einfach eine besondere Lauftechnik.

Selen-Tankstelle: Die Kokosnuss liefert das Spuren-Element, das die Psychohormone für die Leichtigkeit tanzen lässt.

Man tänzelt durch ein lebendiges Theater. Am Strandposten Neun öffnet Milton Gonzalez seine Strandbar »Baraco do Uruguaio«, in der – wie man sagt – der Tanga erfunden worden sei. Miltons hübsche Töchter servieren leckere Drinks, unbedingt probieren. Auf dem Meer kann man die artistischen Einlagen der Surfer mit ihren begnadeten, im Sonnenlicht funkelnden Körpern beobachten, die am Ende von Ipanema Beach, am *Aproador* 5, die Wellen abreiten.

Vier Kilometer später biegt man fröhlich zur *Copacabana* 6 ein, auf der zu früher Stunde Helio trainiert. Er wohnt an der Avenida Atlantica, wo er sich mit Freunden zu den »Copacabana Runners« zusammengeschlossen hat. »Hier kann man ewig laufen«, sagt der 29-Jährige, der von seinem Vater eine Firma geerbt hat, und meint mit »ewig« seine täglichen 28,5 Kilometer. »Aber immer schön langsam, Puls 135«, erklärt er. Langsam heißt bei ihm zwei Stunden für seine morgendliche Tour, die meist bis zum Flughafen Santos Dumont führt, wo er, wenn gerade kein Flugzeug stört und die Ampel auf Grün zeigt, mitten über die Runway joggt. »Das ist wohl weltweit einzigartig«, vermutet Helio.

Kinder winken, unterbrechen kurz ihre barfüßige Fußball-Artistik im Sand. Spielfreude. Lebensfreude. Leider geht es nun weg vom Strand links in den »Neuen Tunnel«, durch die Fußgängerröhre, nach *Botafogo* 7. Die Schritte hallen von den kahlen Wänden wider, mischen sich in die Erinnerung an das Lachen der kleinen Fußballstars, die gewiss davon träumen, einmal ein großer zu werden. Einer wie Rivaldo, Rinaldo oder Pelé. Fußball-Helden, denen hierzulande Denkmäler gesetzt werden.

Cládio Cautinho, einst Konditionstrainer der brasilianischen Nationalelf, gehört auch dazu. In den siebziger Jahren verhalf er dem Team durch tägliches Lauftraining zu ungeahnter Ausdauer und riesigen Erfolgen. Das erinnert mich an den neuen Schachweltmeister, der als Geheimnis seines Sieges über Kasparow verrät: »Laufen und Krafttraining«. Cládio ist ein Anhänger des amerikanischen Aerobic-Papstes Dr. Kenneth Cooper, der damals schon langsames Joggen predigte. Zum Beispiel im hiesigen *Maracanã-Stadion* vor 180 000 Cariocas, die bis heute »coopern« sagen, wenn sie laufen gehen. Lustig, die Österreicher sagen »strunzeln«. Und müssen in ihren Parks schon Rechts-vor-links-Jogging-Regeln einführen, um das morgendliche Gewusel in den Griff zu kriegen. Cautinho zu Ehren hat man in Rio einen der schönsten Wege benannt, direkt *am Fuße des Zuckerhuts* 8, nur wenige Meter oberhalb der mächtigen Wellen, die sich an dem berühmten Wahrzeichen brechen. Nur 2,5 Kilometer lang ist der Weg hin und zurück, ein unvergesslicher Abstecher Richtung Norden, wo Liebespaare in sich versunken in enger Umarmung am Geländer lehnen.

Helio läuft zum Yachtclub, neben dem Fischer mit kleinen Booten in See stechen. Dann geht es weiter zum Botafogo, dann zum Flamengo-Strand, künstliches, dem Meer abgetrotztes Land, heute ein Eldorado für Frischluft-Freaks. Helios Lieblingsstrecke, weil der Weg abwechslungsreich und kurvig durch palmenbestandene Wiesen bis zum *Parque Paris* 9 führt. Die Hecken sind in kubischen Formen getrimmt, die Kieswege symmetrisch angeordnet. Man wollte mit dem

FITNESS-TIPP

academia da praia
Av. Erico Verissimo, 400
Jardim Oceânico – Barra da Tijuca
BR- 22621-180 Rio de Janeiro
Telefon: 0055/21/4 93 84 54
Fax: 0055/21/4 94 40 28
Website:
www.academiadapraia.com.br

Fitness-Center für Insider. Hier lohnt es sich nicht nur, fürs Workout herzukommen, hier halten sich auch Rios hübscheste Mädchen in Form.

Vorfußlauf stählt den Wadenmuskel. Und dieser Brasilianer vor dem Tafelberg hält ihn gerade davon ab, dass er schrumpft.

1928 angelegten Park der Gartenbaukunst der Franzosen nacheifern. Schön zum Laufen, aber nichts im Vergleich mit der Wildnis des Tijuca.

Das grüne Rio

Die Cariocas haben nicht nur den größten, sondern mit Sicherheit auch den schönsten und wildesten Stadtwald der Welt, den Nationalpark *Parque de Tijuca* ⑩. 120 Quadratkilometer, 60 Kilometer Pfade. Rodrigo serviert als Kostprobe den so genannten Eichhörnchen-Weg. Er führt mitten durchs Dickicht. Von turmhohen Bäumen baumeln elastische Lianen und wecken Tarzangefühle. Ein Traum, der weiche Boden, der jeden Schritt wie ein Trampolin abfedert. Manchmal liegen abgebrochene Äste und Palmwedel als Stolperfallen im Weg. Besser nicht stürzen, denn an manchen Stellen fällt der Berg neben dem Weg steil ab. »Hier muss man so laufen, wie man eigentlich immer laufen sollte. Wie die Natur es fordert: die Knie hochziehen, die Füße gut anheben, das gibt Kraft«, sagt Rodrigo. Er springt voraus wie ein junges Reh. Also nicht latschen, schlurfen, mit der Ferse aufknallen, die Gelenke ruinieren – nein, laufen, also springen. »Riechst du die Luft? Schnupper mal: Sauerstoff pur!«

Das grüne Rio lockt Läufer mit üppiger tropischer Vegetation – und dem Abenteuer, über Hängebrücken zu federn.

Vögel singen, trillern und zwitschern, manchmal sind die Schreie der kleinen Sagui-Affen zu hören, eine weiß-rot-schwarze Korallen-Schlange kreuzt – leicht, locker, lächelnd – unseren Weg, der über Hängebrücken über Wasserfälle führt. Unter einem duscht sich ein Mountainbiker in der Gischt. Man denkt unweigerlich an die Tamoios-Indianer, die hier noch vor 300 Jahren ihre Heimat hatten und dem Park ihren Namen gaben. Tijuca heißt in ihrer Sprache »Pfad, der zum Meer führt«. Rodrigo übersetzt es sehr viel freier: »Wenn du hier trainierst, dann bekommst du zwei Jahre geschenkt«, sagt er und läuft mit strahlenden Augen einem langen Leben entgegen.

»Rio«

Die Laufstrecken in Rio

IPANEMA/COPACABANA ❶ :

Start: Strand von Ipanema / Länge der Laufstrecke: je 5 km

Schon morgens um fünf Uhr, manchmal in vollkommener Dunkelheit, laufen am Strand von Ipanema und an der Copacabana (je 5 Kilometer hinauf und herunter) die ersten Fitness-Jünger. Natürlich geht es auch den Einheimischen um die traumhaften Sonnenaufgänge, aber es ist eher eine pragmatische Entscheidung, so früh aufzustehen, denn wenn die Sonne erst einmal scheint, sollte man seinen Lauf besser schon hinter sich haben. Luftfeuchtigkeit und Temperatur machen das Joggen zu beschwerlich. Die Strecke am Ipanema-Strand ist fünf Kilometer lang.

LAGOA RODRIGO DE FREITAS ❷ :

Start: Bootsanlegestelle im Norden der Stadt / Länge der Laufstrecke: 4 km

Unvergesslich ist der Lauf entlang der Wasser-Oase Rios, auf der morgens Ruderboote ihre Bahnen ziehen. Es geht vorbei an noblen Country-Clubs, Tennisplätzen und luxuriösen Hotels. Asphalt wechselt sich mit fußfreundlichen Erdwegen ab. Die Christus-Statue und der Zuckerhut sind ständig im Blick. Die 4-Kilometer-Runde lässt sich ideal mit einem Lauf im nahe gelegenen Botanischen Garten kombinieren (3-Kilometer-Kurs).

PAINERAS ❸ :

Start: an der Straßenschänke / Länge der Laufstrecke: 9 km

Die 700 Meter über dem Meer gelegene Straße mitten im Tijuca-Nationalpark bietet für viele das spektakulärste Panorama der Welt. Kaskaden über steile Felswände, tropische Wildnis – schöner geht's nimmer als auf diesen 9 Kilometern. Besonders empfehlenswert ist die Strecke am Wochenende, wenn die kleine, kurvige Straße für Autos gesperrt ist.

Hotels

CAESAR Park Ipanema
Av. Vieira Souto, 460
BR-22420-000
Ipanema-Rio de Janeiro
Telefon: 0055/21/5 25 25 25
Fax: 0055/21/5 21 60 00
E-Mail: reserva@caesarpark.com.br.
website: www.caesar-park.com

Preise:
DZ: ab 308 US-$
EZ: ab 189 US-$

Direkt am weltberühmten Strand von Ipanema gelegen. Hier steigt Madonna ab, wenn sie in der Stadt ist. Allererste Adresse.

Hotel Carlton
Rua João Lira 68
BR-22430-210
Leblon-Rio de Janeiro
Telefon: 0055/21/2 59 19 32
Fax: 0055/21/2 59 31 47

Preise:
EZ und DZ: ab 50 US-$

Klein, aber fein und sehr freundliche Atmosphäre. Nur einen Block vom Strand von Leblon, sehr ruhig und abseits vom Touristenrummel gelegen. Mit Glück kann man für einen kleinen Aufpreis von 35 US-$ eine Zwei-Zimmer-Suite buchen.

Restaurants/ Entertainment

MARIUS
Avenida Atlântica, 290
BR-22010-000
Leme- Rio de Janeiro
Telefon: 0055/21/5 42 23 93
website: www.marius.com.br

Am Ende der Copacabana gelegen. Ein Restaurant mit allerfeinstem brasilianischem Churasco. Gleich daneben liegt ein excellentes Fisch-Restaurant, das vom gleichen Besitzer geführt wird.

Satyricon
R. Barrão da Torre, 192
BR-22411-000
Ipanema-Rio de Janeiro
Telefon: 0055/21/5 21 06 27
Fax: 0055/21/5 21 09 47
website:www.multy.com/rj/rest/satyricon.htm

Ein edler Italiener mitten in Ipanema. Hervorragender frischer Fisch und Meeresfrüchte nach Herzenslust.

Running Shops

física y forma
Rua Lauro Muller, 116
BR-22290-160
Botafogo-Rio de Janeiro
Telefon: 0055/21/5 42 01 45

Sport Society
Rua Marquês de São Vicente, 52
BR-22451-040
Gávea-Rio de Janeiro
Telefon: 0055/21/5 12 98 87

Rom

Wer Rom in Laufschuhen betritt, steigt in eine Zeitmaschine und tankt die Kultur von Jahrtausenden. Rom, das ist die Ewige Stadt, die jeden verzaubert. Lassen Sie sich von römischer Magie einfangen, genießen Sie die vitale Synthese aus Kunst, Chaos und Müßiggang. Rom: ein Rendezvous mit La Dolce Vita.

Beim schnellsten Taxifahrer Roms läuft statt des Taxameters ein Kassetten-Recorder, der »Dire Straits« spielt. Der Mann mit im Nacken gebundenem Kraushaar hat sein Taxischild nicht angeknipst, kein Kunde soll seinen weißen Fiat Tempra stoppen. Der rechte Seitenspiegel ist eingeklappt, damit er sich durch das Verkehrschaos in Roms Gassen schlängeln kann – 183 000 Kilometer in den vergangenen vier Jahren. Jetzt, früh um sechs, fährt der Chauffeur des Wagens mit der Registriernummer 3406 in rein privater Mission: Giorgio Calcaterra, (zu deutsch: Georg Bodenstampfer) ist unterwegs zu seinem morgendlichen Lauf.

Tor zum Läufer-Paradies: Villa Borghese. Der Park lockt mit breiten Wegen, gesäumt von Palmen und grünen Sträuchern.

Tap, tap, tap über historisches Pflaster

Den Tag wie das Leben erläuft man sich morgens. Am besten mit Giorgio, in Roms Läuferszene als »Supergiorgio« verehrt. Er parkt neben dem Grabmal der Cecilia, dem bekanntesten Wahrzeichen an der *Via Appia Antica*.

Nicht weit von der ältesten Fernstraße der Welt, im *Caracalla-Stadion*, in dem die Römer schon 217 nach Christus Sport trieben, pinnen die Marathon-Zeiten von »Supergiorgio« am schwarzen Brett beim Eingang. Senior Bodenstampfer ist ziemlich leichtfüßig. Sein Rekord liegt bei 2 Stunden 13 Minuten und 15 Sekunden. Er sagt: »Wer schnell sein will, muss es beim Training langsam angehen.« Meine und Dieter Baumanns Rede. Mit der Serotonin-Laufgeschwindigkeit von 12 km/h ist Giorgio einverstanden – da fällt ein Pflasterstein vom Herzen.

Man springt (so sagen die Schweizer so hübsch) über eine Straße, die mehr als zwei Jahrtausende alt ist. Der Zensor Appius Claudius

Caescus ließ sie 312 v. Chr. von Sklaven bauen. Einhundertdreißig Jahre später reichte sie bis nach Brindisi und stellte damit die Verbindung Roms mit seinem wachsenden Reich im Osten her. Über die von Zypressen und Pinien gesäumte Via Appia Antica zogen die Trauerzüge des Diktators Sulla (78 v. Chr.) und des Kaisers Augustus (14 n. Chr.). Hier ist Petrus auf der Flucht aus Rom Christus erschienen, hier trugen die Römer ihre Herren bei Fackelschein zu Grabe. Nirgends sonst auf der Welt kann man eine solch geschichtsträchtige Atmosphäre atmen. Das lädt ja förmlich ein zum Abtauchen: Appia Antica. Heiß. Staubig, endlos. Flimmernder Dunst am Horizont. Durst. Abschotten. In sich hineinkriechen. Zumachen. Blick nach innen: mein erstes Lateinbuch. Römer in Rüstung eilen über die gepflasterte Appia Antica. Ich der Römer. Muskulös, gestählt. Aus Germanien zurück. Überbringe Caesar die Nachricht. In flimmernder Ferne. Ich beschleunige. Merke es kaum und fange an zu fliegen. Eingehüllt von einer Zeit-Kugel. Innen das alte Rom, draußen die Welt. Und in der Kugel, im Hier und Jetzt, müheloses Rennen, fast Jagen. Glück. Schweben ... 4 bis 5 Kilometer. Klirr, zerbricht die Kugel. Und man ist zurück in der Gegenwart. Auch gut. Rom. La Dolce Vita.

Auf den Pflastersteinen der Via Appia Antica springt man zwei Jahrtausende zurück – trägt im Geiste die Sandalen der Römer.

GLOBERUNNER-TIPPS

Beste Zeit für Globerunner:
Frühling, Herbst und Winter.
Im Sommer arg heiß und viel Smog.

Lauf-Kontakt?
Leprotti di Villa Ada. Zeit und Treffpunkt zum Lauf im Park Villa Ada unter der Telefonnummer: 06/86203419

Lust auf Marathon?
Infos und Termine unter www.maratonadiroma.com

Mond und Sterne stehen noch am Morgenhimmel, während sich die rötliche Sonne langsam über den Horizont erhebt. Noch ist die Pracht der Straße nur in Umrissen zu erkennen. Vor allem auf den Abschnitten mit dem ursprünglichen Pflaster aus robusten Basaltblöcken heißt es aufpassen, um nicht umzuknicken. Giorgio tänzelt locker über jedes Loch. Fortschritt heißt: Nikes statt die genagelten Ledersandalen unserer historischen Vorgänger. So könnte man bis Brindisi laufen. »Ich liebe diese Stimmung«, sagt er, »die Ruhe, die gute Luft, das Licht.« Luft, Duft … Der Abend in der Osteria dell' Angelo. Empfohlen von Vinzent Klink, einem unserer Sterneköche. Er schrieb über die authentische Küche in urig kitischigem Ambiente: »Hier finde ich die beste original-römische Küche: Gerichte mit den Düften des frühen Christentums und des jüdischen Erbes von Rom.« Nach dem fangfrischen Fisch mit Zimt- und Nelkenpaste hebt man ab vor Glück – so wie beim Laufen in Rom.

Villa Doria Pamphili: Roms größter öffentlicher Park lädt Heiratswillige zum Flirt und Lauffröhliche zum Gasgeben …

Zauberhaft, wie die Morgensonne funkelnd nach und nach den Blick auf die Zeugnisse der Vergangenheit lenkt. Manchmal verwitterte Steinhaufen, manchmal von Efeu überwucherte Mausoleen, darunter das Grab des Philosophen Seneca, der sich in einer Villa ganz in der Nähe auf Befehl Neros selbst tötete. Wie kann man nur Rom freiwillig verlassen. Und dann noch so endgültig. Heute noch säumen Villen reicher Römer in parkähnlichen Gärten die Straße, an der auch Gina Lollobrigida – Gina, der Jugendtraum – wohnt.

Der Hauspark und die Kritik, die zur Ehe führt

»Supergiorgios« Hausstrecke liegt im *Park Villa Doria Pamphili*, der Ende des 17. Jahrhunderts für den Fürsten Camillo Pamphili angelegt wurde und als *Traumstrecke* für Läufer aller Klassen in Rom gilt. Dreißig dieser Parks – schlicht Villa genannt – bilden die Schaubühne für die Gefühle der Römer. Dort wird gestritten, geflirtet, gespielt, gefeiert, gefaulenzt und gejoggt. Giorgio wohnt keine dreihundert Meter entfernt von Villa Doria Pamphili, Roms größtem öffentlichen Park, in dem er die meisten Trainingsläufe absolviert. Weit mehr als zweihundert Pokale in seiner Wohnung zeugen von seinen Erfolgen. Und 237-mal klingt ein fröhliches »Chiao Giorgio« während der Parkrunde in den Ohren. Jeder Läufer kennt ihn.

»Zwei Jahre hab' ich ihn hier täglich beobachtet. Er gefiel mir sofort. Seine Augen, sein Lachen, seine durchtrainierten Beine«, schwärmt Carla, eine Römerin mit schlanker Figur, großen, braunen Augen und langen, dunklen Haaren. »Aber weil er so schüchtern ist, habe ich ihn erst durch einen Trick in ein Gespräch verwickeln können.« Sie kritisierte einfach seinen Laufstil. Korrigierte ihn. Wusste es besser. So kam es zum ersten Gespräch und zur ersten Pizza. Heute sind sie ein Paar und nehmen einen mit auf ihre Lieblingsrunde, sieben Kilometer lang. Den Kritik-Trick sollte man sich merken.

... und warum nicht beides vereinen? Man kann sich ja auch laufend das Ja-Wort geben. Wetten, dass es ewig hält?

Und zu kritisieren gibt's viele: Blonde, Dicke, Dünne, Große ... All die, die mit der Ferse aufdonnern. Mit dem sechsfachen Körpergewicht alle Gelenke malträtieren. Es gibt immer noch Lauftrainer, die sagen: Rollen Sie mit der Ferse ab. Das soll er mal seinem Hund sagen. Wo hat der denn seine Ferse? Na, 10 Zentimeter über dem Boden! Das sähe zum Totlachen aus, wenn der Hund mit der Ferse abrollt ... Richtiges Laufen demonstriert jeder Hund, jedes Reh, jedes Kind und jeder Mensch, sobald er die Schuhe auszieht. Er federt weich durch.

GLOBERUNNER-TIPP

Die Leichtigkeit des Seins entdecken:

Wissen Sie, warum Italiener viel besser drauf sind? Der Grund heißt: Selen. Dieses wichtige Spurenelement haben die Gletscher vor 30 000 Jahren aus unseren Böden gewaschen. In Italien nicht. Selen schützt die Körperzellen vor dem Angriff freier Radikale, lässt Krebs keine Chance und lockt die Psychohormone, die fröhlich und unbeschwert machen. So, wie Italiener eben sind. Viel Selen steckt in der Kokosnuss – darum lächeln Asiaten so freundlich. In Steinpilzen, Fisch, Vollkornprodukten. Lassen Sie sich doch mal vom Arzt ihren Selenspiegel messen. Wahrscheinlich liegt er tiefnormal bei 70 Mikrogramm pro Liter. Füllen Sie ihn auf mit täglich 150 Mikrogramm Selen aus der Apotheke – und spüren Sie plötzlich italienisches Feuer.

»Ich bin vollkommen vernarrt in diesen Park«, sagt Carla. »Das *Paradies mitten in Rom*.« Erhaben auf dem *Monte Verde*, mit Blick über die ganze Stadt. Auf und ab führt der Weg. Manchmal knirscht weißer Kies unter den Sohlen, manchmal federt moosweich die Erde. Hier ein *Prachtbrunnen* mit einer üppigen geköpften Venus – das Nass von 3000 Fontänen erfrischt übrigens überall in Rom die Läuferseele –, dann scheint der *Vatikan* zum Greifen nahe. Auf dem Rasen sitzen Rentner auf Klappstühlen, mit einer großen Korbflasche Chianti, und spielen Schach. Kinder mit vom Glück gefärbten roten Wangen jubeln auf Ponys an der *Casetta degli Anziani* vorbei. Das Häuschen ist ein Geschenk des Bürgermeisters an die Senioren des Bezirks, die hier mittags Walzer, Polka und Rumba tanzen.

Weiter tänzeln unter Palmen, wechseln zu Pinien mit ausladenden Kronen in schwindelnder Höhe. Der Oktober verwöhnt mit angenehmen fünfundzwanzig Grad, eine sanfte Brise erfrischt einen. Wie einst Fürst Pamphili. *Casino del Bel Respiro*, Haus der guten Atemluft, nannte er seine Sommerresidenz, die ihm sein Onkel, Papst Innozenz X., spendierte. Heute werden Staatsgäste in der Residenz empfangen. »Da drin bestimmen mächtige Präsidenten den Lauf der Welt«, lacht Carla und hüpft wie ein kleines Mädchen: »Wir laufen einfach unseres Wegs.« Meinen Weg zeigte mir Hubert Schwarz, ein Freund und Weggenosse, der verrückte Weltumradler, der mich vor 14 Jahren das Laufen zum zweiten Mal lehrte. Mir das Türchen öffnete zum höchsten Glück.

Schade nur, dass dieser Park in der Dämmerung seine Pforten schließt und sich nicht einmal mehr »Supergiorgio« hier austoben kann. Danach bleibt auch ihm nicht viel mehr als das harte Pflaster des historischen Zentrums. »Ich laufe da gern, weil's so schön ist«, sagt er. Manchmal zieht er laufsüchtig bis nachts um drei seine Runden, bevor er mit seinem Taxi nach Hause fährt. Meistens läuft er aber sehr früh. Morgens um sechs, ehe die Blechlawine die City erdrückt, die Luft waffenscheinpflichtig und das Leben per pedes gefährlich wird.

Im Villa Doria Pamphili trifft Muse unter Palmen auf Madonna im Lauf-Glück. Mamma mia, ist das schön!

Der Zeitlauf in die Vergangenheit

Giorgio sagt, es gebe in dieser Stadt nur zwei Arten von Fußgängern: schnelle und tote. Morgens um sechs Uhr lauert keine Gefahr. Treffpunkt: an der Spanischen Treppe ❶. Von der heißt es, man würde in der Lotterie gewinnen, wenn man sie auf den Knien hochrutscht. Hab ich nicht probiert, aber: Kennen sie Swiss Alpin? Von Davos aus ein 78-Kilometer-Rundkurs auf 2700 Meter Höhe. Den lief ich in 7:31 h. Für ältere Herrn eine ziemlich einsame Zeit. Das verdanke ich der Spanischen Treppe. Täglich 100-mal rauf – auf den Füßen. Locker wieder runter. Und rauf – in Gedanken in den Schneefeldern der

Schweizer Alpen durchs Gedrängel der Menschen. Nach 50 Aufstiegen ist das Lächeln im Gesicht gefroren. Na ja – ist ja auch kalt da oben ... Damals ging's direkt von der Spanischen Treppe zum Swiss Alpin Marathon. Von der Metropole in die Berge. Läufer laufen immer und überall.

Heute führt der Weg von der Spanischen Treppe direkt in die Via Condotti mit den Geschäften der teuersten italienischen Designer, ein paar Gässchen weiter der Trevi-Brunnen 2, in den Touristen gern Münzen werfen. Das bedeutet, dass sie dann wieder kommen. Ich überlege, ob ich ein Lakritz ... Keine zwei Kilometer bis zum Kolosseum 3, dem größten Amphitheater Roms, unter Kaiser Vespasian 72 nach Christus erbaut. Hinter 80 Bogeneingängen vergnügten sich 55 000 alte Römer an wenig sinnlicher Kultur: Wilde Tiere kämpften mit Gladiatoren auf Leben und Tod. Heute posieren junge Männer, als römische Soldaten verkleidet, für Fotos. Ab und zu vom Klingeln ihres Telefonino gestört. Einen Läufer stört nichts bei der Zeitreise in die Vergangenheit über das Forum Romanum 4 – ein Durcheinander verfallener Tempel und Basiliken. Ein Ort wo die alten Römer politische Diskurse führten, Handel trieben und Gericht abhielten.

Den historischen Lauf über den Piazza Venezia krönt ein Besuch im Palazzo Venezia. Er beherbergt Roms bedeutendste Sammlung für dekorative Kunst.

Die Reliefkarten, in Stein gemeißelt, bezeugen, wie weit sich die Hochkultur einst ausdehnte, deren Zentrum man durchquert. Bestückt mit Zeugnissen der Weltgeschichte, hier der Antike, dort des Mittelalters, als Rom unter den Päpsten eine neue Blüte erlebte. Die *Piazza Venezia* 5 gehört dazu, mit dem gleichnamigen Palast, der Roms bedeutendste Sammlung für dekorative Kunst beherbergt und von dessen Balkon einst Mussolini seine Reden schwang. Kurz danach streift die historische Reise das *Pantheon* 6, ebenfalls ein Wahrzeichen der Stadt: älter als das Christentum.

Die Piazza Navona lockt jeden Tag und jede Nacht mit Kunst, Barock und lebendigem Treiben um seine drei Brunnen.

Ein herrlicher Rundbau mit grandioser Kuppel, ehemals der Gesamtheit der Götter geweiht. Nur noch wenige Schritte, dann erreicht man Roms schönsten Platz: die *Piazza Navona* 7, deren Grundriss einem Stadion entspricht, das Kaiser Domitian anlegte.

»Supergiorgio« bestritt hier als Zehnjähriger seinen ersten Laufwettbewerb. Er dreht eine Ehrenrunde, bevor es zum *Campo dei Fiori* 8 geht, wo abends der Bär in Cafés und lockeren Bars tobt. Jetzt, im Morgengrauen, herrscht auch hier noch Ruhe. Händler bauen Marktstände auf. Bohnen, Erbsen, Reis, Nüsse und Dörrobst, frisch geputzte Broccoli und Spinat werden in offenen Körben präsentiert – ein Gefühl, als wäre man mitten in einem Dorf und nicht im Herzen einer Weltmetropole.

Aber das ist nichts gegen Trastevere jenseits des Flusses, das viele für das wahre Rom halten. Das Viertel erreicht man über die Tiber-Brücke

Ponte Sisto ❾. Ein wirres Netz enger Gassen, durch die alte Weiblein schlurfen. Am Hauptplatz *Santa Maria* ❿ fegen fleißige Hände die Scherben der vergangenen Nacht zusammen, aus den Cafés weht der unwiderstehliche Geruch von frischem Brot und noch frischerem Espresso, der einen begleitet bis zur *Piazza del Popolo* ⓫, gekrönt von einem 3000 Jahre alten ägyptischen Obelisken. Einst war er Schauplatz grausamster Ereignisse: öffentliche Hinrichtungen mit dem Hammer. Geblieben ist der atemraubende Aufstieg zum *Park der Villa Borghese*: Hunderte von steilen Stufen. Es treibt die Freude – und keine Nagelpeitschen und explodierende Feuerwerkskörper, mit denen man früher bei Rennen Pferde hetzte. Und es treibt die Vorfreude auf den zweitschönsten Park Roms, der für den sinnenfrohen Kardinal Scipione Borghese angelegt wurde. Schöne, breite Wege, von Palmen und immergrünen Sträuchern gesäumt, zwischen denen seit jeher Berühmtheiten wie Richard Strauss, Gandhi oder der ägyptische König Farouk lustwandelten.

Einen Lauf wert: Das Kolosseum, Roms größtes Amphitheater, ließ Kaiser Vespasian 72 nach Christus erbauen.

Villa Borghese steht für Natur pur und laufend Kultur tanken: ionischer Tempel auf der Insel im Giardino del Lago.

Ein Lustwandler von hohen Graden ist der Sonnengott Apollo des Bildhauers und Barockgenies Gianlorenzo Bernini, ein berühmtes Exponat, das im Museum Galeria Borghese steht, der Skulpturen- und Gemäldesammlung der Borghese-Dynastie. Im Lauf versucht der lüsterne Gott eine nackte Nymphe einzuholen, doch kaum berührt er sie, verwandelt sie sich in einen Lorbeerbaum. Wie Ovid berichtet, konnte Apoll nur noch durch die Rinde den Rhythmus ihres pochenden Herzens spüren. In die Marmorstatute steht eingraviert: »Wer den flüchtigen Freuden nachzujagen beliebt, findet zuletzt in seinen Händen nur Blätter und bittere Beeren.«

Das Herz pocht. Der Lauf beschert – wie jeder auf diesem doch so wundervollen phantastischen Planeten – eine bleibende Freude, versüßt durch einen letzten Rundblick von der Piazza de Pincio ⓬ auf das Panorama von Rom, über das sich langsam die Morgensonne hebt. Die Laternen an der Piazza del Popolo gehen aus. Der stille Morgenzauber der Stadt verwandelt sich in ein quirliges Chaos. Der schnellste Taxifahrer Roms jongliert seine Fahrgäste durch den Verkehr. Stockend, hupend, mit kürzesten Vollgas-Sprints. Laufend wäre »Supergiorgio« vermutlich schneller. Macht nichts. Jetzt läuft das Taxameter.

Rom

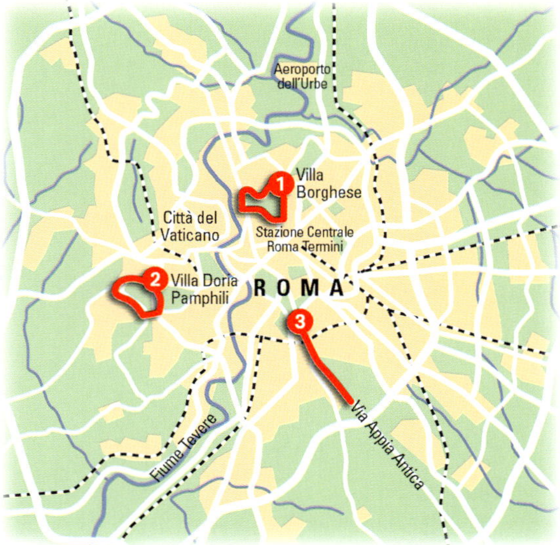

Laufstrecken in Rom

VILLA BORGHESE ❶:

Start: Hotel Holiday / Länge der Laufstrecke: 7,5 km

Hier ist der ideale Platz für den laufenden Rom-Besucher. In unmittelbarer Nähe der touristischen Highlights, wie Spanische Treppe und Piazza del Popolo, liegt einem von hier aus die ganze Stadt zu Füßen. Erholsame 7,5 Kilometer sind eine Runde auf knirschendem Kies durch den ehemaligen Garten des Grafen Borghese, in dessen ehemaliger Residenz jetzt eine einzigartige Kunstsammlung untergebracht ist.

VILLA DORIA PAMPHILI ❷:

Start: Parkeingänge / Länge der Laufstrecke: 5 km

Wer sagt, in Rom könne man nicht gut laufen, hat die Villa Doria Pamphili nicht gesehen. Ein Traum. Erhaben liegt der Park auf dem Hügel des Monte Verde. Man sieht unendlich weit, und manchmal führt die 5-Kilometer-Runde so dicht am Vatikan vorbei, dass er zum Greifen nah erscheint. Hier trainieren die Profis.

VIA APPIA ANTICA ❸:

Start: Grabmal Cecilia Metella / Länge der Laufstrecke: unbegrenzt

Auf der Via Appia Antica zu laufen heißt, einen Lauf in die Vergangenheit zu unternehmen. Der Start empfiehlt sich am Grabmal Cecilia Metella. Vor allem am Morgen haben die alten Bauwerke am Rande der ältesten Fernstraße der Welt einen besonderen Reiz. Doch äußerste Vorsicht ist auf dem alten, holprigen Kopfsteinpflaster geboten.

Hotels

Marriott Grand Hotel Flora
Via Vittorio Veneto, 191
I-00187 Rom
Telefon: 0039 / 06 / 48 99 29
Fax: 0039 / 06 / 4 82 03 59

Preise:
DZ: ab 510 000 L.
EZ: ab 410 000 L.

Nur fünf Minuten von der City entfernt, an der berühmten Via Veneto. In unmittelbarer Nähe zu den berühmtesten Sehenswürdigkeiten der Stadt, Theatern und Edel-Geschäften. Das Beste: Man muß nur über die Straße und schon ist man in der Villa Borghese.

Hotel ELISEO
Via di Porta Pinciana, 30
I-00187 Rom
Telefon: 0039 / 06 / 4 87 04 56
4 81 54 74
Fax: 0039 / 06 / 4 81 96 29

Preise:
DZ: ab 320 000 L.
EZ: ab 220 000 L.

Das Hotel liegt an der höchsten Stelle der Via Veneto mit traumhaftem Blick auf Villa Borghese, Villa Medici und die ganze Stadt. Die Preise können, wie überall in Rom, je nach Jahreszeit sehr variieren.

JOLLY HOTEL V. VENETO
Corso Italia, 1
I-00198 Rom
Telefon: 0039 / 06 / 84 95
Fax: 0039 / 06 / 8 84 11 04

Preise:
DZ: ab 400 000 L.
EZ: ab 345 000 L.

Nicht gerade schön von außen, aber direkt am Park. Sehr praktisch.

Running Shops

William Sport
Via Monza, 6
I-00182 Rom
Telefon: 0039 / 06 / 77 20 09 11
Fax: 0039 / 06 / 2 05 26 81

Maximo Sport
Via Cattaro, 135
I-00154 Rom
Telefon: 0039 / 06 / 5 12 02 82
Fax: 0039 / 06 / 5 14 12 50

Restaurants/ Entertainment

»Da Meo Patacca«
Piazza Mercanti, 30
I-00153 Rom
Telefon: 0039 / 06 / 5 81 61 98
Fax: 0039 / 06 / 5 81 25 52
E-Mail: meopatac@tin.it
website:
www.dameopatacca.com

Ein Platz zum Verlieben. Altes, wunderbares Haus mitten im verträumten Stadtteil Trastevere gelegen. Die Küche bietet alles, was den Italienliebhaber erfreut. Der Wirt läuft Marathon.

Alberto Ciarla
Piazza San Cosimato, 40
I-00153 Rom
Telefon: 0039 / 06 / 5 81 86 68

Dieses Restaurant ist ein absolutes Muss für alle Fischliebhaber. Sonntags geschlossen, Reservierung empfohlen.

ydney

Traumpfade führen entlang einer quirligen Hafenlandschaft und durch stille Parks, die Buschfieber entfachen. In dieser Stadt einen Tag mit Regen zu erwischen, grenzt an ein Wunder. Nun ja – ich mag Wunder.

Über der Magnetbahn ballt sich ein Schmuddelwetter zusammen. Unüblich für Sydney. Dort scheint die Sonne an 342 Tagen im Jahr.

Bei Schmuddelwetter könnte man trübsinnig werden. Könnte man. Läufer nicht. Wir laufen – und wir tanken Glück. Wir haben unser Blut auf Glück gepolt. Wie? Ich trinke eine Stunde vor jedem Regenlauf einen cremig-schaumigen Eiweiß-Shake. Genuß pur. Und esse beim Loslaufen einen Beutel Powergel. Ein Kohlenhydratpäckchen, süß und sanft. Aus dem Eiweiß strömt Tryptophan ins Blut, das schickt der Zucker sofort ins Hirn – und es wird dort zu Serotonin. Glück pur. Das macht mich zu einem immer lächelnden Läufer. Auch wenn's schüttet. Gerade gießt der Himmel Kübel über Sydney aus. Über die Stadt am rauschenden Pazifik, der Buschland in den Rücken wächst. Über die Stadt, die moderne Wolkenkratzer-Architektur mit Sandsteinbauten im Kolonialstil vereint. Über die Stadt, in der lauter lustige Menschen leben und von der das hiesige Boulevard-Blatt »Daily Telegraph« postuliert: »Sport ist das Leben. Der Rest ist Schatten.«

Kevin betritt klitschnass die Lobby des Hotels. Er ist Vizepräsident des besten Laufclubs der Stadt, der »Sydney Striders«. Sein Spezialgebiet: *Fun Runs*. Also, let's go. Let's have fun! Ab zum Lunchtime-Run.

Der Lunchtime-Run

Hier leben vier Millionen Menschen. Die meisten sind Läufer. Werktags kann man die Uhr nach ihnen stellen. Athleten in T-Shirts mit dem Logo ihres Arbeitgebers, wie der Port Macquaire Bank, der Lucent Technologies oder der ATP-Holding, schwärmen aus den noblen Foyers der Bürohochhäuser im Finanzdistrikt rund um den Martin Place, stauen sich in den Straßenschluchten, rastlos trippelnd vor rot blinkenden Ampeln. Dann ist es Punkt zwölf Uhr. »Einen Lauf kannst du in jeden Tag reinpacken, das passt immer dazwischen. Einfach raus aus der Konferenz, Schuhe anziehen und los«, sagt Kevin. Wer in Sydney nicht fit ist, gehört nicht dazu. Selbst Bürgermeister Frank Sartor hält sich mit Laufen in Form. »Laufen macht mir einen klaren Kopf, es gibt mir generelles Wohlbefinden«, erläutert er. In Sydney gehen viele schon um acht Uhr abends zu Bett, damit sie vor dem Bürotag noch schnell 60 Kilometer radeln oder 20 Kilometer laufen können. Längst hat jede Firma, die etwas auf sich hält, im Keller ein Fitness-Studio oder zumindest eine Umkleidekabine mit Dusche eingerichtet und ködert mit solch Annehmlichkeiten die besten Mitarbeiter. »Wir sind halt verrückt nach Sport und haben hier zum Glück hervorragende Voraussetzungen dafür«, so Kevin. »Du hast das Meer vor der Tür, die wunderbaren Parks.« Und an 342 Tagen im Jahr scheint die Sonne. Heute fegt halt ein Regensturm über den gigantischen Sportplatz namens Sydney. Trotzdem: happy as Larry, wie der Australier sagt – zufrieden. Mehr als das.

Kevin führt durch die Cumberland Street ❶, in der gerade das hypermoderne Fitness-Center »King George V.« eröffnet hat, und überholt sechs merkwürdige Gestalten, vermummt in schwarzen Kapuzen, Regencapes, mit Kletterseil bewaffnet. Touristen mit einem Führer, die für 100 Dollar über den 150 Meter hohen Brückenbogen der weltberühmten Sydney Harbour Bridge steigen. 1400 Arbeiter bauten acht Jahre lang an diesem Stahlkonstrukt, »Kleiderbügel« genannt, bis es endlich 1932 das Stadtzentrum an der Südseite mit dem Wohnviertel an der Nordseite des Hafens verband. Man muss sich nicht mit Kletterseilen abmühen. Es reicht auch, zwei Dollar für die Besteigung des Brückenturms zu investieren oder einfach auf dem Fußweg über die Brücke zu laufen. Der Blick den Circular Quay ❷ entlang, hin zum muscheligen Opernhaus ❸ und den gewundenen Küstenstreifen sei eine »Supersache«, meint Kevin. »Nur heute? Bei dem Wetter und dieser Sicht? Lieber nicht.«

Die Abendsonne und die Sydney Harbour Bridge. Mal wieder eine Kombination, die sich unvergesslich ins Gedächtnis-Celluloid einbrennt.

Heute sind nicht einmal Fußgänger unterwegs. Nur Läufer. »Nur die harten Hunde«, schmunzelt Kevin. Hunderte, eine ganze Meute. Die Pfützen am Dawes Point Park am Fuß der Brücke sind knöcheltief, und der Wind peitscht den Regen ins Gesicht. Manche laufen in Gruppen, manche sprinten, um auf ein Cooperate-Rennen zu trainieren, das jeden Mittwoch in der Mittagspause und jeden Freitag nach Büroschluss stattfindet.

WALSH BAY
Bradfield Highway
The Rocks
SYDNEY COVE
Sydney Opera House
Millers Point
Observatory Park
Western Distributor
Argyle St
Toll Point
Cumberland Street
Cahill Expressway
Circular Quay
Circular Quay East
Government House
FARM COVE
Mrs. Macquarie's Point
Mrs. Macquarie's Chair
The Domain
WOOLOOMOOLOO BAY
Grosvenor St
Bridge Street
Royal Botanic Gardens
Mrs. Macquaries Road
Wynyard Park
George Street
Pitt Street
Castlereagh Street
Macquarie Street
Cahill
Expressway
The Domain
Wooloomooloo Finger Wharf
DARLING HARBOUR
King Street
Art Gallery Road
Elizabeth Street
St. James Road
Archibald Fountain
Market Street
COCKLE BAY
Hyde Park
Palmer Street
Wooloomooloo
Darling Harbour
Park Street
William Street
1
2
3
4
5
6

Sydney

Besser, man lässt es etwas gemütlicher angehen, legt den Serotonin-Gang, den Sightseeing-Gang, ein, um den Tourist-Run, wie ihn die »Sydney Striders« nennen, Schritt für Schritt im Gedächtnis zu verankern. Zunächst führt er durch The Rocks, der Geburtsstätte Australiens, im Westen der Bucht, die von der Sydney Harbour Bridge zur Oper führt. Dieser Stadtteil mit einem Labyrinth kopfsteingepflasterter Gassen freut mehr das Auge als die Läuferbeine. Hier ging im Januar 1788 die erste Flotte mit britischen Sträflingen vor Anker. Ihnen folgten freie Siedler, Kaufleute, Robben- und Walfänger. Später, nach dem Krieg, Einwanderer aus allen Kontinenten. Die etwas kuriosen Wurzeln merkt man den Australiern eigentlich nur noch selten an. Vielleicht an der etwas rauhen Sprache. Da muss sich das Ohr wirklich erst dran gewöhnen. Man wird das Gefühl nicht los, sie hätten einen dicken Knödel im Mund, der sie daran hindert, die Wörter ganz auszusprechen. *Dingo* heißt: *didn't go*. Oder *wezzme* meint *where is my* … Und mein Lieblingswort Danke heißt hier *ta*. Das hat mein Töchterchen Maria schnell mitgekriegt. Ständig flitzt sie um die Ecke nicht mehr mit Tüt-tüt, sondern mit Ta-tü, ta-ta – und klärt uns jedesmal, wirklich jedesmal, über das ta auf. Jedenfalls wurde in »The Rocks« die britische Kolonie New South Wales gegründet. Mit Hammer und Meißel mussten die Sträflinge Straßen in den massiven Fels treiben. An diese Zeiten erinnert auch ein Nachbau der »Bounty«, mit der einst Captain Cook zwischen England und Australien hin und her segelte, bevor ihn seine meuternde Mannschaft meuchelte. (Alliteration. Gelungen? Nein? Kein Wunder, der Lauf ist zu langsam. Das ACTH, das Kreativitäts-Hormon für die guten

Dort macht die Großstadt-Hektik halt: Im Royal Botanic Garden kann man sich so richtig auslaufen.

Sätze, fehlt.). Heute kann man mit der »Bounty« eine Hafenrundfahrt unternehmen oder einfach auf ihr zu Mittag essen. Einen Meeresfrüchte-Teller mit Kammmuscheln, Taschenkrebs, Felsenaustern, Hummer, Miesmuscheln … Dann Passionsfrüchte und dann vom Tisch aufstehen und hüpfen. Wie ein Känguru. Genau. Einer tierliebenden Läuferseele gefällt es übrigens am allerbesten im Toronga Zoo. Kängurus, Koalas, weiße Tiger, Schnabeltiere und Plumpbeutler angucken. Kevin holt sich unterwegs höchstens irgendwo einen Salat, den er dann am Schreibtisch isst. Er würde, »nur um zu essen«, auf keine Minute des Laufes verzichten, auch wenn die Restaurants und Cafés sehr einladend aussehen. Übrigens einer der Gründe, weshalb Läufer wieder Zeit haben. Lebenszeit. In den Rocks mit seinen Warendepots und Wolllagern aus der Kolonialzeit ist alles mit Bedacht auf historische Atmosphäre restauriert und rausgeputzt.

Zeit für frisches Obst und einen cremigen Eiweiß-Shake. Der beste Läufersnack. Überall auf der Welt.

GLOBERUNNER-TIPPS

Ozonloch:
Die Ozonwerte in Sydney sind hoch. Das spricht für einen Morgenlauf. Dann sind einem auch nicht die vielen Lunchtime-Runners im Weg.

Vitamin-Sonnenschirm:
Selbst bei bedecktem Himmel hohe UV-Strahlung. Sonnenschutz mit Faktor 15 aufwärts wählen. Und auf genug Beta-Carotin achten. Die Vorstufe des Vitamin A schützt die Haut von innen heraus. Steckt in rötlichem Obst und Gemüse – und gibt's in der Apotheke.

Man ist schließlich stolz auf seine 200-jährige Geschichte. Zum Beispiel auf das *Cadman's Cottage*, Sydneys ältestes Wohnhaus. Dort wohnte John Cadman, ein britischer Pferdedieb, der 1798 mit einer Sträflingskolonne hier ankam. Irgendwann beförderte man ihn zum Oberaufseher der Regierungsflotte. Er heiratete Elizabeth, eine Haarbürsten-Diebin, die sich als erste das Frauenwahlrecht erstritt, und lebte mit ihr lange und glücklich in diesem kleinen Sandsteinhaus. Auch einen Besuch wert: Das »Hero of Waterloo«, einer der ältesten Pubs der Stadt, wo skrupellose Kapitäne sturzbetrunkene Gäste durch Falltüren verschwinden ließen, durch Schmuggeltunnel auf ihre Schiffe verfrachteten und so ihre Mannschaft aufstockten. Ich überlege kurz, ob das eine kreative Läuferidee für zu kleine Parteien ist?

Graffito. Dem Model möchte man nicht begegnen. Aber er uns auch nicht. Dann liegt er auf dem Teller, und seine Flossen machen als Pülverchen Japaner potent.

Manly, Centennial Park und noch mehr Lauftipps …

Heute verkehren hier am Circular Quay hypermoderne Fährboote, *Jetcats*, die einen in nur fünfzehn Minuten zur Landzunge Manly bringen könnten, zum »Manly Scenic Walkway«, einer Strecke, die den Puls fröhlich hüpfen lässt. Der Blick auf den Hafen brennt sich zu den vielen anderen auf das Erinnerungs-Celluloid im Gehirn. Moderne Häuser mit Panoramafenstern wechseln sich mit Stränden ab, die zum Baden und Schnorcheln einladen. 1788 landete Captain Arthur Phillips an der Manly Cove. Dort, wo ein Fluss als Wasserfall herunterstürzt und sich ins Meer ergießt. Ein Schild erinnert daran, dass der Captain der Bucht den Namen »manly«, also menschlich, gab, weil die Eingeborenen, auf die er traf, so »zutraulich und menschlich« waren. An den Cliffs sind Felsmalereien der Ureinwohner zu sehen, an denen der *Scenic Walkway* vorbei bis zur *Split Bridge* führt, ein Neun-

Kilometer-Lauf, der hier nicht enden muss, weil man nahezu endlos weiterlaufen könnte (Strecke 4 Seite 222).

»Du kannst ein Jahr lang bleiben und jeden Tag, 365 Tage lang, einen neuen zauberhaften Lauf mit mir machen«, sagt Kevin am weltberühmten Sydney Opera House. Dem Architekten Jørn Utzon fiel dieser weltberühmte Muschelbau beim Schälen einer Orange ein. Typisch: Obst macht Genies. Kevin schildert fast hymnisch den Beachwalk, der von Clovelly Bay über 30-Meter-Cliffs mit fantastischem Blick bis zum Bondi Beach führt, Austragungsort des olympischen Beachvolleyball-Turniers, gut zehn Autominuten von hier. Er schwärmt vom Centennial Park, einem 220-Hektar-Idyll am Rande der Innenstadt mit Eukalyptusbäumen und Gelbhaubenkakadus, Magnet für Lunchtime-Runner, Radfahrer und Skater.

GLOBERUNNER-TIPPS

Linksverkehr einplanen.

Rechts laufen. Beim Straßenüberqueren erst rechts, dann links, dann noch mal rechts gucken. Und im Kopf addieren, dass die Aussis gern schnell fahren.

Da ist was im Busch:

Wer außerhalb Sydneys läuft, läuft mit Kriech- und Krabbeltieren, wie Rotrücken- und Trichternetz-Spinnen und diversen Giftschlangen. Augen auf.

Sonntagsläufer:

Auf Kevins Internetseite (www.coolrunning.com.au) findet man eine Auswahl der 26 verschiedenen Club-Runs, die sonntags stattfinden und mit einem Picknick enden, das jedes Mal einer der Läufer ausrichtet. »Wir haben beschlossen, die beste Quelle für Laufinformation in ganz Australien zu sein.«

In diesem Buschland machten früher Aborigines auf ihren Traumpfaden Station. Im Frühjahr, wenn die Vögel brüteten. Wer nach Australien fährt, hat natürlich Bruce Chatwins »Traumpfade« im Koffer. Im Klappentext steht: »Traumpfade oder Songlines sind unsichtbare, für den Weißen nicht nachvollziehbare, an Schöpfungsmythen geknüpfte Wanderwege quer durch Australien; jeder Clan hat seine eigenen Traumpfade, die von den Ahnen übernommen sind und immer wieder begangen werden müssen; denn Wandern auf den überlieferten Pfaden ist Teilhabe an der Schöpfung: Die Ureinwohner schaffen und erhalten die Welt, indem sie ihre Wege beschreiten und die Wegmarken mit den an sie geknüpften Mythen in den Liedern überliefern.« Ein Wunsch keimt auf: das richtig verstehen zu können.

Die Traumpfade des Centennial Parks locken zur 4-Kilometer-Runde auf weichem, federndem Boden.

Im Centennial Park lehrten die Mütter ihre Kinder, aus Schilf Grasmatten zu flechten. Ein kleiner Lehrpfad erinnert an jene Zeit – und auch an das letzte Duell Australiens. Im Jahre 1851 standen sich Sir Stuart Donaldson, der erste Premier Australiens, und ein gewisser Thomas Mitchel gegenüber. Jeder feuerte drei Schüsse ab. Keiner traf. Nur eine Kugel durchbohrte Donaldsons Hut. Vier Kilometer lang ist eine Runde über den traumhaft weichen federnden Boden. Und die Strecke kann mit Schlenkern in den Queenspark oder Moore Park locker auf zehn, fünfzehn Kilometer ausgedehnt werden. »Nur die, die auch mal riskieren, zu weit zu gehen, können herausfinden, wie weit man gehen kann«, heißt ein Spruch von T. S. Eliot, den sich Kevin zur Maxime gemacht hat.

Back to Lunchtime-Run ...

... vorbei am Circular Quay. Am Himmel kreisen Hubschrauber mit Touristen, die dem Werbeplakat nicht widerstehen konnten: »Fliegen Sie über die schönste Stadt der Welt.« Kevins Spruch zum Thema kommt von Martin Luther King und lautet: »Wenn du nicht fliegen kannst, laufe. Wenn du nicht laufen kannst, gehe. Wenn du nicht gehen kannst, krabbel. Aber was immer du tust: Bleib' in Bewegung.« Meine Rede. Jedes Kind tut's. Und kräht fröhlich dazu.

Hinter der Oper fegt eine Windböe Wasser ins Gesicht. Hier stiegen die olympischen Triathleten ins Meer. Stiegen? Das ist gut. Schon mal so eine zivilisierte Schlägerei mitgemacht? Z.B. in Hawaii? Mit 1499 x 2 Muskelarmen ins Wasser gestürzt? Das stählt fürs Leben. Aber zurück: Man schwebt in die Stille des *Royal Botanic Garden*. Hier errichteten Siedler die erste Farm Australiens. Sie verhungerten schier, weil der Boden viel zu felsig war und die Gefangenen nicht als Landwirte taugten. Sie schlugen ein Wegenetz in den Busch und legten 1816 den ersten Park Australiens an. In dem heute 180 verschiedene Palmenarten Schatten spenden.

SPEZIAL-TIPP

Bridge Climb
5 Cumberland Street
AU- The Rocks, Sydney 2000
Telefon: 0061/2/82 74 77 77
Fax: 0061/2/92 40 11 22
E-mail:
admin@bridgeclimb.com.
website: www.bridgeclimb.com

»Spaziergang« über die Sydney Harbour Bridge mit Rundumblick auf den – seit Oympia – berühmtesten Hafen der Welt. Ein unvergessliches Erlebnis.

Internet-Tip für Laufkontakte:
Kevin Tiller
AU- Sydney
E-mail: kevin@coolrunning.com.au
website:
www.coolrunning.com.au/kevintiller
»he runs like a wild animal«

Sydney Striders
website: www.sydneystriders.org.au

Links trainieren Läufer ihre Waden. Sie stürmen die Fleet Steps rauf und runter. Sie wurden in den Felsen gemeißelt, um den in der Farme Cove landenden Flotte-Passagieren den Aufstieg zu erleichtern. Vorbei an *Mrs. Macquarie's Chair* 4 . 1816 hieb man einen Sitz in den Felssims für die Gouverneursgattin, die von hier aus die Schiffe beobachtete. Der Lauf geht vorbei an dem Outdoor-Pool, in dem Triathleten in der Mittagspause bei Laktat 10 ihre Bahnen ziehen, in den angrenzenden Park *The Domain* 5 . Glückseliges Tänzeln entlang der *Art Gallery of New South Wales*, vor der storchenähnliche Ibisse stolzieren. Mit den Gedanken ins Innere schlüpfen. Sie birgt die weltweit größte Galerie, die sich mit der Kunst und Kultur der Aborigines beschäftigt, die *Yiribana Gallery*. Einfache Zeichnungen mit Naturfarben auf Rinde erzählen verschlüsselt von den Geistern, von den Kräften der Natur, von den Traumpfaden der Urahnen. Ein Traumpfad führt weiter in den *Hyde Park* 6, in dem sich Pappeln wie ein Tunnel über einen schließen. Ein letzter Moment Ruhe, das Gefühl von Abgeschiedenheit, bevor es in die Hochhausschluchten der City geht, in der die Lunchtime-Runners nach und nach alle wieder in den noblen Foyers verschwinden.

Eine Stunde dauert die Mittagspause in Sydneys City. Nach den zurückkehrenden Läufern allerdings sollte man seine Uhr nicht stellen. Könnte sein, dass ein Lunchtime-Run manchmal etwas länger dauert, etwas länger geträumt wird. Traumläufe auf Traumpfaden.

Sydney

Laufstrecken in Sydney

TOURIST-RUN ❶ :

Start: City-Geschäftszentrum / Länge der Laufstrecke: 12 km

Die Läufer vom Laufclub »Sydney Striders« nennen den Lauf im Geschäftszentrum Touristen-Lauf, weil man auf der Runde durch den Royal Botanical Garden und Hyde Park (12 Kilometer) an Wahrzeichen wie dem Opernhaus vorbeikommt. Die genussvolle Mischung aus Großstadt, Park und Meer ist besonders reizvoll um die Mittagszeit, wenn die Einheimischen ihren Lunchtime-Run absolvieren.

CENTENNIAL PARK ❷ :

Start: Parkeingänge / Länge der Laufstrecke: 15 km

Auch besonders zum Lunchtime-Run stark frequentierte Lauf-Hochburg in Citynähe: Der Park mit weit verzweigten weichen Pfaden lädt zum Kombinieren ein. In der Mitte befindet sich ein unter Naturschutz gestelltes Sumpfgebiet, wo die Ureinwohner einst ihre Kinder das Weben von Grasmatten lehrten. Mit Schlenkern in den Queens Park oder in den Moore Park kann man jede Runde locker auf 15 Kilometer ausdehnen.

BEACH-RUN ❸ :

Start: Cogee-Beach / Länge der Laufstrecke: 8 km

Spektakulär sind die acht Kilometer vom Coogee Beach zum Bondi Beach, vielleicht der schönste Lauf in Sydney. Mal geht es durch einen malerischen Friedhof, mal über steil abfallende Felsen 50 Meter hoch über dem Meer, das hier mit Urgewalt und meterhohen Wellen an die Klippen donnert, dann wieder durch Traumbuchten am Strand entlang, wo Surfer akrobatisch über Wellen reiten.

Hotels

Park Hyatt Sydney
7 Hickson Road
AU-The Rocks,
Sydney NSW 2000
Telefon: 0061/2/92 41 12 34
Fax: 0061/2/92 56 15 55
E-Mail:
sydney@hyatt.com.au
website:
www.sydney.hyatt.com

Preise:
EZ/DZ: ab 560 $ A

Sehr idyllisch am Ende des Hafens mit Blick auf die berühmte Oper gelegen. In jedem Zimmer liegt eine kleine Jogging-Karte mit nützlichen Tips für drei sehr schöne Laufrouten (3,5 km, 5,5 km und 10 km).

Hotel Inter-Continental Sydney
117 Macquarie St.
Sydney NSW 2000
Telefon: 0061/2/92 53 90 00
Fax: 0061/2/92 40 12 40
www.sydney.interconti.com

Preise:
EZ/DZ: ab 390 $ A

Nur ein Steinwurf vom Circular Quay an der westlichen Ecke für Outdoor-Aktivitäten. Möbliert wie im vergangenen Jahrhundert, der Blick aus den meisten Zimmern umwerfend.

Restaurants/ Entertainment

ROCKPOOL
107 George Street
AU-The Rocks,
Sydney, NSW 2000
Telefon: 0061/2/92 52 18 88

Ein schickes Lokal auf historischem Fels. Erstklassige Küche, vor allem auf Meeresfrüchte spezialisiert, die mit asiatischem Touch zubereitet werden.

CATALINA ROSE BAY
1 Sunderland Avenue
AU-Lyne Park, Rose Bay,
Sydney NSW 2029
Telefon: 0061/2/93 71 05 55
Fax: 0061/2/93 71 05 59
E-Mail:
catrest@ozemail.com.au
website:
www.catalinarosebay.com.au

Im Catalina Rose Bay ist das Essen, der Blick auf die Bucht von Sydney fantastisch. Hier kann man während des Essens Wasserflugzeugen zusehen, wie sie starten und landen.

Running Shops

The Runners Shop, Randwick
223 Clovelly Road
AU-Clovelly NSW 20312
Telefon: 0061/2/93 15 87 11
Fax: 0061/2/93 15 73 82
E-Mail:
runnersshop@bigpond.com
website: www.users.bigpond.com/runnersshop

Shop 1
130 Paramatta Rd
Auburn, NSW, 2144
Australia
Telefon: 0061/2/96 47 12 40

Tokio

»Fugu« lautet ein Grund, nach Tokio zu fahren. Der Kugelfisch ist eine Herausforderung, wie ein Triathlon. Ein Nerven-Kitzel. Ein An-seine-Grenzen-Gehen. Ein wenig russisch Roulette. Leber und Eierstock des Fisches enthalten ein tödliches Gift, darum darf er nur von Köchen mit einer speziellen Lizenz zubereitet werden. Der zweite Grund: Neugierde. Kann man diese Stadt erlaufen? Der Dritte: ich muss. Geschäfte.

Natürlich kann man in Tokio auch laufen. Nur, man tut das in diesem 12-Millionen-Menschen-Irrgarten lieber nicht alleine. Tokio könnte Frankfurt als Randbezirk verschlingen – was nicht heißen soll, dass sich Läufer von der »Stadt der tausend Dörfer« einschüchtern lassen müssen. Verschlungene Gassen, Miniaturhäuschen mit winzigen Vorgärten wechseln sich ab mit mehrstöckigen Highways und Wolkenkratzern. »Warum in Amerika beim Ultramarathon im Death Valley antreten, wenn man die Betonversion vor der Haustür hat?«, lautet einer von Jürgen Wittstocks Lieblingssprüchen.

Der Zwölf-Millionen-Menschen-Irrgarten bei Nacht. Die häufigste Frage? Die nach dem Weg. Fremde finden sich in Tokio nur mit Lageplan-Zeichnung zurecht.

Per Fax in den Yoyogi Park

Jürgen Wittstock lief 1984 seinen ersten Marathon in Frankfurt. Den schaffte er auf Anhieb unter drei Stunden. Und heute läuft Jürgen immer noch, meistens morgens, in Tokio. Und ich komme mit. Heute zum kurzen *Jetlag-Lauf*. Es ist sieben Uhr. Ich trabe mit dem Spezialisten für Regenwasser-Aufbereitungsanlagen bei der *Harajuku Station* ❶ los, in der Hand ein Fax mit der Wegbeschreibung. In Tokio einen Treffpunkt zu vereinbaren ist eine Wissenschaft für sich. Hier gibt es keine Adressen mit Hausnummern. Wer hier lebt, fragt ständig nach dem Weg. Bewohner helfen sich mit Zeichnungen und Lagemarkierung, die sie sich vor dem Treff zufaxen. Auch Läufer tun das. Frauen finden sich in Tokio leichter zurecht. Denn hier ist nicht der Stadtplan, sondern die rechte Gehirnhälfte gefragt, man merkt sich den Weg über Bilder: links der Gemüsestand, rechts der Tempel,

ein Stück weiter die Waschmaschine, die den beengten Wohnraum auf den Bürgersteig ausdehnt, die Wäscheleine, die den Himmel farbig tupft, der altehrwürdige Schrein, dann die dreigeschossige Schnellstraße, 50 Meter später das Café in Glas und Beton, an der Kreuzung das Kaufhaus, die Polizeistation (koban) und dann der Convenience Store. Er ist 24 Stunden geöffnet und liefert Läufern rund um die Uhr alles, was sie brauchen: Energy Drinks, heiße Suppen und Socken (falls man die beim ständigen Ver-Laufen durchgescheuert hat).

Wohlgenährte Krähen gleiten im Tiefflug über unseren Köpfen dahin. Hinter den Baumwipfeln glitzern die Wolkenkratzer von Shinjuku im orangenen Licht der aufgehenden Sonne. »Yoyogi ist der Läuferpark Tokios«, schwärmt Jürgen. »Mit der Bahn gut zu erreichen. Ausgedehnte Wiesen, zentral gelegen, in der Nähe beliebter Stadtviertel wie Shibuya, Harajuku und Aoyama.«

Man läuft im Schatten der 20 000 aus ganz Japan importieren Kiefern, Zedern, Kirschen und Co. Eine gemächliche Runde dauert zirka 30 Minuten. Mit einem Abstecher über die Kieswege vorbei, am berühmten Irisgarten in Richtung Meiji-Schrein 2 etwas länger. Doch das lohnt sich. Der Meiji-Schrein ist eine der wichtigsten Sehenswürdigkeiten der Stadt. 1868 verlegte Kaiser Meiji den Regierungssitz von Kyoto nach Tokio, um das Land nach westlichem Vorbild zu modernisieren. Nach seinem Tod 1912 wurde ihm zu Ehren, genauer: seinem *Kami* (göttlicher Geist der Verstorbenen), der Schrein errichtet. Zehntausende pilgern in der Neujahrsnacht hierher, um für ein gutes neues Jahr und Glück zu beten. Ein Prachtfest für die Augen ist der 15. Januar. Dann kommen alle junge Frauen, die 20 Jahre alt geworden sind, zu ihrem Volljährigkeits-Fest, gehüllt in bunte Kimonos. Was wenige wissen: Im Yoyogi Park ist 1910 zum ersten Mal ein Flugzeug in Japan aufgestiegen. Der Flug dauerte allerdings nur drei Minuten und endete mit einer Bruchlandung. Wir fliegen sicher über die Wege.

Fernöstliche Augenweide: Japaner mit traditionellen Helmen und Rüstung der Samurai, der japanischen Kriegerkaste.

Nach zehn Minuten entlang der Westflanke vom Yoyogi Park stößt Bob Poulson zu uns. Er ist Mitbegründer des Läuferklubs »Nanban Rengo« was soviel bedeutet wie »Barbaren-Vereinigung«. Nanban wurden lange Zeit die Ausländer genannt. Die Mitglieder treffen sich Mittwoch abends in der Laufarena des Yoyogi Park. Sie trainieren gemeinsam, planen Wettbewerbe, essen anschließend Sushi. Und trinken viel Bier und Sake. Ein Drittel der Mitglieder sind Japaner, der Rest ein buntes, internationales Gemisch aus Journalisten, Lehrern, Ingenieuren und Börsenmaklern. »Der Club soll den Besuchern, die zum ersten Mal in Tokio sind, den Einstieg in die Läuferszene erleich-

LAUFKONTAKT

Nanban Rengo Running Club
Mitglieder treffen sich jeden Mittwoch um 19 Uhr auf der Laufbahn im Yoyogi Park.

Kontakt: Jürgen Wittstock
E-mail: spiridon.09@f4.mnx.ne.jp

tern«, sagt Werbetexter Bob. Und die ist gigantisch. Das Interesse der Japaner am Laufen kann man nur mit unserem für Fußball vergleichen. Bei Marathonwettbewerben sitzt ganz Japan vor dem Fernseher.

Am Ende der Yoyogi-Westflanke lockt das Olympic Memorial Youth Center ❸ die Läufer, die den Parklauf mit Schwimmen verbinden wollen. Vom Pool auf dem Dach hat man einen schönen Ausblick auf die Shinjuku-Skyline. Bei Schönwetter zieht sich die Überdachung zurück. Wir drehen noch eine zweite Runde, dann rufen die Geschäfte. »Sehen wir uns morgen?«, fragt mich Jürgen. »Ich geh' heute abend Fugu essen.« Er: »Ich hoff', dass du auf den Tropfen Gift verzichtest?« Ich: »Schaun wir mal.« Kopfschüttelnd trabt Jürgen weg. Und ich zieh mein Fax aus der Tasche. Meine Gedanken driften zurück in meine Assistentenzeit. Fugu. Das Gift heißt Tetrodotoxin. Habe ich in der Uni Erlangen über komplizierte Wege aus Japan bestellt. Spezialversand, größte Vorsicht, kleine Glasampulle, extrem gefährlich, extrem teuer. Habe mich im Rattenstall der Uni eingesperrt. Niemand durfte rein. Ein 48-Stunden-Versuch mit diesem Gift. Unter dem Mikroskop habe ich auf Muskelstreifen Nervenleitungen mit Gift blockiert. Ich trage Mundschutz und Handschuhe. Jedes Staubkorn eine kleine Giftbombe. Alle 30 Minuten Kontrollanruf vom Oberarzt, ob ich noch lebe. Ich schwitze. Verliere vier Kilo. Tetrodotoxin. Eines der gefährlichsten Gifte der Welt. Das ist Fugu, das ist Tokio.

Beliebter Läufer-Treffpunkt: das Sakuradamon-Tor am Kaiserpalast. Start zu einer Fünf-Kilometer-Runde.

Per Metro zum Kaiserpalast

Am nächsten Morgen gucke ich in den Spiegel und freu mich: Ganz schön lebendig. Wir treffen uns an der *Yoyogi Station*. Uns verschluckt die Yamanote-Linie, was übersetzt soviel heißt wie »Berghand«. Sie fährt auf einer Trasse im Kreis durch Tokio. Die Hauptstadt hat keinen Stadtkern, dafür aber eine Reihe von Subzentren, die sich wie Perlen entlang dieser Bahnlinie auffädeln: Shibuya, Shinjuku, Ikebukuro und Ueno zum Beispiel. Tokio wuselt zur Arbeit. Ein Strom zieht uns hinauf zur Plattform – trotz der Massen drängelt niemand. Wie alle, stellen wir uns diszipliniert in eine Reihe. In den Waggons piepsen Telefone. Popmusik knistert aus Kopfhörern. Sekretärinnen starren auf kleine Videobildschirme, die über den Waggonfenstern das Wetter vorhersagen. Männer blättern in dicken Comic-Büchern – einem Porno-Manga, einem Sciencefiction-Manga, einem Sport-Manga, einem Krimi-Manga ... 20 Millionen dieser Manga-Magazine werden wöchentlich in diesem Land produziert und verschlungen. Wer sich einen Sitzplatz erkämpfen konnte, beugt sich über einen Computer – oder schläft. Das tun hier viele. In der Öffentlichkeit verlangt man von den Japanern emsige Betriebsamkeit, *isogashii*, stetiges Bewegt-Geschäftigsein. Wer Muße zeigt, beleidigt die Arbeitenden. Nicht hier in der Metro. Viele beherrschen die Kunst des Reflex-Tiefschlafes. Sich in wenigen Sekunden zu versenken – um nach wenigen Minuten erfrischt aufzuwachen. Wer das nicht kann, erschöpft sich schnell in Tokio. Allein das Gucken macht müde. Der Blick findet nie Ruhe.

Im Frontwaggon, hinter der Glasscheibe, die uns vom Fahrer trennt, wuchert ein Betonwirrwarr in einen uferlosen Horizont. Kabelknäuel, Stahlwände, und Glasschächte wetteifern mit flachen Dächern, Satellitenantennen und Autobahnrampen. Schreiende Plakate und schrille Neonwände lassen den Puls höher schlagen. Nur die schlichten, traditionellen Einfamilienhäuser mit angrenzenden Suppenläden, Gemüseständen, Miniparks und Tempeln scheinen das Tohuwabohu im Zaum halten zu können, dienen zumindest als kleine Stolpersteine für die ungezügelte Stadtentwicklung. Immer wieder laufen die Sinne Gefahr, in diesem Meer aus Kurzstimulationen den Halt zu verlieren. Geräusche und Bilder, Farben und Botschaften schwirren um einen her, wie Piranhas. Wollen gefüttert werden mit Aufmerksamkeit.

Wer Tokio kennen lernen will, muss unbedingt auch mal die Metro nehmen. Eine Fahrt durch japanische Lebensart und Kultur.

Nach 35 Minuten – ohne Kurzschlaf – steigen wir aus in *Yurakucho* ❶. Und es hungert mich nach einem Lauf, in dem sich die Kakophonie der Eindrücke in meinem Gehirn ordnen kann. Die Station befindet sich gleich neben dem postmodernen *Tokyo International Forum (TIF)* ❷. Der 2-Milliarden-Mark Kulturkomplex macht heute dem Tokyo Tower seine Rolle als Wahrzeichen der Stadt streitig. Das TIF birgt Konzertsäle, Theater, Galerien und eine Kongresshalle. Die 3000 Tonnen schwere Dachkonstruktion schwebt wie eine galaktische Arche Noah über unseren Köpfen. Daneben würfelförmige Gebäude. Durch sie entsteht ein luftiges Tal, mit Bäumen, Zen-Steinen und Rastplätzen. Von hier dauert es im Laufschritt einige Minuten zum Kaiserpalast.

Per Pedes um den Kaiserpalast

Die 5-Kilometer-Runde um die Palastmauern des eine Million Quadratmeter großen Parks ist die ideale Laufoase für Geschäftsleute aus dem Westen, die meistens in der Otemachi-Gegend zu tun haben oder dort in Hotels untergebracht sind. Die Laufwege sind allerdings, wie meistens in Tokyo, asphaltiert. Beim Sakuradamon-Tor ❸ schließt sich uns Kimiko an. Eine bildhübsche Japanerin. Während ich mich tief verbeuge, um ihr auf Japanisch meine Verehrung zu zollen, legt Jürgen einen Zahn zu. Bewunderung klingt durch, als er sagt: »Weißt du, dass unter den ersten 50 in der Frauen-Marathon-Weltrangliste Japanerinnen 16 Plätze belegen? Da können nicht einmal die Kenianer mithalten!« Ich frage mich insgeheim, ob wir mit Kimiko mithalten können. Sie ist klein, zart und zäh. Warum Japanerinnen denn so gute Läuferinnen seien? »Sport ist eine Möglichkeit, um sich in Japan als Frau auszeichnen zu können. Sie gehen deshalb kämpferischer ran.«

Die Laufroute um das Kaiserpalast-Viertel hat ein Amerikaner entdeckt: Präsident Jimmy Carter. Umringt von Bodyguards, lief er morgens während seiner Staatsvisite entlang der wassergefüllten Burggräben. Heute, ein Vierteljahrhundert später, verteilen benachbarte Hotels an ihre sportlichen Gäste immer noch Broschüren mit Jimmys Jogging-Tour. Wuchtige Quader der Befestigungs-

Geishas auf dem Jidai Festival im Asakusa District. Jeder Schrein, jeder Tempel feiert in Tokio sein eigenes Fest.

FITNESS-TIPP

Manchmal – als Läufer immer öfter – stößt man auf Sätze, die das Leben verändern. Erweitern. Leichter machen. So ein klitzekleines, unbedeutend klingendes Sätzlein war:
Der Manganspiegel ist direkt proportional dem Testosteronspiegel. Punkt. Kurze Pause, und die Alarmglocke im Hirn schlug an. Klingt zwar chemisch der Satz, heißt aber auf gut bayerisch, dass man mit Mangan den inneren Antrieb steigern kann. Das Durchsetzungs-Vermögen. Das Geheimnis der Erfolgreichen, der Mächtigen. Testosteron ist das Powerhormon. Geht natürlich nur, wenn man zu wenig Mangan hat. Kann man ja im Blut messen lassen. Ich nahm Mangan, und die Post ging ab. Ich strahle noch heute – das Leben kann so leicht werden. Sie können natürlich auch Abwarten und Tee trinken. Auch da steckt Mangan drin. Das wissen die Japaner.

mauer trennen den Park von Tokios Betondschungel. Wir laufen über Grund, der so viel wert sein soll, wie ganz Kalifornien zusammen. Hier wohnt die kaiserliche Familie in traditionellen Holzbauten 4, versteckt und abgeschirmt von schwitzenden Joggern und dem gewöhnlichen Volk. Die Anlage mit ihren bezaubernden Felsengärten und asiatischen Pflanzenmärchen darf man unangemeldet nur in den Randzonen betreten. Den Kaiser selbst sieht man mit viel Glück und Verbindungen am Neujahrstag, wenn er in der Ferne auf dem Balkon seinen Untertanen zuwinkt. Während wir zwischen Kieferbäumen, Fußballspielern und Picknick-Gruppen tänzeln, tauchen die Gedanken in die Vergangenheit: kämpfende Samurai, zuvorkommende Geishas ... Die Bogenschützen in traditioneller Kleidung auf den Wiesen verknüpfen die Gedanken mit der Gegenwart.

Die fernöstliche Umgebung des Kaiserpalastes lädt geradezu zum Meditationslauf – bei jedem Wetter.

Isogashii verliert hier seine Bedeutung. Muße zeigen die Bewohner der Burgteiche, die Schwäne und Goldfische. Muße zeigen die Polizisten. Sie stützen ihre Arme auf lange Stöcke und geben verlorenen Touristen bereitwillig Auskunft. »Hast du Lust auf mehr vom Tokio der Läufer?« fragt Jürgen. »Ein Park geht noch. Mit besserer Luft, bitte«, sage ich.

Ist einem die Tokio-Hektik zu viel, dann sucht man sich einen Teich oder ein Aquarium. Hinsetzen, Fische angucken, wirkt wie Baldrian.

Bei der Station Kudanshita 5 steigen wir in die U-Bahn, fahren zum Ueno Park. Mit unseren Laufklamotten gehen wir nicht in den Tôshôgû-Schrein. Er steht für das, was wir mit Zen, mit dem religiösen Japan assoziieren: meditative Tradition, Tee-Zeremonien, Räucherstäbchen und Tatamimatten. »Wenn ich manchmal hier sitze unter der bemalten Zimmerdecke vor den überladenen Altären aus dunklem Holz, dann ist die Stille plötzlich greifbar«, sagt Jürgen. Im

GLOBERUNNER-TIPPS

Sind Sie sicher?

Im Gegensatz zu den meisten anderen Metropolen kann man auch noch spätabends in Tokio laufen – eine sichere Angelegenheit. Die einzigen Wegelagerer, vor denen man in Parks auf der Hut sein sollte, sind Krähen während der Brutzeit. Sie attakieren Läufer im Sturzflug, wenn sie zu nah an Nester rankommen. Schilder warnen davor. Allerdings nur auf Japanisch.

Wer auf großem Fuß lebt,

findet hier keine Laufschuhe.
Für Damen wird's ab Größe 39 eng, für Herren ab 44.

Beste Globerunner-Zeit:

März, April (Kirschblütenzeit), Mai, Juni. Dann wird's heiß und stürmisch. September bis Mitte November ist es mild. Und: Nur im Winter gibt's Fugu.

Garten daneben blühen die Winter-Päonien und zwischen Kirschbäumen öffnet sich der Blick auf die fünfstöckige Pagode. Im April feiert man hier ein großes Kirschblütenfest. Wir passieren einen Zoo, den lotusbewachsenen Shinobazu-Teich und Dutzende von Museen, schlängeln uns, allein von Lust und Laune geleitet, durch den Park. Das Schatzmuseum *Horyuji* hat Stararchitekt Yoshio Taniguchi gebaut. Ein sachlich-moderner Bau mit einem Café-Restaurant, wo man sich wie in New York fühlt. Wir aber wollen Tokio, traben in die Ameyoko-Straße unter der Bahntrasse. Wie eh und je reihen sich Verkaufsstände aneinander, überladen mit Taschen, Gemüse, T-Shirts und Meerestieren. Alles trägt die Patina der Nachkriegszeit. Wir fühlen uns versetzt in einen der Schwarzweißfilme von Akira Kurozawa oder Yasujiro Ozu.

Rast im Restaurant »Aufsteigender Drache«. Mit Stäbchen erobern wir uns eine Portion »gyoza« – leckere Teigtaschen –, während alles ringsum zittert, wenn Züge vorbeirattern. »Pst, pst!«, rufen Iraner, klappern mit Bündeln von gefälschten aber funktionierenden Telefonkarten, für die sie nur ein Zehntel des Normalpreises verlangen. Selbst der Schwarzmarkt aus der amerikanischen Besatzungszeit hat hier auf seltsame Weise überlebt.

Genug gelaufen, aber noch nicht genug gesehen. Von Ueno sind es fünfzehn Minuten nach *Asakusa* und seinem Tempelbezirk am Rand des Sumida-Flusses. Nach dem Besuch des *Kannon-Tempels* spazieren wir eine Weile am Ufer entlang, und nehmen dann den »Waterbus«. Der düst hinunter Richtung Tokio-Bucht. In der Gischt wächst ein Utopia in den Himmel: *Odaiba* heißt das aufgeschüttete Neuland, mit Parks, Laufwegen und Strandpromenaden, die sich zwischen wilder Astro-Architektur und Einkaufspassagen wie dem »Venusfort« durchschlängeln. Hier lassen die Marketingstrategen jede Stunde am künstlichen Himmel wie in der Trueman Show die Sonne untergehen. Der Grund: Frauen kaufen impulsiver bei Sonnenuntergang. Wieder an Land, setzen wir uns in eines der zahlreichen Cafés mit Blick auf die *Rainbow Bridge*. Ich erzähle Jürgen von der Birne meines Lebens. Im Flughafen in Tokio. Die teuerste. 10 Mark. Riesig. Weiß wie Porzellan. Duftig, saftig, süß, aromatisch, kühl. Das Wasser lief mir im Mund zusammen und die Mundwinkel herab. Diese Birne. Das ist Leben – das ist Genuss. Das Lichtermeer der Stadt dringt durch Bambussträucher. Der Mond ist zum Greifen nahe. Mir geht eine Zen-Weisheit durch den Kopf: Wenn du etwas erreichen willst, dann ziele daneben. Als uns der Kellner die Rechnung serviert – eine Schale Limonengrastee für 50 Mark, sag' ich: »Ich zahle.« Und schon zückt Jürgen den Geldbeutel. Nun weiß ich, dass ich ohne Diskussion heute im Kameyama-Kaiseki-Restaurant einen Gast haben werde.

Zwischen Wolkenkratzern erholt sich das Gemüt immer wieder an Tradition. Hier der Sensoji-Tempel in Asakusa. Rechts die berühmte Rainbow Bridge

Tokio

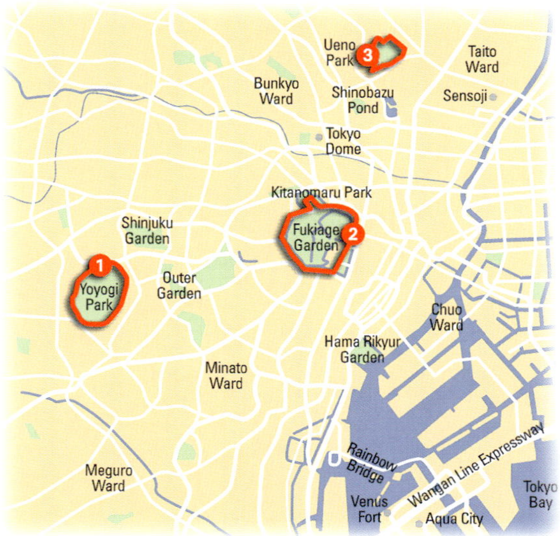

Laufstrecken in Tokio

YOYOGI PARK ❶ :

Start: Harajuku Station beim Jingue Mae Exit. / Volle Runde: 3 Kilometer

Der schönste Laufpark Tokios. Über Wiesen und zwischen Bäumen joggt man zunächst zum Olympic Memorial Youth Center. Läufer legen dort gern im Pool auf dem Dach ein paar Schwimmrunden ein. Futuristischer Ausblick auf die Shinjuku-Skyline. Dann weiter um den Park und über Kieswege zum berühmten Meiji-Schrein. Hier empfiehlt es sich, in die seitlichen Gartenanlagen abzuschwenken und zwischen Teichen planlos dahinzulaufen. Am Wochenende ist der Yoyogi Park beliebter Treff für Europäer und Amerikaner.

KAISERPALAST ❷ :

Start: Sakuradamon-Tor / Volle Runde: 5 Kilometer

Die Route hat Jimmy Carter populär gemacht. Leider alles asphaltiert.
Entlang an den alten Befestigungsmauern und Burggräben, hat man endlich das Gefühl, im alten Japan zu sein. Abgeschirmt und versteckt wohnt hier der Kaiser mit seiner Familie. Durch den Kokyogaien (Äußerer Garten) zum Nationalarchiv und zur Budokan-Konzerthalle. Vom äußeren Burggraben wieder zurück zum Sakuradamon-Tor. Stadtverkehr ist teilweise unvermeidbar.

UENO PARK ❸ :

Start: Ueno Station, Koen Exit / Je nach Laune: 3 bis 5 Kilometer

Gleich beim Parkeingang vor der Station reihen sich Tokios Kunstmuseen. Nach Süden abschwenken, um den Shinobazu-Teich laufen und dann durch den Ueno-Zoo zum postmodernen Horyuchi-Museum. Das hat Stararchitekt Yoshio Taniguchi gebaut. Unter Bäumen im Museumsrestaurant eine Verschnaufpause einlegen und danach zurück zur Ueno Station.

Hotels

Park Hyatt Tokyo
3-7-1-2 Nishi-Shinjuku
Shinjuku-ku; Tokyo
Telefon: 0081/3/53 22/12 34
Fax: 0081/3/53 22/12 88
www.parkhyatttokyo.com

EZ oder DZ: ab 854 DM

Die Drillingstürme des Park Tower Shinjuku hat Star-Architekt Kenzo Tange gebaut. In den oberen Etagen ist das Park Hyatt. Von hier aus hat man den besten Ausblick über ganz Tokio. Fitness-Center und Swimming Pool im 45. Stock. Zum Yoyogi Park läuft man in zehn Minuten.

President Hotel
2-2-3 Minami Aoyama;
Minato-ku; Tokyo
Telefon: 0081/3/34 97/01 11
Fax: 0081/3/34 01/48 16

Preise: EZ: 240 DM
DZ: 300 DM

Nicht weit von den quirligen Stadtvierteln Shibuya und Harajuku. Nah ist auch die Omotesando-Einkaufsstraße, Tokios einziger baumbepflanzter Boulevard, sowie der Yoyogi Park. Japaner joggen gerne durch den angrenzenden Aoyama-Friedhof. Bei der Reservierung »Blick auf den Tokyo Tower« verlangen.

Restaurants/ Entertainment

Yuan
3-7-1-2 Nishi-Shinjuku
Shinjuku-ku; Tokyo
Telefon: 0081/3/53 22/64 27
Fax: 0081/3/53 22/64 28

Im ersten Untergeschoss des Park Tower Shinjuku (wo auch das Park Hyatt untergebracht ist). Traditionelle japanische Küche (kaiseki), von Sushi und Tempura bis zur vegetarischen Landkost elegant und kunstvoll drapiert. Das wohlige postmoderne Zen-Ambiente hat der japanische Star-Designer Takashi Sugimoto gestaltet.

Kakiya-Sushi
Telefon: 0081/3/34 23/14 00
Fax: 0081/3/34 23/14 56

Hier trotten die Fischhäppchen am Fließband auf dem Tresen vorbei (kai-ten-sushi). Stylish-elegant mit Blick über den Yoyogi Park. Preise an der Tellerfarbe erkennbar: 2 DM (rot) oder 4 DM (schwarz) pro Doppelportion. Gleich bei der Harajuku Station, Jingu-Mae Exit, neben der überdimensionalen Videowand im 3. Stock.

Running Shops

Art Sports Shibuya
(Gleich bei der Shibuya Station)
1–5 Sakuragaoka-cho
Shibuya-ku
Tokyo 150
Telefon: 0081/3/37 70/78 87

Oshman's Sports Gear
(Gleich bei der Harajuku Station)
1-14-29 Jingumae;
Shibuya-ku; Tokyo 150
Telefon: 0081/3/34 78/48 88

Wien

Diese Stadt zaubert einem eine Mozartkugel ins Herz. Vor allem, wenn man nachts, mehr tanzend als laufend, im Dreiviertel-Takt über die Ringstraße in die Zeit der k.u.k. Monarchie eintaucht.

Stresstag. Abflug im Dämmerlicht. Kreisen über Wien, weil ein Flugzeug die Piste blockiert. Mein Sitznachbar schwitzt. Er hat in Moschusöl gebadet und so viele Powidltatschkerl auf den Rippen, dass er meinen Sitz mitbenutzt. Lieb. Stau auf der Fahrt in die City. Ankunft im Holiday Inn: 23 Uhr. Frustgrenze erreicht – oder besser: Wiener Grant strahlt aus jeder Pore.

Wenn ich müde und überarbeitet bin, dann schlüpfe ich in die Laufschuhe und wende meinen Lächel-Trick an. Ich nehme mir vor: Jedem, dem du begegnest, den lächelst du an. Dem nickst du zu, den grüßt du. Und los geht's. Weil die Idee so komisch ist, lächelt man schon von alleine. Ich stürme runter in die Hotelhalle, lächle der jungen Dame an der Rezeption zu, schenke dem Portier, der mir die Tür öffnet ein smile. Nicke den Wiener Nachtschwärmern auf der Praterstraße zu. Winke dem Polizisten. Er winkt zurück. Und plötzlich fühle ich mich wieder geborgen – unter Menschen, die ich gar nicht kenne. Wir sind doch alles Menschen. Wir vergessen immer, dass wir alle gleich empfinden und reagieren. Wer grüßt und lächelt, wird gegrüßt und angelächelt. Das macht den Lauf unvergesslich. Man kommt strahlend nach Hause, fühlt sich akzeptiert. Akzeptanz und Liebe – das ist es doch, wonach wir uns unser ganzes Leben lang sehnen. Das kann man sich überall auf der Welt erlaufen, zu jeder Zeit.

Auch eine Möglichkeit, Wien zu erkunden: Klapper-di-klapp mit 2 PS im Fiaker. Hier am Heldenplatz vor der Hofburg.

Der Lauf in die k. und k. Monarchie

23.30. Uhr. Die Ringstraße ist hell erleuchtet. Wiens Gesamtkunstwerk, die vier Kilometer lange, mit Kastanien gesäumte Straße führt rund um den historischen Stadtkern. Kaiser Franz Joseph holte für die Ringstraßenzone Architekten aus ganz Europa, die aus diesem Stadtviertel mit seinen Prachtbauten etwas Einmaliges in Europa gestalteten. Wie geschaffen für eine Entspannungsrunde in der Dunkelheit. Mit jedem Schritt fällt ein Stück der Tageshektik ab. Ich trippele über den Donaukanal ❶, am Franz-Josefs-Kai entlang, den Schottenring ❷ hinunter. Vorbei an der Votivkirche, am alten Rathaus, am Burgtheater ❸. Fröhliche Wiener halten rote Nasen in a Glaserl Wein am Stand. Es krabbeln Erinnerungen hoch an einen Tag aus meiner Studentenzeit, an dem es mir gar nicht gut ging. In einem dieser typischen Wiener Heurigenlokale in Gumpoldskirchen, in denen man auf Holzbänken unter Kastanien sitzt, aus Henkelgläsern jungen Wein trinkt, redet und sinniert, Musik hört und schunkelt, das echte Wien genießt. Da forderte mich ein Student heraus zum Spiel: »Ich trinke auf das Wohl des Kardinal Pöff, Pöff.« Leider hat mir der Rausch danach die Erinnerung an die Regeln aus dem Gehirn gebrannt. Aber mit Apfelschorle – meinem Lebenselixier – kann man das eh nicht spielen. Auf einer haushohen Videowand flimmert ein Musical.
Links lockt der Volksgarten ❹. Anfang des 19. Jahrhunderts für die wunderschöne, aber leider trübsinnige Kaiserin Sissi angelegt. Man sagt ihr nach, sie hätte ihr seelisches Gleichgewicht oft nur nach Gewaltmärschen von bis zu fünfzig Kilometern wieder hergestellt. Quod erat demonstrandum. Was zu beweisen war.

Die Reiterstatue von Erzherzog Karl wacht am Heldenplatz darüber, dass sein Wien – zumindest unter seinen Hufen – so bleibt, wie es ist.

Studien von Universitäten rund um die Welt zeigen: Depressionen kann man davonlaufen. Dem Grant auch. Weshalb macht's dann keiner? Wozu dann Studien? Warum dann immer neue Tabletten, die das Glückshormon Serotonin im Gehirn chemisch anreichern sollen, wenn man das Gleiche auch mit richtigem Lauf schafft? Mit richtiger Ernährung? In aller Bescheidenheit lacht hier am Volksgarten wieder einmal meine Seele über den Gedanken, dass mein Forever-Young-Erfolgsprogramm Pharmafirmen ruiniert.
Wie schön, wenn dabei Kies unter den Sohlen knirscht und Hunderte von *Rosensorten* den Weg säumen. Sie heißen Sophia Loren, Queen Elisabeth, Eiffelturm und Maria Theresia. Die Kaiserin der Tugend. Ihr Mann Franz Stephan von Lothringen tat einen Seitensprung zu viel.

Und sie entschloss sich, in ihrem Land das Laster abzuschaffen. 1753 gründete sie die »Keuschheitskommission«. Geheimagenten nahmen Reisenden unsittliche Literatur weg, unterbanden frivoles Geschehen im Theater, verbannten ganze Wagenladungen von Straßenmädchen aus der lebenslustigen Metropole. Casanova – damals Gast – ergriff die Flucht. Hätt' ich auch getan.

Der Lauf in die pompöse Vergangenheit, in die k. und k. Monarchie der Habsburger, führt weiter auf den Heldenplatz. Die hell erleuchtete Hofburg 5 lädt ein zum Flow. Anschauen, fixieren, ins Gehirn brennen. Diesen einzigartigen Moment im Hier und Jetzt, in dem alle Sinne die Botschaft Glück senden – Flow genannt – nie vergessen. 700 Jahre Baugeschichte stecken in der Hofburg. Seit 1275 ließen fast alle österreichischen Herrscher irgendetwas dazu- oder umbauen. Sie enthält Teile aus Gotik, Renaissance, Barock, Rokoko, Klassizismus und der Gründerzeit.

Die Reiterstatue von Erzherzog Karl wacht darüber, dass bautechnisch alles so bleibt, wie's ist. Vor Jahren wollte man unter dem Heldenplatz eine Tiefgarage bauen. Ging nicht, weil kein Mensch wusste, ob man das Pferd, das auf den hinteren Hufen steht, anschließend wieder ins Gleichgewicht gebracht hätte. Unter meinen Füßen: Pferdeäpfel. Für Sie. Für mich: Dämpfung. Hochwillkommen. Tagsüber stehen hier Droschken, warten auf Gäste für eine Wienrundfahrt.

Im Burggarten 6 dahinter steht zu Stein erstarrte Wiener Musikgeschichte: Mozart und Beethoven. Zwei aus dem klassischen Wiener Trio. Haydn fehlt. Alle drei lebten, schrieben, dirigierten in Wien, wurden aber erst postmortal zu Wienern erklärt. Sie starben hier. »Wolferl« an »hietzigem Frieslfieber« mit 37 verarmt und einsam. Beethoven völlig taub. Haydn ereilte postmortum die Tragödie: Elf Jahre ruhte er ohne Kopf

Auch wenn die Sonne schon längst untergegangen ist, trifft man Läufer auf dem Gesamtkunstwerk Wiens: der hell erleuchteten Ringstraße.

Im Rosengarten trifft man duftende Prominenz in blühender Form: z. B. Sophia Loren oder Queen Elizabeth.

in seinem zweiten Grab in Eisenstadt. Erst 1954 gab ihm der Wiener Musikverein den Schädel wieder. Aus solchen Geschichten sollte man lernen. Sollten Politiker, frustrierte Kämpfer in Wien, Trost ziehen. 'S wird doch noch alles gut ..., wennst hin bist. Ich lache schallend bei diesem inneren Gespräch.

Mich zieht es in den Kern der Innenstadt. Trabe um die *Alte Hofburg* herum, biege rechts ab, am Kohlmarkt 14 steht das Café Demel, die weltberühmte k.u.k. Hofzuckerbäckerei. Sissi war dem Veilchensorbet verfallen. Ich der Sachertorte. Aber nur weil's die Lieblingsspeise meiner Tochter Maria ist. Gell? Papa muss halt mitmachen. Hotel Sacher nennt ihre »original«, und Demel macht die »echte«. Der Ex-Demel-Chef sitzt eine lebenslängliche Haftstrafe ab, weil er im Indischen Ozean das Frachtschiff »Lukona« mit neun Mann Besatzung und einer vermeintlichen Uranerzanlage sinken ließ. In Wahrheit war nur Gerümpel an Bord, für das er von der Versicherung Millionen kassieren wollte. Dumm gelaufen. Aber gut ausgedacht, nur eben auf Kosten anderer. Geht nicht. Geht nie. Das Universum ist gerecht. Ein Kernsatz aus dem Alltag eines Arztes. Ich laufe vorbei an dem Haus in der Naglergasse, wo Bürgermeister Zilk Opfer einer Briefbombe wurde. Tripple fröhlich vorbei an der Dorotheengasse mit dem Kaffeehaus Hawelka. Ich spüre nach, ob meine somatische (körperliche) Intelligenz Lust auf warme *Buchteln*, mit Quark gefüllte Mürbeteigtaschen, hat. Und höre recht oft ein: ja, jaaah!!! Buchteln servieren die beiden betagten Besitzer, beide hoch in den Achtzigern, sogar noch gegen Mitternacht. Sie bringen jeden Neuankömmling unter, auch wenn es noch so voll ist: »Kommen S' rein, wir finden schon noch ein Platzerl.« Hier verkehrte einst alles, was

GLOBERUNNER-TIPPS

Das Glück schmeckt süß –
vor allem in Wien. Dort leben die Meister der Süßspeisen. Macht doch dick? Nein. Den Läufer nicht. Wer drei Monate läuft, kann essen, was er will, ohne auch nur ein Gramm zuzulegen. Laufen lockt fettverbrennende Enzyme. Und die arbeiten rund um die Uhr. Auch noch nach Mitternacht, wenn man im Kaffeehaus Hawelka warme Buchteln isst.

Lust auf Marathon?
www.wienmarathon.at

Rang und Namen hatte: Heimito von Doderer, Friedrich Torberg, Elias Canetti, Helmut Qualtinger. Nein, heute nicht. Meine somatische Intelligenz mag jetzt gerade halt keine Buchteln. Morgen vielleicht.

Gemerkt? Diese kleinen Sätzchen machen alle Bücher über Ernährung überflüssig. Bücher, die irrtümlich glauben, dass Ernährung vom linken Gehirn gesteuert werden könnte. Aberglaube. Sehr oft identisch mit so genannter seriöser Wissenschaft. Einstein wusste das. Seine Epigonen sind zu klein. Wer läuft weckt seine somatische Intelligenz. Und ernährt sich automatisch richtig. Weil der Körper weiß, was er braucht.

Weiter vom Stephansdom 7 – Österreichs bedeutendstem gotischen Bauwerk – die Kärtnerstraße runter zur Staatsoper. Der Sitz der musikalischen Seele Wiens. An 300 Abenden im Jahr steht täglich eine andere Oper, ein anderes Ballett auf dem Programm. Am 25. Mai 1869 wurde dieser mächtige Bau, 9000 m² französische Frührenaissance, mit Mozarts »Don Giovanni« stilvoll eröffnet.

Jeden letzten Donnerstag im Fasching walzen die Wichtigen dieser Welt hier zum Opernball.

Und »walzen« stimmt bei den wichtigsten oft doppelt. Eins, zwei, drei, eins, zwei, drei … im Dreivierteltakt springe ich den Kärntner- und Schubertring entlang zum Stadtpark. Mit elf Hektar die größte Grünanlage am Rand der Innenstadt. Schon von weitem leuchtet das goldene Denkmal des Walzerkönigs Johann Strauß.

Das goldene Denkmal von Walzerkönig Johann Strauß lässt einen im Dreivierteltakt durch den Stadtpark joggen.

Die Idiotenrennbahn

Zur Jugendzeit von Strauß galt Laufen noch als Beruf im höfischen Wien. Um das zügige Vorankommen adeliger Equipagen zu gewährleisten, die immer und überall Vorfahrt hatten, rannte ein livrierter Läufer seiner herrschaftlichen Kutsche voran und bugsierte mit einer langen Stange störende Passanten von der Straße. Na, das wär' was beim Wien-Marathon. Beim Start in dem hinderlichen Gedränge. Der Minister kriegt drei Stangenträger, der Staatssekretär zwei, und ich hab' weiterhin nur meine Ellenbogen. Also: Dieser Läufer damals machte einen Lehrberuf, der nach drei Jahren Ausbildung mit einer Gesellenprüfung endete. Diese fand in Form eines Rennens am Prater zur Belustigung des Bürgertums statt. Vom Parkeingang am Praterstern 4,8 Kilometer die Hauptallee bis zum Lusthaus, wo Kaiser Joseph II. Feste gab. Dann dieselbe Distanz wieder zurück. »Sie waren die Vorläufer der österreichischen Leichtathletik«, sagt Roland Maruna, Professor für Geschichte und Sport an der Universität Wien. Zwar nahm die Zahl der privaten Kutschen und herrschaftlichen Equipagen in Wien seit Beginn des 19. Jahrhunderts kontinuierlich ab, womit der Beruf des Läufers zum Aussterben verurteilt war. Dafür gab es fortan die ersten Profirennen der österreichischen Laufgeschichte.

Eine Mozartmorgana im Endorphin-Rausch? Nein, nur ein »Wolferl« aus dem Wiener Burgtheater.

Die Strecke am Prater, die zwölf Meter breite, schnurgerade Hauptallee, ist das Laufzentrum der Stadt geblieben. Hier läuft ganz Wien. Tag und Nacht strunzeln die Wiener zwischen Riesenrad und Lusthaus rauf und runter, daher auch Idiotenrennbahn genannt. Habe die Ehre.

Lauftipps von einem Nachtschwärmer

»San S' das erste Mal in Wien?« fragt mich ein wienernder Nachtschwärmer in Laufschuhen. »Nein. Aber es ist immer wie das erste Mal.« Wir trippeln nebeneinander her. Überall auf der Welt lernt man Läuferseelen kennen. Eine trifft man übrigens auch im »Blauen Elephant«. Den Wirt Manfred Kment von der Läufergemeinschaft Weinbergschnecke. Er sagt, dass er früher im Wienerwald unterwegs war, in der Lobau, am *Donaukanal*, rund um den Lainzer Tiergarten, 24 Kilometer, 650 Höhenmeter. Jetzt ist auch er dieser Wiener Hausstrecke verfallen, über der die Kastanienwipfel auf beiden Seiten der Straße zusammenzuwachsen scheinen. »Da lenkt dich nichts ab. Da wird Laufen zur Meditation«, sagt der Wiener Wirt, der während des Laufens Liebesbriefe formuliert.

Ich hole mir vom Nachtschwärmer noch Läufertipps für morgen ein: *Schlosspark Schönbrunn*. Das Schloss, in dem Kaiser Franz Joseph residierte, gilt als einer der schönsten Barockbauten der Welt, ist Weltkulturerbe und nach dem Großglockner-Pass die meist besuchte Touristenattraktion in Österreich. Schon an der U-Bahnstation säuseln Walzerweisen aus Lautsprechern. Im Park ein Labyrinth ungezählter Wege, die vornehmlich von etwas kurzatmigen Lauf-Novizen bevorzugt werden. »Baumwollabteilung« spötteln die Szeneläufer, weil man hier eher selten Läufer in modernen Funktionstextilien antrifft. Hier durfte ich einer Lauf-Seminargruppe Ultra-leicht-Lauf demonstrieren – bis eine ältere Dame mit einem Stock unsere Gruppe überholte und auf wienerisch ausgesprochen ehrverletzende Bemerkungen über die schlappe Jugend von heute machte. Da gab's dann kein Halten mehr – alles Pädagogische war umsonst und Laktat über 4.

Unbedingt laufend als Gehirn-Celluloid speichern: das barocke Weltkulturerbe Schloss Schönbrunn

Für lange Läufe empfiehlt sich die Donauinsel. Sie ist fünf U-Bahnstationen vom Stephansdom entfernt und bringt es mit gut zwanzig Kilometern Länge auf einen Rundkurs von Marathon-Format. Auch hier war ich schon. Bin mit Hera Lind gefedert. Eine geborene Läuferin mit schlank-muskulösen Waden und sonnigem Lächeln. Ein ganz selten außergewöhnlicher Mensch. Im Winter kann auf der Donauinsel ein mörderischer Wind herrschen. Im Sommer kühlt nach dem Lauf ein Bad an Wiens Freizeitoase, Copacagrana genannt. Das Wasser hat fast Trinkwasserqualität. Seine Apfelschorle trinkt man dann bei Werner, einem der dienstältesten Wirte der Insel. Im »Ios«, einem griechischen Lokal. Ambiente wie am Mittelmeer. Die Boote am Kai tänzeln auf den Wellen. Und wer Lust hat, bleibt, bis sich die untergehende Sonne im Wasser spiegelt. »Für mich sind es die schönsten Sonnenuntergänge Wiens«, sagt der Wirt.

Oh. 1 Uhr. Zeit fürs Hotel. Ich strunzel über die Praterstraße zurück. Lächle den Portier an. Die Dame an der Rezeption drückt mir lächelnd ein Handtuch in die Hand. »War's schön, Herr Doktor?« »Wunderschön, gnä' Frau. Nirgendwo auf der Welt ist es so schön wie nachts in Wien.« Auf mein Bett hat sich eine Salzburger Mozartkugel verirrt. Das hält mein Herz jetzt wirklich nicht mehr aus. Aber mein Magen. Der lächelt darüber.

Corona
Extra
TEQUILA
OLMECA
Wien

Laufstrecken in Wien

PRATER ❶ :

Start: am Praterstern / Länge der Laufstrecke: 10 bis 12 km

Der Klassiker unter den Laufstrecken: vom Praterstern über die Haupt-, Kaiser- und Rotundenallee bis zum Lusthaus und wieder zurück sind es wunderbare zehn Kilometer. Wiens beliebteste Strecke ist nachts erleuchtet. Wer länger joggen will, kann problemlos bis zum Donaukanal verlängern. Insider laufen im Prater die große Geländerunde (12 Kilometer) vollkommen ohne Asphalt, ein Traum, nur drei Kilometer von Wiens Zentrum entfernt.

SCHÖNBRUNNER SCHLOSSPARK ❷ :

Start: Haupteingang / Länge der Laufstrecke: große Runde mit allen Schnörkeln ca. 3 km

In der Ferienzeit muss man hier schon einmal Slalom um die Touristen laufen. Doch wo einst Kaiserin Sissi lustwandelte, lohnt es sich, abwechslungsreiche Runden zu drehen. Flache Teilstrecken und Steigungen lassen sich vorzüglich zu einem variantenreichen Trainingslauf in historischem Ambiente verbinden. Außer long jogs ist hier alles möglich.

DONAUINSEL ❸ :

Start: an der Donaubrücke / Länge der Laufstrecke: unbegrenzt, solange Sie wollen

Kein Geheimtipp mehr, aber immer lohnend: Bei 21 Kilometern Länge und vier parallel verlaufenden Wegen summiert sich die Strecke auf stolze 150 Kilometer. Müßig, Wegetipps zu geben, einfach immer der Nase nach laufen. Aber Achtung: Im Sommer gibt es kaum Schatten, es ist sehr heiß.

Hotels

Holiday Inn Crowne Plaza
Handelskai 269
A-1020 Wien
Telefon: 0043/1/7 27 77
Fax: 0043/1/72 77 71 99
E-Mail:
crowneplaza@aon.at

Preise:
EZ: 230 DM
DZ: 270 DM

Ideale Lage für Läufer. Nur zwei Minuten zum Prater und am Wasser entlang geht's auch direkt auf die Donau-Insel. Toller Blick auf die UNO-City. Fitness-Raum mit Sauna und Swimmingpool.

Hotel Nordbahn
Praterstraße 72
A-1020 Wien
Telefon: 0043/1/21 13 00
Fax: 0043/1/2 11 30 72
E-Mail:
nordbahn@hotels.or.at

Preise:
EZ: 150 DM
DZ: 180 DM

Preisgünstiges, traditionsreiches Hotel am Prater – und doch nah an der City.

Restaurants/ Entertainment

Lusthaus
Freudenau 254/Ende Prater Hauptallee
A-1020 Wien
Telefon: 0043/1/7 28 95 65
Fax: 0043/1/7 28 35 72

Traumhaftes Café-Restaurant im ehemaligen Jagdpavillon des Kaisers, das schon denkwürdige Feiern erlebt hat. Direkt an der Wendemarke der Strecke im Prater.

Palmenhaus
Burggarten
A-1010 Wien
Telefon: 0043/1/5 33 10 33
Fax: 0043/1/5 33 10 10

Hippes Szene-Restaurant in einem ehemaligen Gewächshaus. Viel Glas, Riesen-Veranda. Wo früher Mozart dirigierte, hört man heute Latino-Sound.

Running Shops

Vienna City Marathon
Favoritenstraße 76
A-1100 Wien
Telefon: 0043/1/6 04 33 24
Fax: 0043/1/6 00 25 88
E-Mail: vcm@asn.or.at

TONY's LAUF SHOP
Praterstraße 21
A-1020 Wien
Telefon: 0043/1/2 16 62 88
Fax: 0043/1/2 16 86 01

Kontakte

Vienna City Marathon Running Shop

Der Chef persönlich führt regelmäßig zu langen Läufen auf seinen Lieblingsstrecken.

ürich

Kongresse, Kunst und Konten heißen die üblichen Gründe, nach Zürich zu reisen. Ich nehm' immer den großen Koffer mit – zu einem Drittel bepackt. Auf dem Rückweg füllen ihn Trüffel, sogar unter der Zunge meiner Laufschuhe.

47,35 Breitengrad Nord, 8,53 Längengrad Ost zeigt die Satellitennavigation bei der Anfahrt. Zürich. Eine kleinstädtische Metropole mit einem eigenen Ironman und dem Flair eines Luftkurortes an einem See, auf dem Schaufelraddampfer fahren. Eine Stadt, eingebettet in bezaubernde Natur, mit einem blank geputzten historischen Kern, in dem die Paläste des Geldes die Weltwirtschaft lenken.

Es duftet nach Wald und Pilzen. Die abendliche Frische lässt leicht frösteln. Genauso wie die Ur-Laute des Herrn mit dem kurzen, grauen Bart. Bei jedem Läufer, der entgegenkommt, hebt er die rechte Hand und ruft: »Heja!«. Und so geht es fort. Immer nur: »Heja, Heja, Heja!«. Nichts ahnenden Passanten könnte der Gedanke kommen: Haschisch? Zu viel davon? Schließlich ist in der Schweiz der Anbau von allen Hanfsorten legal. Auch von denen, die lustig viel vom Rauschstoff THC enthalten.

In Zürich läuft nicht nur das Geld. Wie hier am Zürichsee trifft man immer wieder Gleichgesinnte …

Nö! Sicher nicht. Braucht er nicht. Läufer machen ihre Droge selbst. Sie haben, wie jeder Mensch, wie Sie und ich, ein Kokain-Kästchen im Bauch. Und wissen es auch zu öffnen: mit Sauerstoff. Das Kästchen geht auf, wenn man den Körper mit Sauerstoff ölt – lange, zügig, locker, lächelnd läuft. »Heja!« Man ist geneigt, sich dem merkwürdigen Brauch anzuschließen, einen Arm in die Luft zu werfen und zu rufen: »Heja!«.

Kaspar Egger, der Hochschulsport-Direktor von der Züricher Universität, klärt auf: »Heja ist der Läufergruß aus Schweden, ein Mittelding aus Sie und du. Das kann man jedem sagen«, erklärt er. »Wenn ich hier renne kann ich ja nicht erkennen, ob mir da eine Hausfrau, ein Bankdirektor oder ein Student entgegenkommt.« Es kommen viele. Denn in Zürich läuft nicht nur das Geld. Und Grüßen ist Pflicht: »Ist doch nicht schön, wenn jeder stur vor sich hin rennt. Laufen hat ja auch ein soziale Komponente. Wir teilen ein gemeinsames Erlebnis in einer wunderschönen Umgebung.« Ein Satz zum Nachdenken. So kann man Familien nicht nur gründen, sondern vielleicht auch wieder zusammenführen – ohne jahrelange psychologische Beratung. Den Mann, die Frau, den Sohn zum Laufen bringen …

»Von jedem Punkt in Zürich bist du in spätestens fünfzehn Minuten dort, wo du sinnvoll laufen kannst«, sagt Kaspar Egger. Zum Beispiel am Zürichberg, Diamantenhügel genannt, knapp zweihundert Meter über dem Zürichsee. Ein Hügel, wo alles wohnt, was Rang und Namen hat – und unglaublich viele Hundertjährige. Ein Forever-Young-Platz. Keine Spur von Hektik aus der Bankenmetropole, kein Hupen, kein Auto. Nur ein paar Raben krächzen. Der Wind säuselt durch die Baumkronen. Friedhofsstille. Hier auf dem Berg liegt auch James Joyce, der großartige irische Schriftsteller. Grab 80398 in Fluntern, dem schönsten Friedhof unter dem Schweizer Himmel. Ulysses. Sein Hauptwerk. Jeder zitiert es. Keiner hat's zur Gänze gelesen. Selbst Coelho nicht, wie er schmunzelnd zugibt. Oh, Junge – du kennst meine Ausdauer nicht.

… manchmal sogar heidiromantisch mit mähender Begleitung, flott schreitend, die Geißel als Nordic-Walking-Stock-Ersatz.

Hinter der Endstation der Trambahnlinie 6 geht es in den riesigen Wald, durch den rotbemalte Holzpflöcke den Weg weisen. Kaspar Egger, in seiner aktiven Zeit Orientierungsläufer, braucht sie nicht. Er kennt jede der vielen Routen in und um Zürich. So viele, dass er für seine Studenten in Zürich Jahr für Jahr einen Mannschafts-Wettbewerb durchführen kann, der ursprünglich aus Schweden kommt: die Sola-Stafette. Sie umfasst insgesamt vierzehn Routen zwischen fünf und fünfzehn Kilometern, meist auf den Höhenzügen des Uetli- und des Zürichbergs und an den Ufern des Zürichsees. Aneinander gereiht sage und schreibe 120 Kilometer.

Auch in der Innenstadt Zürichs kann man ewig rennen. Und Könner behaupten: Ohne einmal an der Ampel zu stehen.

Mit der Sola-Stafette animiert er seit 25 Jahren seine Studenten zum Laufen. »Es geht um das Miteinander, das Erleben in der Natur«, sagt er. Während ein Reh den Weg kreuzt, kurz stehen bleibt und weiter springt. Schade. Kein Spitzmaulnashorn. Mein Lieblingstier. Es steht faul im Zoologischen Garten am Zürichberg. Steht und guckt und zwinkert. Und fühlt sich offensichtlich wohl. »Das Geheimnis des Spitzmaulnashorns« – ein neuer Buchtitel?

Nur einmal durchschneidet eine Straße, Katzenschwanz genannt, die neunte Etappe – sie gehört zu den beliebtesten Laufstrecken der Stadt.

Findlingsweg heißt der Pfad, auf dem es zurück geht. Mannshohe Sand- und Kalksteinfindlinge am Wegesrand erinnern an die mächtigen Gletscher, mit denen die Steine während der Eiszeit aus dem Graubündener Land bis hierher getragen wurden. Ein Schluck am Brunnen schmeckt erdig, schmeckt wie Leben. Dann trabt man bergab bis zum Campus der Universität, beim Sola-Lauf die »Promi-Strecke« genannt. Genug gelaufen heute.

Für den *Stadtlauf* ist Bruno Lafranchi zuständig, Marathonläufer. 2:11 Stunden, schon vor 20 Jahren! Er läuft immer noch jeden Tag, ist also ein normaler Mensch, und Veranstalter des berühmt-berüchtigten Züricher *Sylvesterlaufes*. Da müsste man wirklich mal mit letzter Kraft ins Ziel laufen – und den Satz verstehen: »Zürich erlaufen und sterben«. In anderen Worten: Laktat 17. Milchsäure-Tod. Bruno Lafranchi sagt: »Du wirst staunen, auch in der City kann man ewig rennen, trickreich und gekonnt, ohne einmal an einer Ampel zu stehen.«

Gold, Trüffel & kilometerweise Natur

Treffpunkt morgens um sieben an der *Quai-Brücke*. Der Blick reicht über den Zürichsee bis zu den schneebedeckten Alpen. »Der See beruhigt so schön«, meint Bruno Lafranchi und lotst einen ein paar Schritte weiter am *Bürkliplatz* ①, bei der Sonnenuhr, aus dem Straßenverkehr.

Hotel Zürichberg: Dort fällt man morgens verschlafen in seine Laufschuhe und wacht mitten in der Natur auf.

Noch rasch einen Blick zurück, ob der Mann, der da in dem weißen Rolls-Royce sitzt, vielleicht nicht doch Udo Jürgens ist – natürlich auch ein Täglich-Läufer. Eine Unterführung bringt zu einem verwunschenen Pfad entlang dem *Schanzengraben* ❷, einem mittelalterlichen Festungsgraben, der früher vor Feinden schützte. Streckenweise läuft man auf Augenhöhe mit dem grünlichen Wasser auf dem kleine Boote dümpeln. Wie das wohl meinen Immunzellen im Darm schmeckt? So lautet eine mir seit 12 Jahren spannend gewordene praktische Frage, die mir ein international funktionierendes Immunsystem einbrachte – von Mexico bis Ägypten. Dieses Prinzip des Überalltrinkens heißt Abhärten, oder besser: Impfen. Rechts liegt der *Paradeplatz* ❸, das Herz des eleganten Zürich. Hier stehen die Kathedralen des Kapitals. Hier ruht der drittgrößte Goldschatz der Welt. Allein die Schweizer Nationalbank hütet 2600 Tonnen Goldbarren. Aber was mein Herz noch mehr hüpfen lässt: schwarzes Gold. Hier steht auch das legendäre *Schokoladenhaus Sprüngli*, dessen Konfiserie meinen Koffer mit Trüffeln füllt. Die als Betthupferl Serotonin locken, das Hormon, das selig einschlummern lässt. Ach ja, das Betthupferl. Unseren Vorfahren wichtig und nötig zum gesunden Schlaf. Heute mißverstanden. Wir hüpfen mit chemischen Keulen ins Bettchen.

Eine Statue wacht starr über die »grundanständige Stadt« (Zitat: Meridian). Und gleichzeitig erlaufen sich zwei eine Portion Glück am Zürichsee.

»Hier werden die Milliarden hin und her geschaufelt. Sauberes Geld und Schwarzgeld, legal und illegal«, sagt Bruno Lafranchi. »Wenn Geld stinken würde, könnte man hier nicht laufen.« Früher stank es wohl mehr. Bis zum Ende des 18. Jahrhunderts wurden auf dem »Söimart« Schweine verkauft. Fröhlich hüpft man durch den *Botanischen Garten* ❹, vorbei am Völkerkundemuseum. Die neue Börse bleibt links liegen und schnurgerade geht's am

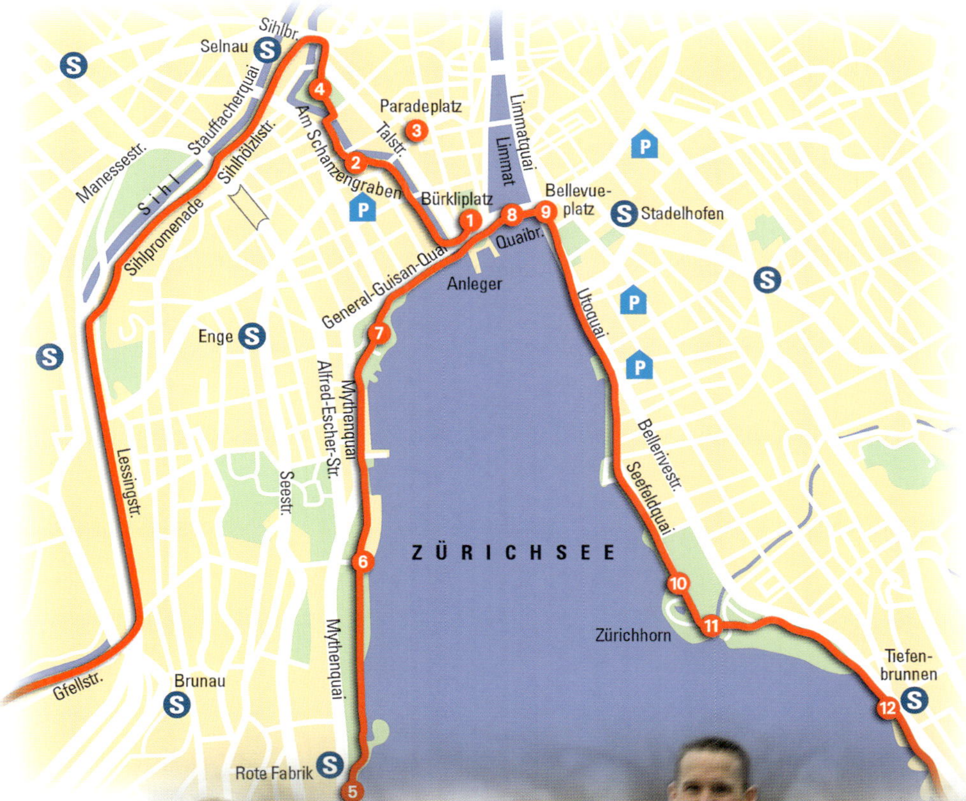
Selnau
Sihlbr.
Paradeplatz
Stauffacherquai
Sihlhölzlistr.
Am Schanzengraben
Talstr.
Manessestr.
Sihl
Sihlpromenade
Bürkliplatz
Limmatquai
Limmat
Bellevue-
platz
Stadelhofen
Quaibr.
General-Guisan-Quai
Anleger
Utoquai
Enge
Alfred-Escher-Str.
Mythenquai
Lessingstr.
Seestr.
Bellerivestr.
Seefeldquai
ZÜRICHSEE
Zürichhorn
Tiefen-
brunnen
Gfellstr.
Brunau
Mythenquai
Rote Fabrik
1
2
3
4
5
6
7
8
9
10
11
12

Zürich

Flüsschen Sihl entlang, dessen klares Wasser immer wieder über Wehre stürzt. »Sensationell, bereits nach zehn Minuten bist du ganz weit weg von dem Rummel der Stadt«, schwärmt Bruno Lafranchi. Auf Kieswegen geht es weiter unter ausladenden Platanen. Rechts sind alle 200 Meter Steinpflöcke eingerammt, nützliche Marken für den, der zwischendurch kurze Tempoläufe machen oder seine Geschwindigkeit kontrollieren will. »Jetzt kann man sich nicht mehr verlaufen«, sagt Bruno Lafranchi.

Gewehrsalven stören den Läuferfrieden. Wehrübung der Schweizer Armee. Einmal im Jahr muss auch Bruno Lafranchi ran. Der Tessiner liebt diese Pflichtübung nicht besonders und drückt sich, so gut es geht. Er zitiert Friedrich Dürrenmatt, der einmal das Schweizer Militär mit einer Fußballmannschaft aus teuren Spielern verglich. »Wir spielen nie. Aber wir wären gut, wenn man uns ließe.«

GLOBERUNNER-TIPPS

Globerunner-Puls:

Der richtige Puls ist ein Gefühl. Er liegt da, wo der Körper genauso viel Laktat (Milchsäure) bildet, wie er abbauen kann. Dort, wo Ihnen das Laufen maximales Glück beschert – und Sie nach 30 Minuten, 1 Stunde immer weiter laufen wollen. Aber dieser Puls schwankt täglich. Und er schwankt von Ort zu Ort. Beim Anfänger um 15 Schläge, beim Geübten um fünf. Gehen Sie es unterwegs also ein bisschen langsamer an – vor allem, wenn Sie in anderen Zeitzonen laufen. Tasten Sie sich täglich neu an Ihren Globerunner-Puls heran. Wer zu schnell läuft produziert Milchsäure, den stärksten Müdemacher den wir kennen – läuft umsonst.

Smog-Warnung:

In der Stadt nur morgens laufen – Kessellage sorgt für starke Luftverschmutzung.

Am 31. 12. im Land?

Dann laufen Sie doch beim Silvester-Lauf durch die Altstadt mit. Aber achten Sie auf Ihren Laktat-Spiegel – langsam, locker, lächelnd.

Bruno Lafranchi lacht. Er mag das Schießen nicht. Nur auf der Allmendwiese, die er gerade überquert, wünscht er sich loszuballern. Nicht um zu töten. Lediglich, um zu erschrecken.

Früher konnten landlose Bauern ihr Vieh auf dieser Wiese weiden lassen. Heute karren Züricher Hundehalter ihre Vierbeiner heran, um sie auf einem 500 Meter langen, von mächtigen Kastanien gesäumten Weg Gassi zu führen. »Das ist der hässliche Teil«, sagt Bruno Lafranchi. »Der gehört ins Guiness-Buch als größtes Hundeklo der Welt.« Der *Hunde-Trail*. Könnte man daraus eine Laufidee machen? Das ACTH-Gehirn springt an …

Aber schon wenige Läuferminuten weiter: »Hier ist wieder das Paradies. Von jetzt an kannst du unbehelligt ewig geradeaus weiterlaufen.« Tatsächlich nimmt Bruno Lafranchi an manchen Tagen den Zug vom Hauptbahnhof, der jede halbe Stunde bis nach Sihlbruck zuckelt, und läuft genüsslich die fünfzehn Kilometer zurück. 10 Kilometer sind heute genug.

Panoramablick über die Ufer des Zürichsees. Wer sich ihn erläuft, vergisst ihn nie wieder.

Fünf Kilometer außerhalb der City – an der Goldküste des Zürichsees – trifft man auf den bezaubernden Garten des Restaurants Ermitage.

Meditationslauf am Zürichsee

Heute habe ich Lust abzuschalten. Nur zu genießen. Woanders hinzugehen, zu meditieren. Alleine, ohne jemanden, der sich gesprächsfreudig in meinen Alpha-Zustand mischt. Start: S-Bahnstation Kilchberg. Rote Fabrik 5 am Westufer des Zürichsees. Die Morgensonne bringt die roten Backsteine der alternativen Kulturfabrik zum Glühen. Sie ist beliebt für ihre Jazzkonzerte, Dichterlesungen, Theater- und Tanzveranstaltungen. Auch Ausstellungen der Avantgarde-Künstler locken viele junge Leute in den Backsteinbauch. Nach ausgiebigem Dehnen an einer Bierbank trippel ich los. Immer am Zürichsee entlang. Durchs Strandbad 6 und wieder ein Stück auf dem Mythenquai, der Straße, die am See entlang führt. Ich schlängle mich durch die Wege, gesäumt von exotischen Bäumen im Arboretum-Park 7, zum Bürkli-Platz. Erhöhe stetig das Tempo, schalte vom ersten in den zweiten, in den dritten Gang, den Endorphin-Gang.

Die Beine werden selbständig, stoßen sich ab, federn, verlieren das Blei. Der Atem geht schneller, fließt aber unendlich weich durch den Körper. Das Kästchen geht auf. Endorphine machen 70 Billionen Körperzellen glücklich. »I-a-mon, I-a-mon, I-a-mon« heißt mein kleiner Weg ins Unterbewusstsein. Dieses Kunstwort bringt die Gedankenmühle zum Stillstand. Einfach nur denken, innerlich wiederholen, murmeln: I-a-mon, I-a-mon ... Der Blick richtet sich nach innen. Der Geist entspannt sich. Die Gehirnströme werden langsamer. Ich fliege im Alpha-Zustand. Dem Zustand, in dem man in sich selbst ist, vom Gehirnbesitzer zum Gehirnbenutzer wird. Manche nennen das meditieren, ich nenne es träumen. Das Kongresshaus – mit Spielkasino und Night-Club –, der Bürkli-Platz dringen nicht in meine innere Welt, die Beine federn über die Quai-Brücke 8 zum Bellevue-Platz 9. Ich träume mich am Strandbad »Utoquai« vorbei, Richtung Süden.

Auch die »Frascati«-Bar, der so genannte Gigolo-Strip, dringt nur schemenhaft in meine Wahrnehmung. Genauso wie die »Pyramide am See«, die Schönheitsklinik hinter verspiegelten Fenstern, in der vor kurzem zum ersten Mal die Operation einer Brustverkleinerung per Internet weltweit live übertragen wurde. Ach Internet, was wären wir nur ohne dich. Nur Menschen ... Oder das knallbunte Corbusier-Museum mit seinen quadratischen Würfel-Räumen. Erst der China-Garten ⑩ schmeichelt sich in meine meditative Stimmung, mit seinem Pavillon und der fernöstlichen Landschaftsgestaltung mit Bambus, Winterkirsche, Föhre, mit verwunschenen Brücken, verwinkelten Durchgängen, die böse Geister vertreiben sollen. Ein Geschenk von Zürichs chinesischer Partnerstadt Kunming.

Die Beine – wirklich die Beine? – tragen mich vorbei an der rostigen Heureka-Maschine ⑪, der Skulptur von Jean Tinguely, an der Mühle Tiefenbrunnen ⑫, dem Shopping- und Gourmet-Zentrum, über die Stadtgrenze nach Zollikon und weiter nach Küsnacht. Die beiden Kantone mit dem niedrigsten Steuersatz der Schweiz, die Schweizer Goldküste genannt. Unter acht Millionen Franken ist keine der Villen zu haben, die hier stehen. Am Nobelhotel »Ermitage« die Wende. Einfach retour in die Stadt. In die Stadt. In die Stadt. In die Stadt ... Ein 20-Kilometer-Glückserlebnis. Dagegen kann man Cannabis in der Pfeife rauchen.

Schritt für Schritt fällt schlechte Laune ab. Deswegen sieht man Läufer (fast) immer und überall lächelnd – wie hier am Seefeldquai.

Laufstrecken in Zürich

ZÜRICHSEE ❶ :

Start: überall möglich, gut ist Quaibrücke
Länge der Laufstrecke: von der Quaibrücke in jede Richtung jeweils ca. 4 km
Von der Quaibrücke aus kann man an der Ost- oder Westseite des Sees fast endlos laufen. Es geht vorbei an eleganten Hotels, modernen Kunstwerken, durch schattige Parks – und immer mit einem traumhaftem Blick auf die Alpen.

SIHL ❷ :

Start und Ziel: Bürkliplatz / Länge der Laufstrecke: ca. 20 km
Man startet am Bürkliplatz mitten im größten City-Gedränge und ist schon nach wenigen Metern am Ufer der Sihl. In fast paradiesischer Ruhe kann man entlang des klaren Flüsschens so lange laufen, wie die Füße einen tragen und die Laune hält. Wer möchte, kann von hier einen lohnenden Abstecher zum Panoramaweg machen, von dem aus man einen sensationellen Blick auf den See genießen kann.

ZÜRICHBERG ❸ :

Start: am Züricher Zoo / Länge der Laufstrecke: unbegrenzt
Gleich hinter der Endstation der Trambahnlinie 6 beim Züricher Zoo wartet das kilometerweite Waldgebiet, 200 Meter über dem Zürichsee, mit phantastisch weichen Wegen. Hier sollte man am besten in Begleitung Ortskundiger sein – Verlaufen wird hier leicht gemacht.

Hotels

Steigenberger Bellerive au Lac
Utoquai 47
CH-8008 Zürich
Telefon: 0041/1/2 54 40 00
Fax: 0041/1/2 54 40 01
E-Mail:
bellerive@steigenberger.ch

Preise:
DZ: ab 430 CHF
EZ: ab 240 CHF

Direkt am Zürichsee, beim Finanz- und Geschäftszentrum, sowie dem Opernhaus. Neu renoviert mit Stil und viel Holz. Genau gegenüber das Strandbad »Utoquai« der Züricher Beauties.

Hotel Zürichberg
Orellistraße 21
CH-8044 Zürich
Telefon: 0041/1/2 68 35 35
Fax: 0041/1/2 68 35 45
E-Mail: info @zuerichberg.ch

Preise:
DZ: ab 215 CHF
EZ: ab 155 CHF

Traumhafte Lage oberhalb der Stadt mit fantastischem Blick. Waldstrecken direkt vor der Tür.

Restaurants/ Entertainment

café terrasse
Limmatquai 3
CH-8001 Zürich
Telefon: 0041/1/2 51 10 74
Fax: 0041/1/2 51 11 23

Super Café und Bar mit angeschlossenem High-Class-Restaurant in einer Säulenhalle mit Blick auf Limmat und Altstadt. Reservierung wird dringend empfohlen.

Ermitage
Seestraße 80
CH-8700 Küsnacht-Zürich
Telefon: 0041/1/9 14 42 42
Fax: 0041/1/9 14 42 43
E-Mail: info@ermitage.ch

Fünf Kilometer außerhalb der City, aber direkt an der Goldküste des Zürichsees. Vor allem im Sommer ist der »Beach-Club« im Garten zu empfehlen. Es kocht der Sterne-Koch Edgar Bovier.

Running Shops

Bächtold Sport AG
Rämistraße 3
CH-8001 Zürich
Telefon: 0041/1/2 52 09 34

Bernhart Laufshop
Regensbergstraße 202
CH-8050 Zürich
Telefon: 0041/1/3 11 95 87

Jelmoli
Seitengasse 1
Ch-8001 Zürich
Telefon: 0041/1/2 20 44 11

Kurz ang

elaufen
Dresden
Frankfurt
Genf
Hamburg
Köln
Los Angeles
Madrid
Mailand
München

Mitten in der schönen Sächsischen Schweiz liegt Dresden, seit der Wende eine der wichtigsten Städte im Osten Deutschlands. Prunkvoll residiert die Metropole – ob ihrer Kunstschätze und ihres Flairs oft als das Florenz des Nordens bezeichnet – an der Elbe. Das Dresdner Schloß, Semper-Oper und Frauenkirche sind nur einige der vielen Sehenswürdigkeiten, die die Stadt zu bieten hat.

Dresden

Laufstrecken in Dresden

ELBUFER:

Auf beiden Seiten der Elbe läßt es sich wunderbar laufen, sowohl flussauf- als auch -abwärts. Streckenlänge: 5 bis 20 Kilometer auf Asphalt, aber auch auf Wiesenwegen, wobei nur normaler Wasserstand einen Lauf innerhalb der Elbwiesen erlaubt. Idealer Ausgangspunkt ist die Brücke »Blaues Wunder« im Stadtteil Blasewitz. Flussaufwärts dem linken Elbufer folgend, hat man den schönsten Panoramablick auf die Silhouette Dresdens.

GROSSER GARTEN:

Der Große Garten südöstlich des Stadtzentrums ist ein idealer Läuferpark. Zahlreiche Rund- und Diagonalwege lassen sich zu Strecken von beliebiger Länge verbinden. Die einmalige Umrundung mit kleineren Schleifen ist etwa 6 Kilometer lang. An den Wochenenden, wenn hier zahlreiche Spaziergänger am kleinen Teich in der Mitte des Parks flanieren, kann man wunderbar auf die schattigen Waldwege ausweichen. Bester Ausgangspunkt sind die jeweiligen Enden der Hauptalleen.

DRESDNER HEIDE:

Läuferparadies im Norden der Stadt. Von zahlreichen Parkplätzen an der Bautzner Landstraße aus kann man in das 50 Quadratkilometer große hügelige Waldgebiet starten. Das Wegenetz bietet für jeden Konditionszustand etwas, wobei die Steigungen nicht zu unterschätzen sind. Auch eine 25 Kilometer lange Standardstrecke gehört dazu.

Hotels

Radisson SAS Gewandhaus Hotel Dresden
Ringstraße 1
01167 Dresden
Telefon: 0351/4 94 90
Fax: 0351/4 94 94 90

Kempinski Taschenbergpalais
Taschenberg 3
01067 Dresden
Telefon: 0351/4 91 20
Fax: 0351/4 91 28 12

Laufshops/ Kontakte

Dresdner Laufsportladen
Hagen & Lutz Melzer
Großenheiner Str. 135
01129 Dresden
Telefon: 0351/8 49 56 11
Fax: 0351/8 49 70 30

Runners Point im Elbepark
Lommatzscher Str. 98
01139 Dresden
Telefon/Fax: 0351/8 48 86 64

Frankfurt mit seiner berühmten Skyline, geprägt von Europas höchsten Wolkenkratzern, war schon immer eine wichtige deutsche Stadt: Früher wurden in der Main-Metropole die deutschen Könige gekrönt, die Rothschilds gründeten ihr Imperium, und hier stand auch die Wiege Goethes. Heute ist Frankfurt nicht nur die fünftgrößte Stadt der Bundesrepublik, sondern vor allem das Finanzzentrum und mit seinem Flughafen der wichtigste Verkehrsknotenpunkt Deutschlands. Aber Frankfurt ist auch eine grüne Stadt mit vielen großen Parks, die zum Laufen einladen.

Frankfurt

Laufstrecken in Frankfurt

MAIN-UFER:

Durch die gesamte Innenstadt verläuft eine Promenade mit Radweg und Parkanlagen, sodass man beim Laufen auch noch einen Blick auf die Skyline Frankfurts hat. Eine leichte Strecke (10 bis 20 km) durch kleine Parkanlagen – allerdings auf Asphalt. Man kann überall – zum Beispiel Holbeinsteg-Brücke oder Flößerbrücke – einsteigen und sein Auto in den Seitenstraßen am Kaiufer parken.

NIDDAPARK:

Größter Park Frankfurts. Man läuft entlang dem kleinen Flüsschen Nidda durch ebenes Gelände mit kleinen Wäldchen und Wiesen. Die 3 bis 8 Kilometer lange Strecke führt über gekieste Parkwege. Am besten startet man in Heddernheim, an der Maybachbrücke, am Eingang Hausen oder der Praunheimer Brücke. Wer will, kann den Park auch als Ausgangspunkt für einen Marathon nehmen – bis zum Ursprung der Nidda.

GRÜNEBURGPARK:

Bestens gelegen für Besucher, die im »Westend« wohnen, ist der Grüneburgpark mit dem Botanischen Garten und dem Palmengarten. Beide Parks zusammen ergeben eine schöne Laufstrecke in Form einer Achterschleife von knapp 2,5 Kilometern. Im Norden steigt das Gelände mäßig an, die Wege sind fast alle gekiest. Parken kann man am Eingang Palmengarten oder im Grüneburgweg.

Hotels

Hotel Inter-Continental
Wilhelm-Leuschner-Str. 43
60329 Frankfurt a.M.
Telefon: 069 / 2 60 50
Fax: 069 / 26 05 22 21

Holiday Inn Crown Plaza
Mailänder Straße 1
60598 Frankfurt a. M.
Telefon: 069 / 6 80 20
Fax: 069 / 6 80 23 33

Laufshops/ Kontakte

Spiridon
Dielmannstraße 50
60599 Frankfurt a. M.
Telefon/Fax: 069 / 61 86 76

Runners Point
Titus Corso 5
60439 Frankfurt a. M.
Telefon/Fax: 069 / 5 89 06 55

Am Ufer des Lac Léman gelegen, mit traumhaftem Blick auf die Alpen, ist Genf eine der schönsten der Schweizer Städte. Dazu kommen das milde, fast schon mediterrane Klima und die Offenheit und Freundlichkeit der Bevölkerung, die Nähe zur französischen und italienischen Grenze. Hier zu leben hat schon einen ganz besonderen Reiz. Kein Wunder, dass sich in Genf über 200 internationale Organisationen niedergelassen haben. Die verkehrsfreien Uferpromenaden entlang des Sees sind das Eldorado der einheimischen Läufer – und können an Wochenenden stark frequentiert sein.

Genf

Laufstrecken in Genf

RECHTES UFER:

Für den 6,5 Kilometer langen (hin und zurück) Lauf am See startet man am besten an der Mont-Blanc-Brücke und läuft auf der Promenade am rechten Ufer entlang durch den Jardin Anglais. Der Weg geht weiter parallel zum Quai Gustav Ador, an der berühmten Fontäne vorbei, durch den Parc La Grange und den Parc des Eaux-Vives. Nach dem Genfer Strandbad führt die Strecke auf einem Radweg am Wasser entlang bis zum Städtchen La Belotte – dem Wendepunkt.

LINKES UFER:

Dieser 3-Kilometer-Lauf (hin und zurück) beginnt auf der Nordseite der Mont-Blanc Brücke. Man läuft am Quai du Mont-Blanc und Quai Wilson entlang zum Parc Mon Repos. Im Park geht's am Ufer weiter bis zum Yachthafen, wo gewendet wird. Bei Tag kann man die Rue de Lausanne überqueren und eine 1,5-Kilometer-Runde durch den Botanischen Garten anhängen.

L'ARVE:

Vom Bois de la Bâtie aus kann man zu einem schönen 6,5 Kilometer-Lauf (ein Weg) am Südufer der Arve starten. Die ersten 3 Kilometer führen durch den Genfer Vorort Carouge. Danach geht's durch Wiesen am Flußufer entlang bis zum Bois de Pins.

Hotels

Beau Rivage
Quai du Mont-Blanc 1
CH-1201 Genf
Telefon: 0041/22/7 16 66 66
Fax: 0041/22/7 16 60 65

Mon Repos
Rue du Lausanne 131–133
CH-1202 Genf
Telefon: 0041/22/9 09 39 09
Fax: 0041/22/9 09 39 93

Laufshops/ Kontakte

Univers Sports
52, Rue de la Servette
Case postale 39
CH-1211 Genf 7
Telefon: 0041/22/7 33 33 58
Fax: 0041/22/7 33 35 49

Hofstetter Sports
1214, Rue de la Corraterie
CH-1204 Genf
Telefon: 0041/22/8 18 13 11
Fax: 0041/22/8 18 13 19

Hamburg – Deutschlands »Tor zur Welt« – ist nach Berlin die zweitgrößte und die »Multikulti-Stadt« der Republik. Und nicht nur durch den Hafen und die Reeperbahn weltberühmt. Aber außer Business und Amüsement verfügt die Stadt auch über einen sehr hohen Erholungswert. Keine Metropole Deutschlands ist so grün – überall kleine Parks, kaum eine Straße ohne Bäume. Wunderschöner Mittelpunkt Hamburgs ist die Alster, der große See mitten in der Stadt. Und hier ist auch »die« Laufstrecke überhaupt.

Hamburg

Laufstrecken in Hamburg

AUSSENALSTER:

Der 7,5 Kilometer lange Kurs ist ein absolutes Muss. Hier laufen Tagesthemen-Mann Uli Wickert und Ex-Tennisprofi Boris Becker, wenn er in der Stadt ist. Die Uferpromenade führt an den schönsten und teuersten Villen der Stadt vorbei. Die Strecke kann auch problemlos nachts gelaufen werden. An Sonn- und Feiertagen kann es tagsüber eng werden.

ALSTER-RADWANDERWEG:

Beginnt dort, wo sich der Alsterkanal zur Außenalster öffnet. Von hier aus kann man mehr als zwei Dutzend Kilometer Alster-aufwärts und wieder zurück laufen. Ein Traum, weil immer am Wasser entlang und die Luft – wie üblich in Hamburg – von bester Qualität. Hier kann man überall seinen Lauf beginnen.

STADTPARK WINTERHUDE:

Der Klassiker im Nordosten Hamburgs. Eine Runde sind abwechslungsreiche 5 Kilometer: Planetarium, Freibad, Beach-Volleyball, Waldstücke und Wiesenpfade. Außerdem ist der Stadtpark auch mit öffentlichen Verkehrsmitteln (U 1 Hudtwalckerstraße, U 3 Sierichstraße, Borgweg, Saarlandstraße) leicht zu erreichen. Langstreckler können diese Strecke über den Leinpfad mit der Außenalster-Runde verbinden.

Hotels

Kempinski Hotel Atlantic Hamburg
An der Alster 72–79
20099 Hamburg
Telefon: 040 / 2 88 80
Fax: 040 / 24 71 29

Inter-Continental
Fontenay 10
20354 Hamburg
Telefon: 040 / 4 14 20
Fax: 040 / 41 42 22 99

Laufshops/ Kontakte

Lauf-Lunge
Colonnaden 18
20354 Hamburg
Telefon/Fax: 040 / 35 71 33 00

Lauf-Lunge
Lämmersieth 1
22305 Hamburg
Telefon: 040 / 29 77 28
Fax: 040 / 29 79 98

Niendorfer Laufladen
Tibarg 56
22459 Hamburg
Telefon: 040/ 5 52 27 98
Fax: 040 / 5 55 39 08

Wenn man Köln hört, denkt man als erstes an den weltberühmten Dom – und natürlich an den Karneval, der in der quirligen Rhein-Metropole als »fünfte Jahreszeit« gefeiert wird. Aber Köln – eine der ältesten Städte Deutschlands, bereits zur Römerzeit im ersten Jahrhundert n. Chr. gegründet – hat noch mehr zu bieten. Die fröhliche Großstadt ist international bekannt als Kunst- und Museums-Metropole und auch als Messestadt. Und in der bezaubernden Altstadt laden zahlreiche Cafés zum Verweilen ein.

Köln

Laufstrecken in Köln

DER ÄUSSERE GRÜNGÜRTEL:

Der Grüngürtel legt sich links vom Rhein entlang der Wallanlagen im Halbkreis um die Stadt und bietet die besten Laufstrecken Kölns. Die große Runde, in die man wunderbar den Stadtpark und den Beethoven-Park einbinden kann, ist immerhin bis zu 16 Kilometer lang. Zum Start bietet sich die Jahnwiese unweit des Müngersdorfer Stadions an. Auf der stadtbekannten »Drei-Kilometer-Runde« bei der Dürener Straße kann man so manchem Prominenten begegnen.

RHEINPARK:

Der Blick von dieser kleinen Laufoase rechts des Rheins auf die Kölner Altstadt ist wunderbar. Die gepflegten Grünanlagen wurden anlässlich der ersten Kölner Bundesgartenschau 1957 angelegt und für die zweite 1971 modifiziert. Eine Runde im Rhein- und angrenzenden Jugendpark kann sehr lohnend entlang des Kennedy-Ufers ausgedehnt werden.

STAATSFORST KÖNIGSFORST:

Ein Superrevier, in dem man sich nach Herzenslust austoben kann. Nirgendwo sonst in Köln hat man so viele Optionen und kaum so viel Natur. Sämtliche Strecken führen durch bewaldetes Gelände.

Hotels

Hotel Am Stadtgarten
Venloerstraße 39
50672 Köln
Telefon: 0221/9 51 41 60
Fax: 0221/5 69 99 99

Ambassador
Barbarossaplatz 4a
50674 Köln
Telefon: 0221/9 21 52 00
Fax: 0221/9 74 87 00

Laufshops/ Kontakte

Dauerlauf
Severinstraße 81
50678 Köln
Telefon: 0221/32 76 06
Fax: 0221/31 59 38

Marathon Sport-Servica GBR
Neusser Straße 316
50733 Köln
Telefon/Fax: 0221/76 29 14

Runners Point
Aachener Straße 1252
50859 Köln-Weiden
Telefon/Fax: 0223/4 48 05 59

Eine der attraktivsten Städte der Welt: Los Angeles, Zentrum der Schönen und Reichen. Hier wird alljährlich der »Oscar« verliehen, die Krönung eines jeden Schauspielerlebens. Aber nicht nur deswegen zieht es zahlreiche Prominente hierher. Es ist das angenehme Klima, die herrliche Lage der Stadt am Pazifik. Zwischen 1920 und 1960 war Los Angeles die am schnellsten wachsende Stadt der USA. Und Fitness wird hier ganz groß geschrieben.

Los Angeles

Laufstrecken in Los Angeles

SANTA MONICA BEACH BIKE TRAIL:

Der Santa Monica Beach Bike Trail ist knapp 40 Kilometer lang und bietet unendlich viele Möglichkeiten. Zum Beispiel Start am Loews Santa Monica Beach Hotel, dann 7 Kilometer Richtung Norden bis zum Will Rodgers State Beach und wieder zurück. Lohnend ist es auch Richtung Süden, wo schon nach gut 3 Kilometern der berühmte Venice Beach beginnt. Wer kann, könnte hier noch gut zwei Dutzend Kilometer weiter bis zum Redondo Beach laufen. Der Loews Beach Runner Guide präsentiert zahlreiche Variationsmöglichkeiten.

GRIFFITH PARK:

Zehn Minuten nördlich von Downtown Los Angeles, dem Zentrum der Stadt, liegt der wunderbare Griffith Park. Viel Grün, hügelig und ein Traumblick auf die Stadt. Besonders malerisch sind Läufe in der Nähe der Vermont Avenue. Viel Wasser, blumengesäumte Wege und selbst im Sommer vergleichsweise kühl. Der Griffith Park Athletic Club heißt Besucher samstags und sonntags jeweils um acht Uhr morgens am Karussell willkommen.

SAN VINCENTE BOULEVARD:

Dies ist sicher eine der begehrtesten Laufstrecken von Los Angeles. Man kann auf schattigen Fußgänger- und Fahrradwegen oder auf dem breiten Grasstreifen neben der Fahrbahn laufen. Von der Bundy Street geht's vorbei am Brentwood Country Club bis nach Santa Monica. Ein Weg rund 6 Kilometer.

Hotels

Loews Santa Monica Beach Hotel
1700 Ocean Avenue
Santa Monica 90001
Los Angeles 90001
Telefon: 001 / 310 / 4 58 67 00
Fax: 001 / 310 / 4 58 67 61

Renaissance Biltmore
506 S. Grand Avenue
Los Angeles 90001
Telefon: 001 / 213 / 6 24 10 11
Fax: 001 / 213 / 6 12 15 45

Laufshops/ Kontakte

Lazlo Tabori's Sports
2221 Westolive Avenue
Los Angeles 91506
Telefon: 001 / 818 / 5 56 15 62

LA Road Runners
Lauf-Coach-Service
für Terminvereinbarung
Telefon: 001 / 818 / 9 94 06 82

Die spanische Hauptstadt Madrid scheint nie zu schlafen. In der herrlichen Altstadt rund um die Plaza Mayor brodelt das Leben Tag und Nacht. Wer nach Madrid kommt, sollte nicht nur unbedingt den Prado besuchen, sondern auch die eleganten Läden in Salamanca, und anschließend in einer der zahlreichen Tapa-Bars einen Stop einlegen. Auch das Nachtleben sucht seinesgleichen – was einen Morgenlauf unter Umständen recht schwierig werden lässt …

Madrid

Laufstrecken in Madrid

RETIRO-PARK:

Obwohl der Park sehr schmal ist, ist er der Lieblingsplatz der joggenden Madrileños. Hinter dem Prado am Eingang Puerta de Felipe IV erwartet den Läufer eine herrliche Landschaft mit Palmen und berauschend duftenden Blumen und Sträuchern. Die innere Runde ist knapp 4 Kilometer lang und führt an gewaltigen Statuen spanischer Eroberer vorbei. Vorsicht ist allerdings bei den zahlreichen Stufen im Park geboten.

PASEO DEL PARDO:

Wer hier laufen will, sollte früh starten. Nach 7.30 Uhr machen die zahlreichen Fußgänger und der starke Verkehr einen rhythmischen Lauf fast unmöglich. Trotzdem: Die rund 6 Kilometer lange Strecke ist wunderschön. Ausgangspunkt ist die Plaza Cánovas del Castillo am Nordende des Prado. Über den Paseo del Pardo geht es leicht bergauf zum Paseo de la Castellana mit seinen eleganten Villen und prachtvollen Gebäuden und bis zur Plaza de Castilla.

Hotels

Castellana Inter-Continental
Avenida Castellana 49
E-28056 Madrid
Telefon: 0034/1/3 10 02 00
Fax: 0034/1/3 08 54 23

Sofitel
Calle Tutor 1
E-28008 Madrid
Telefon: 0034/1/5 41 98 80
Fax: 0034/1/5 42 57 36

Laufshops/ Kontakte

Deportes Bikila
Avda. Domosdella 1
E-28027 Madrid
Telefon: 0034/1/4 03 81 04
Fax: 0034/1/3 26 70 61

Deportes Marathinez
Herminio Puertas 3
E-28011 Madrid
Telefon/Fax: 0034/1/5 26 26 63

Mode und Kultur – Mailand ist eine der bedeutendsten Städte Italiens und der Welt. Hier trifft sich alles, was in der Haute Couture Rang und Namen hat. Außerdem ist Mailand die Finanzmetropole Italiens, und hier steht die weltberühmte Oper »La Scala«. Unvergleichlich die eleganten Boutiquen und kleinen Bars oder Restaurants, die nach einem ausgiebigen Bummel zum entspannenden Verweilen einladen. Nur die Jogger haben es hier schwer, starker Verkehr und das Fehlen von großen Parks machen das Laufen ein wenig schwierig.

Mailand

Laufstrecken in Mailand

SEMPIONE-PARK:

Die beste Laufstrecke in Mailand. Vom Dom aus läuft man einen knappen Kilometer auf der Via Orefici und Via Dante zum Kastell am Ende des Parks. Von der Piazza della Repubblica aus sind es rund 1,6 Kilometer. Die Strecke verläuft parallel zur Straßenbahn auf der Bastioni di Porta Nuova. Bei Porta Volva muß man links in die Viale Montello wechseln. Nach 400 Metern ist man am Ziel. Im Park immer in der Nähe des Zauns bleiben. Nur tagsüber geöffnet.

GIARDINI PUBBLICI:

Dieser Park ist ganz schnell von der Piazza della Repubblica aus zu erreichen – aber die Rundstrecke dort ist nur knapp 2 Kilometer lang. Und im Winter werden die Giardini Pubblici sehr früh geschlossen. Trotzdem – für einen kurzen Lauf – sehr lohnenswert.

MONTE STELLA:

Der Lieblingspark der laufenden Mailänder ist zweigeteilt. Die breiten erdigen Wege in der Westhälfte sind flach und sehr gepflegt. Die Osthälfte ist eigentlich nur ein baumbestandener Berg. Der Aufstieg ist sehr steil und atemraubend. Aber der Blick von oben auf die Stadt ist es wert.

Hotels

Principe di Savoia
Piazza della Repubblica 17
I-Mailand 20100
Telefon: 0039/02/6 23 01
Fax: 0039/02/6 59 58 38

Hilton
Via Luigi Galvani 12
I-Mailand 20100
Telefon/Fax: 0039/02/6 98 31

Laufshops/ Kontakte

Polo Sport
Via Pier Capponi 1
I-Mailand 20100
Telefon: 0039/02/48 00 32 62

Sisti Sport
Via Luigi Canonica 20
I-Mailand 20100
Telefon: 0039/02/33 60 06 13

München – die heimliche Hauptstadt Deutschlands. Seit Jahren ist sie die Lieblingsmetropole nicht nur der Deutschen. Unzählige Prominente leben hier, genießen diese herrliche Kombination aus Großstadt und Dorf. München hat das Flair einer Weltmetropole, und doch ist es hier so überschaubar wie in einer Kleinstadt. Bayerische Gemütlichkeit, die schöne Lage an der Isar zwischen zahllosen Seen und den Alpen, das relativ milde Klima – nur einige der vielen Pluspunkte Münchens. Und auch Läufer können sich hier nicht über Langeweile oder Eintönigkeit beschweren.

München

Laufstrecken in München

ENGLISCHER GARTEN:

Der Central Park an der Isar heißt Englischer Garten, immerhin die größte städtische Grünanlage unter Europas Städten, in der man von Schwabing – mitten in der City – bis nach Oberföhring laufen kann. Vom Haus der Kunst im Süden bis zum Biergarten Aumeister im Norden sind es 6 Kilometer. Das teils waldige Gelände mit weiten Wiesen ist sehr abwechslungsreich und bietet viele Variationsmöglichkeiten. Besonders idyllisch ist der Teil nördlich des Isar-Rings, weil weitaus weniger frequentiert. Hier kann man ab und zu noch Schafherden weiden sehen. Die Pfade entlang der Isar sind besonders schön – ein Läuferparadies.

OLYMPIAPARK:

Hier kann man auch bei Dunkelheit gut laufen, weil ein großer Teil des Wegenetzes beleuchtet ist. Darum ist der Olympiapark auch an Winterabenden ein beliebtes Lauf-Revier. Im Sommer hingegen gibt es kaum Schatten, und es kann sehr heiß werden. Der Park ist sehr einfach mit der U-Bahnlinie 3 zu erreichen. Vom U-Bahnhof geht's direkt auf die Piste.

NYMPHENBURGER SCHLOSSPARK:

Eine Perle im Westen Münchens ist der Nymphenburger Schlosspark. Einmal um den Schlosspark herum sind immerhin 9 Kilometer. Aber sehr lohnende, denn die Wege führen meist durch Laubwald und sind deshalb schön schattig. Das nahe gelegene Dante-Bad ist ganzjährig geöffnet und bietet sich bestens an, anschließend ein paar Runden zu schwimmen.

Hotels

Hilton am Tucherpark
Am Tucherpark 7
80538 München
Telefon: 089 / 3 84 50
Fax: 089 / 38 45 25 88

Gästehaus am Englischen Garten
Liebergesellstraße 8
80802 München
Telefon: 089 / 3 83 94 10
Fax: 089 / 3 83 94 33

Laufshops/ Kontakte

Sport Scheck
Sendlinger Straße 6
80331 München
Telefon: 089 / 21 66 13 91
Fax: 089 / 21 66 14 20

Sport Schuster
Rosenstraße 1
80331 München
Telefon: 089 / 23 70 70
Fax: 089 / 23 70 71 12

Globerun

ner
Notizen

Notizen

... A

... B

... C

... D

... E

... F

... G

... H

... I

... J

... K

... L

... M

... N

... O

... P/Q

... R

... S

... T

... U

... V

... W

... Y/Z

Adressen, die weiterhelfen

Bundesinstitut für Sportwissenschaft
Carl-Diem-Weg 4
50933 Köln

Deutscher Leichtathletik-Verband
Postfach 100463
64204 Darmstadt
Tel.: 06151 / 77 08 52
Dort erhalten Sie viele Infobroschüren zu Laufen und Walken.

Deutscher Sportbund
Otto-Fleck-Schneise 12
60528 Frankfurt

Österreich

Österreichischer Leichtathletik-Verband
Volkslaufreferent
Prinz-Eugen-Straße 12
1040 Wien

Schweiz

Schweizerischer Leichtathletik-Verband
Postfach 2233
3001 Bern

Internet-Adressen für Läufer

www.marathon.de
www.lauftreff.de
www.runnersworld.com
www.runtheplanet.com
www.fun-runners.de
www.orientierungslauf.de
www.zen-laufen.de

Bücher, die weiterhelfen

Craythorn, Dennis/ Rich, Hanna:
Der Marathonreiseführer
TibiaPress Verlag, Mühlheim an der Ruhr

Dargatz, Thorsten:
Joggen.
Copress Sport, München

Dietrich, Reinhold:
Entspannung durch Meditatives Laufen.
Eigenverlag Dietrich, Salzburg

Fischer, Joschka:
Mein langer Lauf zu mir selbst.
Kiepenheuer& Witsch Verlag, Köln

Hottenrott, Kuno/ Zülch, Martin
Ausdauertraining Laufen.
Rowohlt Verlag, Reinbek

Jost, Herbert:
Laufen.
Rowohlt Verlag, Reinbek bei Hamburg

Klever, Ulrich:
GU Kompass Kalorien und Fette.
Gräfe und Unzer Verlag, München

Luijpers, Wim/Nagiller, Rudolf:
Gentle Running
N. P. Buchverlag, St. Pölten, Wien, Linz

Mühlbauer, Winni: Ui!
So einfach ist Laufen
Mühlbauer Verlag, München

Pramann, Ulrich:
Lauf dich schlank
Südwest Verlag, München

Reschke, Manfred:
Laufen.
Sportverlag, Berlin

Scott, Dagny:
Das große Laufbuch für Frauen
TibiaPress Verlag, Mühlheim an der Ruhr

Steffny, Herbert/ Pramann, Ulrich:
Fit für den Marathon
Südwest Verlag, München

Steffny, Herbert/ Pramann, Ulrich:
Fit For Fun
Südwest Verlag, München

Strunz, Dr med. Ulrich:
Forever young. Das Erfolgsprogramm.
Gräfe und Unzer Verlag, München

Strunz, Dr. med. Ulrich:
Forever young. Das Ernährungsprogramm.
Gräfe und Unzer Verlag, München

Strunz, Dr. med. Ulrich:
**Forever young.
Fitness-Drinks plus Eiweiß.**
Gräfe und Unzer
Verlag, München

Strunz, Dr. med. Ulrich:
**Forever Young.
Das Kochbuch.**
Gräfe und Unzer
Verlag, München

Strunz, Dr. med. Ulrich:
**Forever Young.
Das Leicht-Lauf-Programm.**
Gräfe und Unzer
Verlag, München

Strunz, Dr. med. Ulrich:
**Forever Young.
Das Muskelbuch.**
Gräfe und Unzer
Verlag, München

Strunz, Dr. med. Ulrich:
**Forever Young.
Quickies für Kopfarbeiter.**
Gräfe und Unzer
Verlag, München

Wessinghage, Dr. med.
Thomas: **Laufen**
BLV Verlag, München

Luijpers, Wim/Nagiller,
Rudolf: **Gentle Running
Laufen nach Feldenkrais.**
NP-Buchverlag,
St. Pölten, Wien, Linz

Magazine für Läufer

Fit for Life: Magazin für Fitness, Lauf-und Ausdauersport. AZ Fachverlage AG, CH-Aarau, erscheint monatlich, Doppelnummer in Januar und Juli

Runner's World: München, erscheint zwölfmal im Jahr in einem Joint Venture von Rodale Press Inc. und Mainz Presse Verlag GmbH & Co. KG

Spiridon-Laufmagazin: Spiridon Verlag, Düsseldorf, erscheint monatlich.

Marathon: österreichisches Laufsport- und Triathlon-Magazin

TIPP

Sie wollen noch mehr Informationen?

- **zu Eiweiß und Nahrungsergänzungsmitteln**
- **zu Seminaren und Workshops mit dem Autor Dr. Strunz**

diese erhalten Sie im Internet unter: *www.dr.strunz.com* oder senden Sie ein Fax mit Ihrer Adresse an: + 49 9171 84 35 21

- **zu Blutanalysen, Laktattests, Leistungsparameter**

dann senden Sie ein Fax mit Ihrer Adresse an: +49 9171 6 07 57 oder per E-Mail unter: praxis@strunz.com

Bildnachweis

Bavaria: 153, 157 • Bilderberg: 60/61, 67, 70/71, 74, 152, 154/155 unten, 163, 210, 270, 272, 274, 276, 278, 280/282, 284 • Marion Grillparzer: 62, 63, 64, 65, 68, 69, 73, 75, 77 • Jochen Grün:114, 227, 228, 230, 234, 286, 291 • Roland Hagenberg:226, 229, 233 • Julia Sörgel: 6, 7, 11, 12, 14, 20, 21, 41, 87, 93, 122/123, 124, 125, 126, 127, 128, 129, 130, 131,132, 133, 134, 135, 137, 138/139, 140, 141, 142, 143, 144, 145, 146, 147, 149, 215, 268, 296 • Florian Wagner, Bilderberg: 19, 22/23, 24, 25, 27, 28, 29, 30, 31, 32, 33, 35, 36/37, 38, 39, 40, 42, 44, 45, 47, 48/49, 50, 51, 53, 54, 55, 56, 57, 59, 78/79, 80, 81, 82, 84, 85, 86, 88, 89, 91, 94/95, 96, 97, 98, 99, 100, 101, 102, 103, 105, 108/109, 110, 111, 113, 114, 115, 116, 117, 119, 121, 164/165, 166, 167, 168, 169, 170, 171, 172, 173, 174, 175, 177, 178/179, 180, 181, 182, 183, 185, 186, 187, 188, 189, 191, 192/193, 194, 195, 196, 197, 199, 201, 202, 203, 204, 205, 207, 208/209, 211, 212, 213, 214, 216, 218, 219, 221, 223, 240/241, 242, 243, 245, 246, 248, 249, 250, 251, 253, 254/255, 256, 256, 257, 258, 260, 261, 262, 263, 264, 265, 267, 288, 290, 292, 293, 294, 295 • Pictor International: 156, 159, 161, 231, 232, 235, 236, 237, 239
Composings: GREENSTUFF Iris & Jochen Grün mit Motiven von:
Florian Wagner/Jochen Grün: 8 • Florian Wagner/Julia Sörgel: 43, 90, 164, 165, 217 • Bilderberg/ Julia Sörgel: 150/151 • Jochen Grün/Julia Sörgel: 224/225, 247 • Titelfoto: Florian Wagner/Bavaria
Linke Klappe: Florian Wagner, GREENSTUFF Iris & Jochen Grün • Innenklappe vorn: GREENSTUFF Iris & Jochen Grün • Fotos hinterer Umschlag, rechte Klappe, Innenklappe hinten: Julia Sörgel

Impressum

Der Autor bedankt sich herzlich bei Marion Grillparzer für die redaktionelle Mitarbeit.

Redaktionsschluss: Mai 2001

Gestaltung und Composings: GREENSTUFF, Iris & Jochen Grün, München
Satz: GREENSTUFF, Iris & Jochen Grün, München/ LVD GmbH, Berlin
Umschlaggestaltung: GREENSTUFF, Iris & Jochen Grün, München
Laufkarten: Susanne Sachsenhausen, München
Lithos: LVD GmbH, Berlin
Druck und Verarbeitung: Sachsendruck Plauen

Printed in Germany 2001

ISBN: 3-550-07159-0